JN433401

유학생을 위한

대학한국어

2

읽기·쓰기

이화여자대학교 언어교육원 지음
Ewha Womans University
Ewha Language Center

개정판

유학생을 위한

대학한국어 2

읽기·쓰기

E PRESS

책을 펴내면서

이화여자대학교 언어교육원은 오래전부터 대학(원) 외국인 유학생을 위한 학문 목적 한국어 교육 과정을 운영하면서 이들을 위한 교육 자료 개발에 노력을 기울여 왔습니다. 2005년 교육인적자원부의 한국어 연수 프로그램 지원 사업에 선정되어 학문 목적 한국어 교재를 개발하고 1년간의 철저한 시험 사용을 거쳐 2008년 『유학생을 위한 대학한국어』를 출간하였습니다. 그 후 2010년 『이화 한국어(Ewha Korean)』, 2017년 『에센스 이화 한국어(Essence Ewha Korean)』 등을 발간하며 전 세계 외국인들이 쉽고 재미있고 효율적으로 한국어를 학습하는 데에 기여해 왔습니다. 그리고 이화여자대학교 언어교육원이 한국어 교육을 시작한 지 30년을 맞이하는 올해 2018년, 그간의 교육 경험과 끊임없는 연구를 바탕으로 대학(원) 외국인 유학생의 한국어 능력 및 학업 능력 향상에 더욱 실질적인 도움을 주기 위해 『유학생을 위한 대학한국어』 개정판을 발간하게 되었습니다.

『유학생을 위한 대학한국어』 개정판은 중급 이상의 한국어 학습자를 대상으로 대학(원)에서 필요로 하는 듣기, 말하기, 읽기, 쓰기 능력이 균형 있게 발전할 수 있도록 하였으며 구어인 듣기와 말하기, 문어인 읽기와 쓰기가 유기적인 연계를 갖도록 설계하였습니다. 기존 『유학생을 위한 대학한국어』와 달리 이번 개정판에서는 듣기, 말하기, 읽기, 쓰기를 위한 전략을 제시하고 전략 연습을 거쳐 그 전략을 활용하여 과제를 수행하도록 구성하였습니다. 이렇게 학문 목적 학습자들의 학업에 필요한 교양 지식뿐 아니라 학업 수행을 위한 전략을 함께 제공함으로써 외국인 유학생의 한국어 능력 향상 및 학업 능력 배양에 보다 많은 도움을 주고자 하였습니다.

마지막으로 『유학생을 위한 대학한국어』 개정판이 출간되기까지 이 책의 편집자들이 쏟은 열정과 노력에 대해서 깊은 감사를 드립니다. 또한 이 교재가 출판되는 데에 편집과 출판을 맡아 아낌없는 지원을 해 주신 이화여자대학교출판문화원에도 감사의 마음을 전합니다.

앞으로 『유학생을 위한 대학한국어』 개정판이 국내외 대학(원) 외국인 유학생들에게 좋은 학습 자료로 널리 활용되기를 기대합니다.

2018년 2월

이화여자대학교 언어교육원 원장

차례

교재 구성과 사용법

『유학생을 위한 대학한국어 2: 읽기·쓰기』 개정판은 10개의 단원과 정답, 찾아보기로 구성되어 있습니다. 각 단원은 국내 대학 교양 과목에서 자주 접하게 될 주제들로 이루어져 있으며 2개의 소단원이 읽기, 쓰기로 나뉘어 구성되어 있습니다. 각 단원의 도입 부분에서는 단원명과 단원의 내용과 관련된 관련 질문 2개를 제시했으며 단원의 세부 구성은 다음과 같습니다.

읽기는 준비하기 – 어휘 익히기 – 문법 익히기 – 전략 익히기 – 읽기 – 생각 넓히기로 구성되어 있습니다.

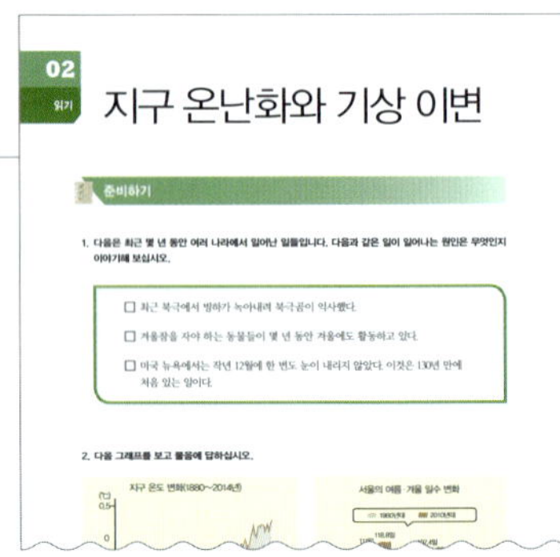

준비하기에서는 주제와 관련된 내용을 살펴보면서 읽을 준비를 합니다.

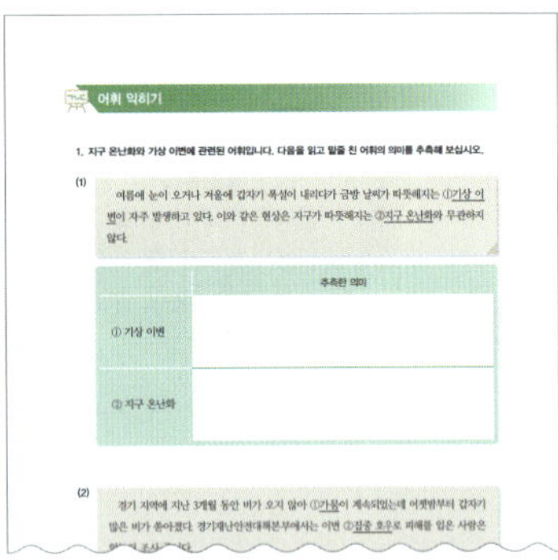

어휘 익히기에서는 주제 관련 어휘 및 읽기 과제 수행 시 필요한 어휘나 표현 등을 익힙니다.

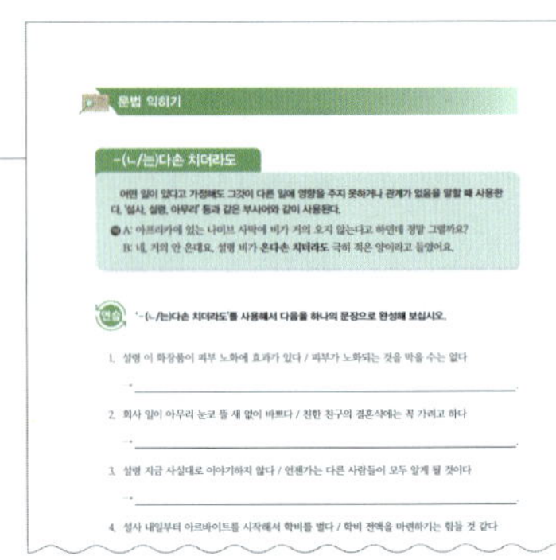

문법 익히기에서는 읽기 부분에서 사용되는 중요한 문법을 배우고 활용 연습을 통해 표현을 익힙니다.

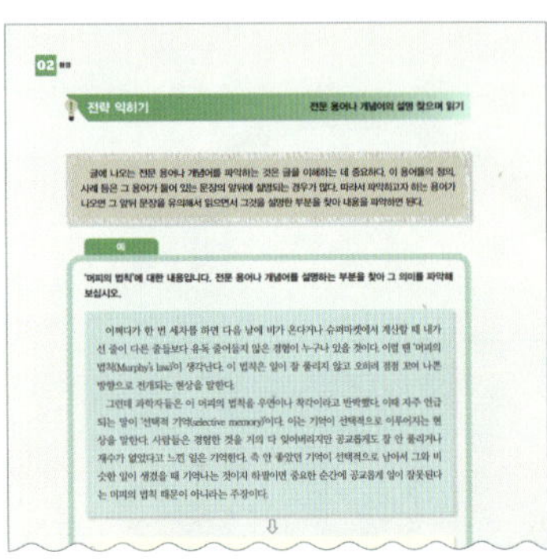

전략 익히기에서는 읽기 능력 향상을 위해 필요한 전략을 배우고 연습합니다.

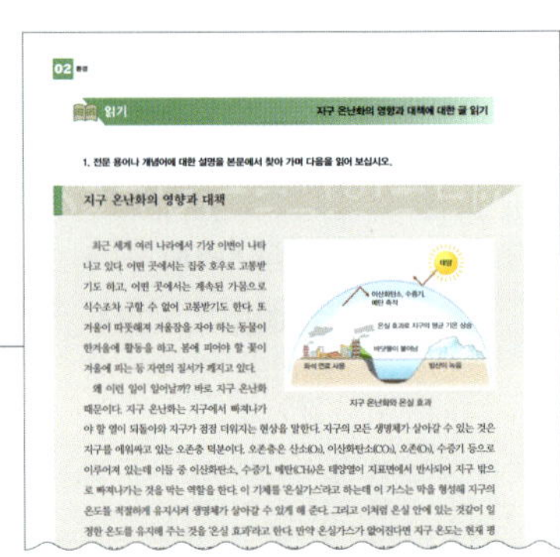

읽기에서는 주제와 관련된 글을 읽으면서 다양한 활동을 수행합니다. 특히 전략 익히기에서 배우고 연습한 전략을 활용하여 글을 읽도록 구성함으로써 배운 전략을 실제로 사용할 수 있게 했습니다.

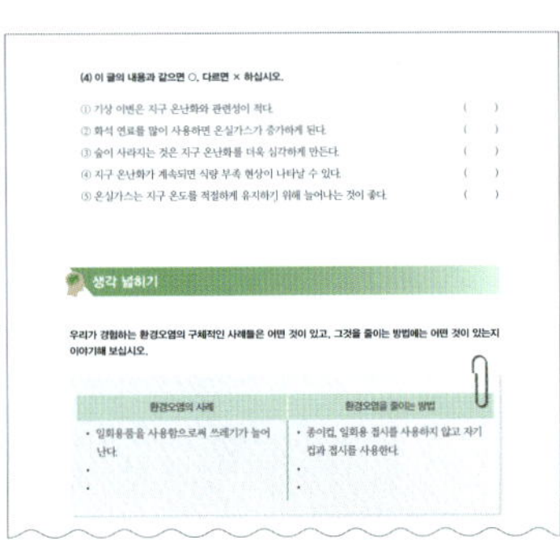

생각 넓히기에서는 주제와 관련된 말하기 활동을 통해 학습 내용을 강화합니다.

쓰기는 준비하기 – 어휘 익히기 – 문법 익히기 – 전략 익히기 – 쓰기 – 생각 넓히기로 구성되어 있습니다.

준비하기에서는 주제와 관련된 내용을 생각해 보면서 글을 쓸 준비를 합니다.

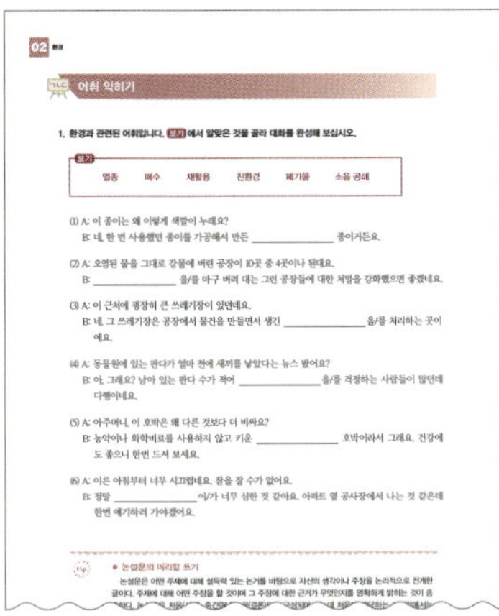

어휘 익히기에서는 주제 관련 어휘 및 쓰기 과제 수행 시 필요한 어휘나 표현 등을 익힙니다.

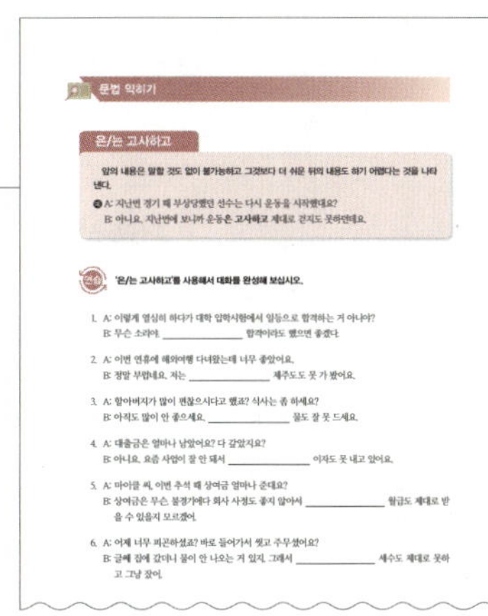

문법 익히기에서는 쓰기에서 활용할 만한 문법을 배우고 연습 문제를 통해 표현을 익힙니다.

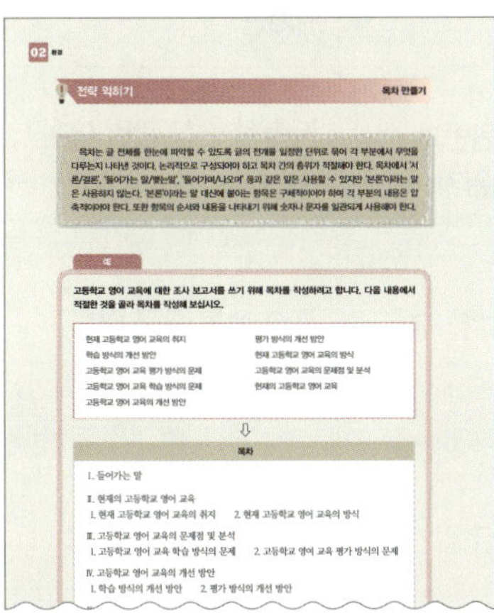

전략 익히기에서는 글을 잘 쓰기 위해 필요한 전략을 배우고 연습합니다.

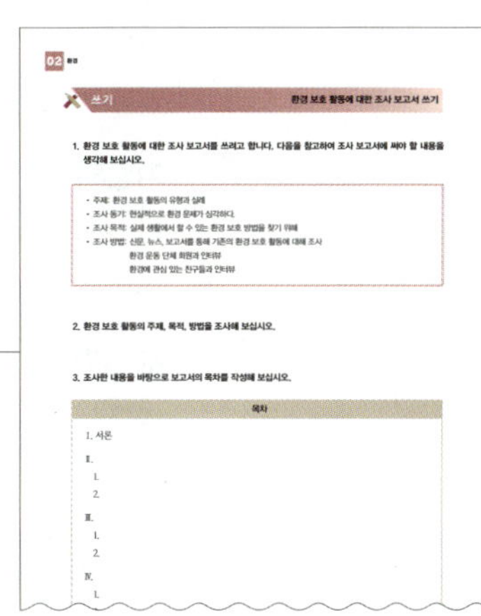

쓰기에서는 주제와 관련하여 조사한 내용을 정리하고 전체 글을 완성하여 쓰도록 합니다. 전략 익히기에서 배우고 연습한 쓰기 전략을 활용하여 과제를 수행하게 했다는 것이 특징입니다. 이를 통해 쓰기에 대한 부담을 줄여 주고 생각을 보다 논리적으로 표현하게 했습니다.

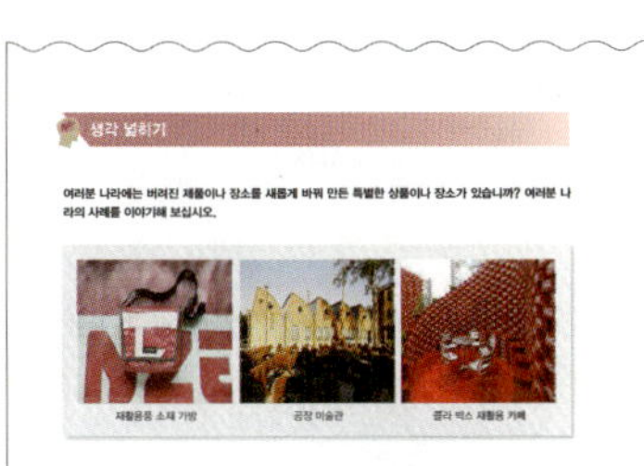

생각 넓히기에서는 주제와 관련된 말하기 활동을 통해 학습 내용을 강화합니다.

교재 구성표

과	단원명	읽기			
		주제	전략	과제	어휘 및 문법
1	재능과 교육	인간의 지능	여백에 중심 내용 쓰기	다중 지능 이론에 대한 글 읽기	다중 지능 관련 어휘 -느/(으)니만큼
2	환경	지구 온난화와 기상 이변	전문 용어나 개념어의 설명 찾으며 읽기	지구 온난화의 영향과 대책에 대한 글 읽기	지구 온난화와 기상 이변 관련 어휘 -(ㄴ/는)다손 치더라도
3	심리	설득과 심리	KWL 활용해 읽기	설득의 법칙과 심리에 대한 글 읽기	설득과 심리 관련 어휘 -기 십상이다
4	인간의 성장과 발달	청소년 문제	표시하며 읽기	청소년기 반항적 특징의 원인에 대한 글 읽기	청소년기의 특징 관련 어휘 -게끔
5	사회 현상	저출산 현상	의미상 같은 내용으로 단락 묶으며 읽기	저출산 현상의 원인과 대책에 대한 글 읽기	저출산 현상 관련 어휘 -(으)ㄹ뿐더러
6	종교	종교의 이해	본문에 나온 질문의 답 찾으며 읽기	종교의 이해에 대한 글 읽기	종교 생활 관련 어휘 -(으)면 몰라도
7	건축과 문화	건축과 예술	도면 보면서 글의 내용 이해하기	석굴암에 대한 글 읽기	건축 관련 어휘 -건대
8	경영	기업의 경쟁력	미리 훑어 읽기	기업 경영의 경쟁력에 대한 글 읽기	기업 관련 어휘 -(으)ㄴ/는 법이다
9	대중매체와 사회	사진과 윤리	SQ3R 활용해 읽기	사진과 윤리에 대한 글 읽기	사진과 윤리 관련 어휘 -고 말다
10	문학	소설의 이해	대명사 의미 파악하며 읽기	소설 「닳은 방들」 읽기	소설 관련 어휘 (이)니 (이)니

쓰기			
주제	**전략**	**과제**	**어휘 및 문법**
조기 교육	설문지 작성하기	영어 조기 교육의 현황에 대한 조사 보고서 쓰기	조기 교육 관련 어휘 -(ㄴ/는)다니(까)
환경 보호 활동	목차 만들기	환경 보호 활동에 대한 조사 보고서 쓰기	환경 관련 어휘 은/는 고사하고
기억	설명문의 머리말 쓰기	기억에 대한 연구 보고서 쓰기	기억 관련 어휘 -다가도
20대 행복 지수	설문 조사 결과 기술하기	한국인의 행복 지수에 대한 조사 보고서 쓰기	행복 관련 어휘 -(으)ㄹ지라도
가족의 다양한 형태	서술식 요약문 쓰기	현대 사회와 가족 형태에 대한 요약 보고서 쓰기	가족 관련 어휘 -(ㄴ/는)다/라기보다
종교의 기원	개조식으로 요약하기	종교의 기원에 대한 글 읽고 개조식으로 요약하기	종교 관련 어휘 -(으)ㄴ/는가 하면
문화유적지	답사 대상 상세하게 묘사하기	답사 보고서 쓰기	문화유적지 관련 어휘 -거니와
청년 실업	논술형 시험 답안 쓰기	청년 실업에 대한 시험 답안 쓰기	청년 실업 관련 어휘 -(으)ㄴ 끝에
방송 심의	고쳐 쓰기	방송 심의에 대한 사례 조사 보고서 쓰기	방송 심의 관련 어휘 -는 한
소설의 비평	소설 비평하기	소설의 비평문 쓰기	소설의 비평 관련 어휘 -기 짝이 없다

Q

1. 인간의 재능은 무엇에 의해 결정된다고 생각합니까?

2. 개인의 능력을 키우기 위해 조기 교육이 필요하다고 생각합니까?

제1과

재능과 교육

【읽기】 인간의 지능

어휘 익히기 **다중 지능 관련 어휘**
문법 익히기 **-느/(으)니만큼**
전략 익히기 **여백에 중심 내용 쓰기**
읽기 **다중 지능 이론에 대한 글 읽기**

【쓰기】 조기 교육

어휘 익히기 **조기 교육 관련 어휘**
문법 익히기 **-(ㄴ/는)다니(까)**
전략 익히기 **설문지 작성하기**
쓰기 **영어 조기 교육의 현황에 대한 조사 보고서 쓰기**

01 읽기

인간의 지능

준비하기

1. 다음은 인간의 지능에 대한 평가 문항입니다. 읽고 자신에게 해당되는 것에 V표 해 보십시오.

문항	평가 내용	1	2	3	4	5
①	운동을 잘한다는 말을 자주 듣는다.					
	몸을 움직이며 활동하는 것을 좋아한다.					
②	어느 누구와도 사이좋게 잘 지낸다.					
	다른 사람들과의 관계에 관심이 많다.					
③	내 건강 상태나 기분을 정확히 파악할 수 있다.					
	성공하기 위해 내가 어떻게 해야 할지 잘 알고 있다.					
④	실험하고 검증하는 것을 좋아한다.					
	학교 다닐 때 수학이나 과학 과목을 좋아했다.					
⑤	글을 조리 있고 설득력 있게 쓴다는 말을 자주 듣는다.					
	책이나 신문 사설을 읽을 때 내용을 잘 이해한다.					
⑥	그림 그리기나 만들기를 잘한다고 칭찬받은 적이 있다.					
	물건을 대충 보고도 길이나 넓이를 알아맞힌다.					
⑦	악보를 보고 멜로디를 어느 정도 알 수 있다.					
	취미로 악기 연주나 음악 감상을 즐긴다.					
⑧	동물이나 식물 기르는 것을 좋아한다.					
	주변의 환경 문제에 대한 해결 방법을 많이 알고 있다.					

1: 전혀 그렇지 않다 2: 별로 그렇지 않다 3: 보통이다 4: 대체로 그렇다 5: 매우 그렇다

2. 1.의 점수를 다음 표에 쓰고 어떤 문항의 점수가 높은지 이야기해 보십시오.

문항	①	②	③	④	⑤	⑥	⑦	⑧
점수								
다중 지능	신체 운동	인간 친화	자기 성찰	논리·수학	언어	공간	음악	자연 친화

어휘 익히기

1. 다중 지능과 관련된 어휘입니다. 밑줄 친 표현과 바꾸어 쓸 수 있는 것을 찾아보십시오.

(1) 개는 사람보다 청각이 발달해 다른 어떤 동물보다 소리에 <u>민감하게</u> 반응한다.

① 예민하게 ② 둔감하게

(2) 이번 경기는 대표팀 감독으로서 김 감독의 자질을 <u>검증하는</u> 기회가 될 것이다.

① 조사하는 ② 증명하는

(3) 남들과 다른 뛰어난 재능도 사실은 <u>선천적인</u> 것이 아니라 끊임없는 노력을 통해 후천적으로 얻어지는 것이다.

① 타고난 ② 필연적인

(4) 나이가 들수록 자신의 미래만 살펴볼 것이 아니라 과거의 자기 자신을 <u>성찰해</u> 고쳐 나가는 자세가 필요하다.

① 조절해 ② 반성해 보고

(5) 서울시에서는 청소년들이 미래의 진로를 <u>탐색하는</u> 데 도움을 주고자 직업을 체험해 볼 수 있는 다양한 프로그램을 운영하고 있다.

① 찾는 ② 만드는

(6) 다중 지능은 인간의 지능이 어느 한 가지가 아닌 언어, 수학, 음악, 운동 등의 <u>복합적인</u> 요인으로 만들어진다고 본다.

① 여러 가지가 합쳐진 ② 여러 분야로 확산된

2. 진하게 표시된 어휘와 연결 지을 수 있는 것을 골라 보십시오.

(1) A: 마이클 씨는 TV를 보다가도 슬픈 장면만 나오면 운대.
B: 마이클 씨가 다른 사람보다 **감수성이** (풍부해서, 복잡해서) 그렇지 뭐.

(2) A: 초등학교 때 우리 반이었던 수진이 기억나? 수진이가 유명한 화가가 됐대.
B: 그래? 어릴 때부터 그림에 **두각을** (나타내더니, 일으키더니) 화가로 성공했구나.

(3) A: 요즘 왜 이렇게 아이들이 나오는 방송 프로그램이 많아진 거야?
B: 아이들은 순수하고 귀여워서 뭘 해도 보는 사람으로 하여금 **미소를** (짓게, 일으키게) 하잖아.

(4) A: 이번에 한국 과학자가 노벨상을 받았다면서요?
B: 네. 과학 발전에 큰 영향을 미칠 획기적인 **이론을** (세운, 설립한) 공을 인정받아 상을 받게 됐대요.

(5) A: 요즘 나이가 많으신 분들 사이에서 춤을 배우는 게 유행이래요.
B: 헬스클럽에서 운동을 하는 것보다 **율동을** (따라 하면서, 맞춰 하면서) 운동하면 재미도 있고 건강에도 좋거든요.

(6) A: 어머, 그 목도리 너무 예쁘네요. 어디에서 샀어요?
B: 이건 산 게 아니라 제 여자 친구가 직접 만들어 준 거예요. 여자 친구가 **손재주가** (뛰어나거든요, 우수하거든요).

문법 익히기

-느/(으)니만큼

앞 내용을 인정하면서 그것이 뒤 내용의 원인이나 근거가 됨을 나타낸다. 과거를 나타내는 '-었-'과는 같이 '-았/었으니만큼'의 형태로 쓸 수 있지만 미래나 추측을 나타내는 '-겠-'과 함께 쓰지 않는다. 동사와 함께 쓰일 때는 '-느니만큼', 형용사와 함께 쓰일 때는 '-(으)니만큼'을 사용한다.

예 A: 선생님, 저 요즘 한국어 공부에 재미를 붙여서 매일 5시간씩 공부하고 있어요.
B: 그래요? 열심히 **공부하느니만큼** 이번 시험에서 좋은 성적 거둘 수 있기를 바랄게요.

연습 '-느/(으)니만큼'을 사용해서 보기에서 알맞은 것을 찾아 대화를 완성해 보십시오.

보기

많다 길다 걸리다 열리다 내세우다 준비하다

1. A: 프로젝트 발표가 내일인데 실수할까 봐 너무 걱정돼요.
   B: 걱정하지 마세요. 다른 때보다 열심히 ________________ 좋은 결과가 있을 거예요.

2. A: 이 기자, 이번 설 연휴가 10일이나 돼서 해외로 떠나는 인파가 많은 거라고 하던데요?
   B: 네. 연휴가 ________________ 공항에 사람들이 많아 발 디딜 틈이 없습니다.

3. A: 동창회가 토요일이라고 했지? 갈 거야?
   B: 그럼 가야지. 이번 동창회는 10년 만에 ________________ 꼭 가려고.

4. A: 소송을 시작한 지 벌써 1달이 넘었는데 아직도 끝이 안 보이네요. 언제쯤이면 끝이 날까요?
   B: 원래 소송이란 것이 시간이 오래 ________________ 마음의 여유를 갖고 기다려 보세요.

5. A: 시장님, 선거 당시 공약으로 제시하셨던 복지 정책에 대해 한 말씀 해 주시지요.
   B: 네. 제가 공약으로 ________________ 순차적으로 실행해 나갈 계획입니다.

6. A: 김 기자, 어제 가수 K의 팬 사인회에서 무대가 무너지는 사고가 있었다지요?
   B: 네. 다행히 큰 부상을 당한 사람은 없었는데요. 행사장에 사람들이 ________________ 안전장치를 마련해야 한다는 목소리가 높아지고 있습니다.

전략 익히기 여백에 중심 내용 쓰기

어떤 글이든 각 단락에는 중심 내용이 있다. 글을 읽을 때 각 단락별 중심 내용을 요약해 교재나 부교재의 여백에 정리하면 전체 내용을 파악하는 데 도움이 된다.

예

'지능 지수'에 대한 글입니다. 각 단락별로 중심 내용을 여백에 써 보십시오.

지능 지수란?

'지능 지수(IQ, Intelligence Quotient)'란 지능의 발달 정도를 지능 검사를 통해 수치로 나타낸 것이다. 지능 검사는 각 연령에 맞는 다양한 문제로 구성되어 있는데 이렇게 측정된 지능 검사의 점수가 높으면 머리가 좋고 낮으면 머리가 나쁘다고 인식한다. 그렇다면 이러한 지능 지수는 타고난 것일까?

> 지능 지수(IQ)는 지능의 발달 정도를 나타내는 것이다.

지능 지수에 영향을 미치는 것

지능 지수에 유전적, 환경적인 요인 중 어떤 것이 더 영향을 미치는지에 대한 의견들이 분분하다. 그러나 최근 들어서는 환경적인 요인이 더 크다는 설이 일반적이다. 즉 태어나면서부터 외부의 여러 가지 자극을 받아 뇌세포가 발달하기 때문에 좋은 자극을 반복적으로 받은 사람이 그렇지 않은 사람보다 지능이 더 발달한다고 보는 것이다. 그러므로 지능 지수가 높은 부모를 둔 아이라도 후천적인 자극을 많이 받지 못하면 지능 지수가 낮을 수 있다.

> 최근에 지능 지수에 환경적인 요인이 더 큰 영향을 미친다는 설이 일반적이다.

지능 지수에 대한 견해

지능 지수 검사는 단순히 계산력, 기억력, 어휘력 등에 관한 문제들로 구성되어 있기 때문에 지능 지수만으로 한 인간의 지능을 나타낼 수 있는 것인지에 대해 많은 논쟁이 계속되어 왔다. 다시 말해, IQ 검사지에서 질문하고 있는 것은 인간 능력의 일부분만을 측정하는 것이기 때문에 복잡한 인간의 능력을 단순히 하나의 검사만으로 결정한다는 것은 납득하기 어렵다고 본 것이다. 그러므로 인간이 지니고 있는 다양한 지적 능력을 다각도로 측정할 수 있는 방법이 필요한 것이다.

> 지능 지수 검사는 인간 능력의 일부분만을 측정하는 것이기 때문에 다각도로 측정할 수 있는 방법이 필요하다.

연습 **'감성 지수'에 대한 글입니다. 각 단락별로 중심 내용을 여백에 써 보십시오.**

감성 지수란?

감성 지수(EQ, Emotional Quotient)는 지능 지수(IQ)에 대비되는 말로 감정을 통제, 조절하고 타인과 원만한 관계를 유지하는 능력을 수치로 나타낸 것이다. 이런 이유로 감성 지수는 '마음의 지능 지수'라고도 불린다.

감성 지수가 나타내는 것

지능 지수가 높다는 것은 그 사람의 지적 능력인 지능이 높다는 것을 의미하지만 감성 지수가 높다는 것은 자신과 다른 사람의 감정을 잘 이해하고 감정을 통제하는 능력이 뛰어나다는 것을 나타낸다. 그러므로 감성 지수가 높은 사람은 갈등 상황에서 그 상황을 분석하고 자신의 처지를 정확하게 인식할 수 있다. 또한 감정적으로 대응하는 것을 자제하고 다른 사람을 잘 이해하고 공감할 수 있다.

감성 지수의 중요성

감성 지수는 지능 지수처럼 정형화된 테스트가 개발되지는 않았지만 이와 관련된 많은 연구들이 진행되었다. 연구들에 따르면 또래와 어울리지 못하는 아이의 경우 학교를 중퇴할 확률이 그렇지 않은 아이보다 8배나 높다고 한다. 이처럼 감성 지수가 부족하면 살아가면서 부딪치는 난관을 극복하는 데 어려움을 겪게 되고 이에 따라 개인적인 성취감도 낮아질 수밖에 없는 것이다. 이와 같이 타인과 어울려 인생을 살아가기 위해서는 감성 지수가 중요하므로 유아기부터 감성 지수를 키우는 감정 교육을 실시해야 한다.

읽기 다중 지능 이론에 대한 글 읽기

1. 중심 내용을 여백에 요약해 써 보십시오.

다중 지능 이론

다중 지능 이론이란?

'다중 지능(MI, Multiple Intelligence)'이란 미국 하버드대학교의 하워드 가드너(Howard Gardner) 교수가 세운 이론이다. 이 이론은 기존의 지능 평가 방식인 '지능 지수(IQ, Intelligence Quotient)'의 문제점을 지적하며 인간의 지능이 여러 가지 분야로 이루어진다고 주장하고 있다. 즉 지능 지수가 지능 검사를 통해 얻은 '지능 지수' 한 가지만으로 인간의 지능을 본 것과는 달리 다중 지능 이론에서는 인간의 지능이 언어, 논리 수학, 음악, 공간, 신체 운동, 인간관계, 자기 성찰, 자연 친화와 같이 모두 여덟 가지 지능으로 분화되어 있다고 보고 이에 따라 각 개인의 강점과 약점도 다르다고 본 것이다.

여덟 가지 지능의 특징

다중 지능 이론에서 말하는 여덟 가지의 지능은 어떤 특징을 지니며 어떤 면에서 인간의 사고와 행동에 영향을 미치는 것인지 알아보자.

먼저 언어 지능이 높은 사람은 말을 잘하며 같은 글을 써도 읽는 이에게 감동을 주는 글을 잘 쓴다. 언어 지능이 뛰어나면 토론 시간에 두각을 나타내거나 유머를 잘 사용한다.

> 언어 지능이 높은 사람은 말을 잘하고 감동을 주는 글을 쓴다.

논리 수학 지능이 높은 사람은 숫자에 강하고, 차량 번호나 전화번호 등을 잘 기억한다. 논리적 과정에 대한 문제들을 보통 사람보다 훨씬 빠른 속도로 해결하는 능력을 갖고 있어서 문제를 해결할 때 주먹구구식이 아닌 체계적이고 과학적인 방법을 동원한다.

음악 지능이 뛰어난 사람은 리듬, 음정, 음색을 이해하고 창작할 수 있으며, 그 변화를 인식할 줄 안다. 그래서 한 번 들은 리듬을 쉽게 따라 부를 수 있고 음정과 박자에 민감하여 듣고 잘 맞춘다. 악기 연주를 좋아하고 작곡하는 것을 좋아하는 사람들이 이에 속한다.

공간 지능이 높은 사람은 방향을 잘 찾아내는 능력이 있어서 처음 방문한 곳도 다시 잘 찾아갈 수 있다. 또 도형이나 그림, 지도와 같은 것을 잘 파악하는 능력이 있으며 자신의 생각을 시각적으로 표현하는 디자인, 그림 그리기, 만들기 등을 좋아한다.

> 공간 지능이 뛰어난 사람은 방향 감각이 뛰어나고 시각적으로 표현하는 것을 좋아한다.

신체 운동 지능이 높은 사람은 민첩성, 운동 감각, 균형 감각 등이 뛰어나다. 율동을 쉽게 따라 하거나 무용, 연극 등을 잘한다. 또 손으로 무언가를 다루는 능력이 있어 손재주가 뛰어나다는 말을 많이 듣는다. 신체 운동 지능이 높으면 자동차 운전은 물론 스케이트나 자전거를 다른 사람보다 쉽게 배운다.

인간관계 지능이 높은 사람은 다른 사람들과 잘 교류하며 그들의 행동을 해석하는 능력이 뛰어나다. 다른 사람들의 기분, 감정, 생각 등을 잘 느끼고 얼굴 표정, 음성, 몸짓 등에 대한 감수성이 풍부하다. 주변에 친구가 많고 여러 사람이 모여 있을 때에도 중심이 되는 경우가 많다.

자기 성찰 지능이 높은 사람은 자기 자신을 이해하고 느끼는 능력이 뛰어나다. 즉 자신이 누구인지, 자신은 어떤 감정을 가졌는지, 왜 이렇게 행동하는지 등 자신에 대해 잘 안다. 이 지능은 사회적으로 성공한 사람들에게서 높게 나타난다.

자연 친화 지능이 높은 사람은 자연을 좋아하고, 동물이나 식물 채집을 좋아하며 이를 구별하고 분류하는 능력이 뛰어나다. 식물의 모양이나 크기 등에 관심이 많고, 이들을 종류대로 잘 분류하는 능력이 뛰어나다.

자연 친화 지능이 높으면 동물이나 식물을 잘 구별하고 분류할 수 있다.

다중 지능 이론의 교육적 의의

지능은 한 가지가 아닌 여러 복합적인 요인에 의해 결정된다. 따라서 부모와 교사는 아이의 한 가지 면만 보는 것이 아니라 다양한 능력의 강점과 약점을 인정해 아이가 소질을 보이는 강점은 더 잘할 수 있도록 격려하고 약점은 보완하도록 도와주어야 한다. 예를 들어, 신체 운동 지능은 높으나 인간관계 지능이 낮은 경우, 운동 지능을 발휘할 수 있도록 훈련을 시키는 동시에 사회성을 기르기 위해서 운동을 통해 친구들과 사귈 기회를 제공해 주어야 하는 것이다. 이렇게 다중 지능 이론은 모든 사람이 각자 자기만의 소질 및 능력이 있다는 전제하에 뛰어난 영역은 더욱 계발하고 부족한 영역은 신장시킬 수 있도록 한다는 데 그 교육적 의의가 있다고 볼 수 있다.

2. 글을 다시 읽고 물음에 답해 보십시오.

(1) 각 지능에 해당하는 것을 연결해 보십시오.

① 언어 지능 •		• 스키를 배우자마자 잘 탈 수 있다.
② 음악 지능 •		• 한 번 들은 노래를 따라 부를 수 있다.
③ 공간 지능 •		• 처음 간 곳에서도 길을 잘 찾을 수 있다.
④ 신체 운동 지능 •		• 자신이 어떤 사람인지 스스로 잘 알고 있다.
⑤ 자기 성찰 지능 •		• 재미있는 말을 잘하고 글쓰기도 잘하는 편이다.

(2) 글의 내용과 다른 것을 고르십시오.

① 언어나 논리 수학 능력이 떨어진다고 해서 지능이 나쁘다고 말할 수 없다.
② 한 가지의 지능이 뛰어나면 그 지능을 집중적으로 키우는 것이 바람직하다.
③ 가드너 교수는 지능 지수 이론이 인간의 능력을 측정하기에 부족하다고 여겼다.

(3) 다중 지능 이론에 맞게 교육시킨 것으로 알맞은 것은 무엇입니까?

① 악기 연주에 관심이 많고 재능이 있어 악기 연주만 하루에 5시간씩 연습시켰다.
② 운동 신경은 뛰어나나 수학 실력이 좋지 않아 운동을 통해 수학 원리를 가르쳤다.
③ 친구들과 어울려 진행하는 수업을 부담스럽게 생각해 혼자 하는 개별 과제를 주었다.

(4) 글쓴이가 이 글을 통해 말하고자 하는 것은 무엇이라고 생각합니까?

____

생각 넓히기

여덟 가지 지능에 새로운 지능이 더 추가된다면 무엇이 추가될 수 있다고 생각합니까? 새롭게 추가되었으면 하는 지능을 써 보고 이야기해 보십시오.

새로운 지능	새로운 지능의 특징
기계조작 지능	물건이 고장 나면 잘 고치고 새로운 기계를 사용할 때 쉽게 작동할 수 있는 능력이 있다.

01 쓰기

조기 교육

준비하기

1. 다음 중 조기 교육에 해당하는 것은 무엇입니까? 해당하는 항목에 V표 해 보십시오.

- ☐ 4살인 종석이는 집에서 한글 학습지를 하고 있다.
- ☐ 4살인 민호는 동네에 있는 유치원에 다니고 있다.
- ☐ 5살인 서연이는 학원에서 수학 영재 교육을 받고 있다.
- ☐ 5살인 지호는 매일 4시간씩 영어 유치원에 다니고 있다.
- ☐ 6살인 현우는 일주일에 2번 학원에서 피아노를 배우고 있다.
- ☐ 7살인 승기는 유치원에서 특별 활동으로 한자를 배우고 있다.
- ☐ 8살인 승리는 학교 수업에서 배운 내용을 집에서 복습하고 있다.
- ☐ 9살인 수지는 일주일에 2번 백화점 문화센터에서 발레를 배우고 있다.

2. 다음 기사를 읽고 여러분의 생각을 이야기해 보십시오.

'가나다'만 알고 가는 건 옛이야기

과거 가정에서 초등학교 입학을 준비하는 아이에게 '가나다' 정도만 가르쳐 학교에 보내던 것과는 달리 요즘에는 한글, 수학, 영어, 심지어 한자까지 가르치고 있어 시대의 변화를 실감하게 한다. 조기 교육은 '우리 아이가 다른 아이보다 못하면 어떡하지?' 하는 부모의 걱정에서 시작된다. 올해 초등학교에 입학하는 자녀가 있는 학부모 김 모(36·여) 씨는 "대부분 입학 전에 한글, 수학, 영어는 기본으로 가르치고 6~7살이면 초등학교 1학년 과정을 마치는데 그 효과에 대해서는 의문"이라고 한다. 이렇게 취학 전 아이에게 초등학교 1~2학년 과정을 미리 학습하게 하면 아이가 입학 후 학교 수업에 흥미를 잃을 수 있다는 우려도 제기되고 있다.

ㄱㄴㄷ 어휘 익히기

1. 조기 교육과 관련된 어휘입니다. 보기에서 알맞은 것을 골라 대화를 완성해 보십시오.

보기
취학　　공교육　　교육열　　잠재력　　사교육비　　인성 교육

(1) A: 아이가 고등학교에 다니면 학원비가 많이 들겠어요.
B: 네, 말도 마세요. ________________이/가 만만치 않더라고요.

(2) A: 우리 아이가 내년에 초등학교에 입학하는데 그 전에 뭘 준비해야 할까요?
B: 학교생활에 빨리 적응시키기 위해서는 ________________ 전부터 규칙적으로 생활하게 하는 게 좋아요.

(3) A: 윗집 아이가 10살밖에 안 됐는데 그 아이를 혼자 조기 유학을 보냈대요.
B: 정말요? 10살이면 아직 어린데 부모의 ________________이/가 좀 지나친 거 아니에요?

(4) A: 우리 아이가 뭘 잘하는지 모르겠어요.
B: 너무 조급하게 생각하지 마세요. 아이가 특별히 관심 있는 게 무엇인지 잘 관찰해서 아이의 ________________ 을/를 이끌어 주면 돼요.

(5) A: 학생들이 학교 수업에는 집중하지 않고 학원 수업을 우선시하는 건 문제인 것 같아요.
B: 학교 교육에도 문제가 있겠지요. ________________이/가 제 역할을 제대로 못 하니까 학원 수업에 의존하는 게 아니겠어요?

(6) A: 학과 공부도 중요하지만 아이들이 올바른 성품을 지닐 수 있도록 교육하는 게 필요하지 않아요?
B: 네, 그래요. 그런데 요즘은 모두 ________________보다는 성적을 더 중요하게 생각하는 것 같아요.

tip

● 설문 조사

설문 조사는 설문지나 면접을 통해 자료를 수집하고 분석하는 연구 방법이다. 설문 조사를 할 때는 먼저 조사 목적, 대상, 가설을 명확히 한 후 조사 방법을 결정한다. 설문지를 이용하면 짧은 시간에 많은 사람들의 생각을 알아볼 수 있다.

설문지는 제목, 지시문, 개인 정보, 내용, 감사의 말로 구성된다. 이때 지시문에는 인사말, 연구 기관이나 연구자, 연구의 목적, 솔직한 답변 요청, 철저한 비밀 보장, 감사 표시 등의 내용을 쓴다.

문법 익히기

-(ㄴ/는)다니(까)

다른 사람에게서 들었거나 알고 있는 사실을 이유나 근거로 인용해서 말할 때 사용한다.

예 A: 아이들이 다들 **잔다니** 조용히 해라.
B: 네, 알겠습니다.

연습 **'-(ㄴ/는)다니(까)'를 사용해서 보기 에서 알맞은 것을 찾아 대화를 완성해 보십시오.**

보기

있다　맡기다　돌아오다　방문하다　올라가다　결석하지 않다

1. A: 선생님, 이제는 절대 결석을 하지 않겠습니다.
   B: 또 결석하면 성적을 받을 수 없어요. 학생이 직접 ________________ 한번 믿어 보겠습니다.

2. A: 직원들이 이번 프로젝트에 불만이 많은가 봐요.
   B: 그럼요. 저런 불성실한 사람에게 일을 ________________ 좋아할 사람이 어디 있겠어요.

3. A: 집에 무슨 좋은 일 있어요? 어머니 기분이 좋아 보이시던데.
   B: 해외에서 근무하던 아들이 다음 달에 ________________ 저렇게 기뻐하시네요.

4. A: 그 사람이 너에게 조용히 할 말이 ________________ 꼭 만나 보고 가.
   B: 그래? 무슨 일이 있나?

5. A: 여기서부터는 차가 못 올라간대요.
   B: 자동차로 못 ________________ 걸어서 올라갈 수밖에 없겠네요.

6. A: 그 책이 학생들 사이에서 인기 있어요?
   B: 글쎄요. 이번에 책 저자가 우리 학교를 ________________ 학생들 사이에서 이 책에 대한 관심이 갑자기 높아진 것 같아요.

전략 익히기

설문지 작성하기

설문지를 작성할 때는 다음에 유의해야 한다.
① 가설을 바탕으로 설문 문항을 만든다.
② 설문 문항은 표현이 명확하고 간단해야 하며 유도하는 문장을 피해야 한다.
③ 설문지는 3~4쪽 이내로 만들고 여백을 넣어 덜 복잡해 보이도록 한다.

예

'고등학생이 관심 있게 읽는 신문 기사의 내용'을 조사하기 위한 설문 조사 계획입니다. 다음을 보고 설문지를 작성해 보십시오.

- 조사 목적: 고등학생이 관심 있게 읽는 기사 내용을 알아보기 위해
- 조사 대상: 서울의 남녀 고등학생 각 100명
- 가설 1. 남녀 고등학생이 관심 있게 읽는 기사는 다를 것이다.
  2. 공부 때문에 시간이 부족해서 신문을 읽지 않는 학생이 30% 이상일 것이다.
  3. 연예나 교육에 관심이 많은 반면 경제나 정치에는 관심이 없을 것이다.

〈설문지〉

고등학생이 관심 있게 읽는 신문 기사

안녕하십니까? 저희는 한국에 유학 중인 외국인 학생입니다. 저희는 한국 고등학생들이 즐겨 읽는 신문 기사 내용에 대해 조사하고자 합니다. 다음 질문을 잘 읽고 성실하게 답변해 주시기 바랍니다. 이 설문의 결과는 연구의 목적으로만 사용될 것입니다. 감사합니다.

성별: ㅁ 남 ㅁ 여

1. 현재 신문을 읽고 있습니까?
   (1) 네 (2) 아니요
   ['네'라고 답한 사람은 3번으로, '아니요'라고 답한 사람은 2번으로 가십시오.]

2. 신문을 읽지 않는 이유는 무엇입니까? 그 이유를 써 주세요.
   ( )

3. 즐겨 읽는 기사는 무엇입니까? 즐겨 읽는 순서대로 3개를 골라 번호를 쓰십시오.
   (1) 정치 ( ) (2) 경제 ( ) (3) 사회 ( ) (4) 예술 ( )
   (5) 교육 ( ) (6) 연예 ( ) (7) 스포츠 ( ) (8) 기타 ( )

답변해 주셔서 감사합니다.

연습 **'한국 초등학생들의 사교육 현황'을 조사하기 위한 설문 조사 계획입니다. 다음을 보고 설문지를 작성해 보십시오.**

- 조사 목적: 초등학생들의 사교육 현황을 알아보기 위해
- 조사 대상: 초등학생 자녀를 둔 학부모 200명
- 가설 1. 초등학생들은 영어나 수학보다 예체능 사교육을 더 많이 받을 것이다.
  2. 사교육을 받는 시간은 일주일에 10시간을 넘지 않을 것이다.
  3. 사교육비는 월 평균 20만 원 이상일 것이다.

⇩

〈설문지〉

한국 초등학생들의 사교육 현황

안녕하십니까? 저희는 한국에 유학 중인 외국인 학생입니다. 저희는 초등학생들의 사교육 현황에 대해 조사하고자 합니다. 다음 질문을 잘 읽고 성실하게 답변해 주시기 바랍니다. 이 설문의 결과는 연구의 목적으로만 사용될 것입니다. 감사합니다.

초등학생 자녀의 학년: _____학년

1. 초등학생 자녀에게 사교육을 시키고 있습니까?
   (1) 네 (2) 아니요
   ['네'라고 답한 사람은 3번으로, '아니요'라고 답한 사람은 2번으로 가십시오.]

2. 사교육을 시키지 않는 이유는 무엇입니까?
   (1) ______________________ (2) ______________________
   (3) ______________________ (4) ______________________

3. ____.
   (1) 영어 (2) 수학 (3) 국어 (4) 운동 (5) 악기 (6) 기타 ( )

4. ____?
   (1) 주 1~4시간 미만 (2) 주 4~6시간 미만 (3) 주 6~10시간 미만 (4) 10시간 이상

5. ____?
   (1) __________ (2) __________ (3) __________ (4) __________

답변해 주셔서 감사합니다.

쓰기 영어 조기 교육의 현황에 대한 조사 보고서 쓰기

1. 영어 조기 교육의 현황을 알아보기 위해 설문 조사를 한 후 보고서를 쓰려고 합니다. 설문 조사 계획을 세워 보십시오.

- 조사 목적: 취학 전 아동의 영어 교육 현황을 알아보기 위해
- 조사 대상: 취학 전 아동을 둔 부모 60명
- 가설 1. (교육 시작 시기) ____________________
  2. (교육 방법) ____________________
  3. (교육 시간) ____________________
  4. (교육 비용) ____________________
  5. (교육 목적) ____________________

2. 설문 조사 계획을 바탕으로 설문지를 작성해 보십시오.

영어 조기 교육의 현황

안녕하십니까? 저희는 ____________________
하고자 합니다. ____________________
____
감사합니다.

자녀의 나이: _____ 세

1. 현재 자녀에게 영어 교육을 시키고 있습니까?
   (1) 네 (2) 아니요
   ['네'라고 답한 사람은 4번으로, '아니요'라고 답한 사람은 2번, 3번으로 가십시오.]

2.

3.

⋮

8.

답변해 주셔서 감사합니다.

3. 다음은 설문 조사 결과를 그래프로 나타낸 것입니다. 조사 결과를 바탕으로 설문 조사 보고서의 개요를 써 보십시오.

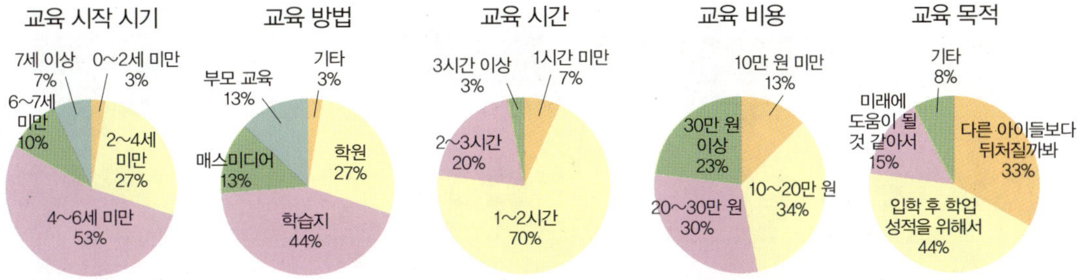

처음	조사 대상 및 목적
중간	조사 결과 및 분석
끝	요약 및 정리, 향후 과제

4. 구상 개요를 보고 설문 조사 보고서를 써 보십시오.

생각 넓히기

여러분 나라에서는 초등학교에 입학하기 전에 어떤 사교육을 받습니까? 여러분 나라의 취학 전 교육 상황을 이야기해 보십시오.

Q

1. 이 사진은 무엇을 의미하는 것 같습니까?

2. 환경오염의 원인에는 무엇이 있을까요?

제2과

환경

【읽기】 지구 온난화와 기상 이변

어휘 익히기	**지구 온난화와 기상 이변 관련 어휘**
문법 익히기	**-(ㄴ/는)다손 치더라도**
전략 익히기	**전문 용어나 개념어의 설명 찾으며 읽기**
읽기	**지구 온난화의 영향과 대책에 대한 글 읽기**

【쓰기】 환경 보호 활동

어휘 익히기	**환경 관련 어휘**
문법 익히기	**은/는 고사하고**
전략 익히기	**목차 만들기**
쓰기	**환경 보호 활동에 대한 조사 보고서 쓰기**

02 읽기

지구 온난화와 기상 이변

준비하기

1. 다음은 최근 몇 년 동안 여러 나라에서 일어난 일들입니다. 다음과 같은 일이 일어나는 원인은 무엇인지 이야기해 보십시오.

- ☐ 최근 북극에서 빙하가 녹아내려 북극곰이 익사했다.
- ☐ 겨울잠을 자야 하는 동물들이 몇 년 동안 겨울에도 활동하고 있다.
- ☐ 미국 뉴욕에서는 작년 12월에 한 번도 눈이 내리지 않았다. 이것은 130년 만에 처음 있는 일이다.

2. 다음 그래프를 보고 물음에 답하십시오.

지구 온도 변화(1880~2014년)

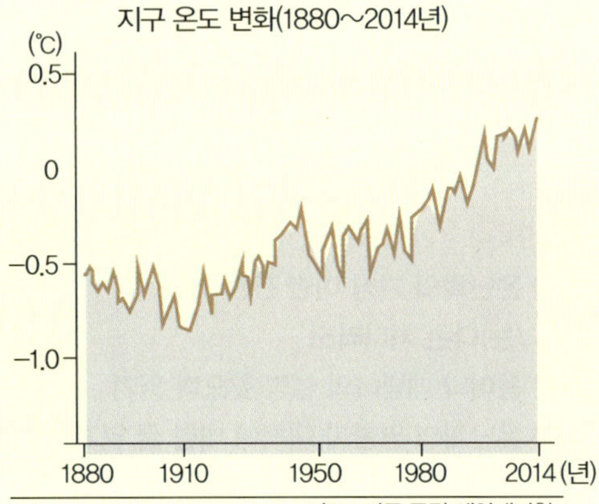

자료: 미국 국립 해양대기청

서울의 여름·겨울 일수 변화

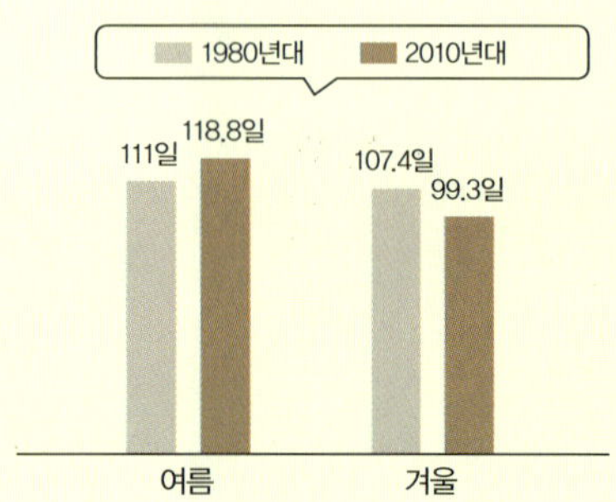

* 겨울 일수는 최저 기온이 0℃, 평균 기온이 5℃ 이하인 일수, 여름 일수는 평균 기온이 20℃, 최고 기온이 25℃ 이상인 일수

자료: 기상청

(1) 지구의 온도는 어떻게 변화했습니까? 그래프를 보고 이야기해 보십시오.

(2) 서울의 여름과 겨울 기간은 어떻게 변화했습니까? 그래프를 보고 이야기해 보십시오.

어휘 익히기

1. 지구 온난화와 기상 이변에 관련된 어휘입니다. 다음을 읽고 밑줄 친 어휘의 의미를 추측해 보십시오.

(1)

여름에 눈이 오거나 겨울에 갑자기 폭설이 내리다가 금방 날씨가 따뜻해지는 ①기상 이변이 자주 발생하고 있다. 이와 같은 현상은 지구가 따뜻해지는 ②지구 온난화와 무관하지 않다.

	추측한 의미
① 기상 이변	
② 지구 온난화	

(2)

경기 지역에 지난 3개월 동안 비가 오지 않아 ①가뭄이 계속되었는데 어젯밤부터 갑자기 많은 비가 쏟아졌다. 경기재난안전대책본부에서는 이번 ②집중 호우로 피해를 입은 사람은 없는지 조사 중이다.

	추측한 의미
① 가뭄	
② 집중 호우	

(3)

사람들이 흔히 말하는 ①오존층은 지상 15~30km에 있는 대기층을 말한다. 오존층은 태양에서 나오는 자외선으로부터 지상의 모든 동물과 식물을 지켜 주는 ②보호막 역할을 한다. 오존층이 자외선을 막아 주지 않으면 어마어마한 양의 강한 자외선이 동물과 식물 표면에 그대로 쏟아지기 때문에 동식물이 살 수 없게 된다.

	추측한 의미
① 오존층	
② 보호막 역할	

2. 보기에서 알맞은 것을 골라 대화를 완성해 보십시오.

보기

캐내다 파괴하다 배출하다 흡수하다 상승하다 확산되다

(1) A: 아기들의 속옷으로 뭐가 좋을까요?
B: 땀을 잘 ________________ 면제품이 좋아요.

(2) A: 저 공장이 왜 문을 닫았는지 알아요?
B: 네. 폐수를 강으로 ________________ 사실이 알려져 문을 닫게 됐대요.

(3) A: 요즘 공기가 더 나빠진 것 같지 않아요?
B: 맞아요. 대기 오염 정도를 나타내는 오염 수치가 지난달보다 ________________.

(4) A: 지저분하던 공터가 이렇게 예쁜 도서관이 됐군요. 도서관 짓느라고 힘드셨죠?
B: 공터에 큰 돌이 있었는데 그걸 깰 수 없어서 그대로 ________________. 그때는 좀 힘들었어요.

(5) A: 이 사진 좀 보세요. 사람들이 버린 쓰레기 때문에 산과 바다가 몸살을 앓고 있군요.
B: 그러게요. 그런데 쓰레기가 자연 생태계까지 ________________ 있어서 더 큰일이에요.

(6) A: 요즘 종이컵을 사용하지 않고 자기 컵을 가지고 다니는 사람이 늘어난 거 같아요.
B: 네. 요즘 일회용품을 쓰지 말자는 운동이 점차 ________________ 자기 컵을 사용하는 사람이 많이 늘었어요.

문법 익히기

-(ㄴ/는)다손 치더라도

어떤 일이 있다고 가정해도 그것이 다른 일에 영향을 주지 못하거나 관계가 없음을 말할 때 사용한다. '설사, 설령, 아무리' 등과 같은 부사어와 같이 사용된다.

예 A: 아프리카에 있는 나미브 사막에 비가 거의 오지 않는다고 하던데 정말 그럴까요?
B: 네, 거의 안 온대요. 설령 비가 **온다손 치더라도** 극히 적은 양이라고 들었어요.

연습 **'-(ㄴ/는)다손 치더라도'를 사용해서 다음을 하나의 문장으로 완성해 보십시오.**

1. 설령 이 화장품이 피부 노화에 효과가 있다 / 피부가 노화되는 것을 막을 수는 없다

→ ______________________________.

2. 회사 일이 아무리 눈코 뜰 새 없이 바쁘다 / 친한 친구의 결혼식에는 꼭 가려고 하다

→ ______________________________.

3. 설령 지금 사실대로 이야기하지 않다 / 언젠가는 다른 사람들이 모두 알게 될 것이다

→ ______________________________.

4. 설사 내일부터 아르바이트를 시작해서 학비를 벌다 / 학비 전액을 마련하기는 힘들 것 같다

→ ______________________________.

5. 손이 발이 되도록 싹싹 빌다 / 이번 일의 피해가 너무 커서 사람들한테 용서받기는 힘들 것 같다

→ ______________________________.

6. 아무리 비싸고 좋은 보험에 가입하다 / 모든 질병을 보험으로 다 보장받기는 힘들 거라고 생각하다

→ ______________________________.

전략 익히기

전문 용어나 개념어의 설명 찾으며 읽기

글에 나오는 전문 용어나 개념어를 파악하는 것은 글을 이해하는 데 중요하다. 이 용어들의 정의, 사례 등은 그 용어가 들어 있는 문장의 앞뒤에 설명되는 경우가 많다. 따라서 파악하고자 하는 용어가 나오면 그 앞뒤 문장을 유의해서 읽으면서 그것을 설명한 부분을 찾아 내용을 파악하면 된다.

예

'머피의 법칙'에 대한 내용입니다. 전문 용어나 개념어를 설명하는 부분을 찾아 그 의미를 파악해 보십시오.

어쩌다가 한 번 세차를 하면 다음 날에 비가 온다거나 슈퍼마켓에서 계산할 때 내가 선 줄이 다른 줄들보다 유독 줄어들지 않은 경험이 누구나 있을 것이다. 이럴 땐 '머피의 법칙(Murphy's law)'이 생각난다. 이 법칙은 일이 잘 풀리지 않고 오히려 점점 꼬여 나쁜 방향으로 전개되는 현상을 말한다.

그런데 과학자들은 이 머피의 법칙을 우연이나 착각이라고 반박했다. 이때 자주 언급되는 말이 '선택적 기억(selective memory)'이다. 이는 기억이 선택적으로 이루어지는 현상을 말한다. 사람들은 경험한 것을 거의 다 잊어버리지만 공교롭게도 잘 안 풀리거나 재수가 없었다고 느낀 일은 기억한다. 즉 안 좋았던 기억이 선택적으로 남아서 그와 비슷한 일이 생겼을 때 기억나는 것이지 하필이면 중요한 순간에 공교롭게 일이 잘못된다는 머피의 법칙 때문이 아니라는 주장이다.

⇩

전문 용어/개념어	설명한 내용
머피의 법칙	• 정의: 일이 잘 풀리지 않고 오히려 점점 꼬여 나쁜 방향으로 전개되는 현상. • 예: 세차 후 비가 온다. 슈퍼마켓에서 내가 선 계산대 줄이 제일 천천히 줄어든다.
선택적 기억	• 정의: 기억이 선택적으로 이루어지는 현상. • 머피의 법칙과의 관련성: 나쁜 일이 생겼을 때 머피의 법칙 때문이 아니라 선택적으로 기억하기 때문에 그 일이 기억에 남은 것이다.

연습 **'쇼핑의 과학'에 대한 글입니다. 전문 용어나 개념어를 설명하는 부분을 찾아 그 의미를 파악해 보십시오.**

백화점이나 쇼핑센터에 오는 고객의 행동을 관찰해서 쇼핑 패턴을 알아내고 이를 건축 설계에 반영하는 것, 즉 쇼핑 패턴과 매장 설계에 관한 법칙을 '쇼핑의 과학'이라고 한다. 쇼핑의 과학에서 가장 잘 알려진 것이 바로 '부딪침의 효과'이다. 예를 들어 백화점 1층 현관 바로 앞에 있는 가게는 지나다니는 손님이 많아서 보통 장사가 잘된다. 그런데 어떤 백화점 1층 현관 앞에 있는 넥타이 가게가 유독 장사가 잘 안되었다. 그래서 그 원인을 찾고자 매장 근처에 카메라를 설치하고 손님이 많은 시간대에 고객들이 어떻게 출입구를 오가는지 살펴보았다. 그랬더니 넥타이 가게로 가려던 사람들이 현관 앞 출구로 들어오려는 사람들과 부딪칠까 봐 가던 걸음을 멈칫멈칫한다는 사실을 알게 됐다. 또 한두 차례 부딪친 사람들은 대부분 넥타이 구경을 포기하고 그냥 나간다는 것도 알게 됐다. 다른 사람과 부딪치는 것을 꺼리는 마음이 관심 있는 물건을 구경하려는 생각까지 사라지게 한다는 것이다. 이를 '부딪침의 효과'라고 한다.

⇩

전문 용어/개념어	설명한 내용
쇼핑의 과학	• 정의:
부딪침의 효과	• 정의: • 사례:

읽기 지구 온난화의 영향과 대책에 대한 글 읽기

1. 전문 용어나 개념어에 대한 설명을 본문에서 찾아 가며 다음을 읽어 보십시오.

지구 온난화의 영향과 대책

최근 세계 여러 나라에서 기상 이변이 나타나고 있다. 어떤 곳에서는 집중 호우로 고통받기도 하고, 어떤 곳에서는 계속된 가뭄으로 식수조차 구할 수 없어 고통받기도 한다. 또 겨울이 따뜻해져 겨울잠을 자야 하는 동물이 한겨울에 활동을 하고, 봄에 피어야 할 꽃이 겨울에 피는 등 자연의 질서가 깨지고 있다.

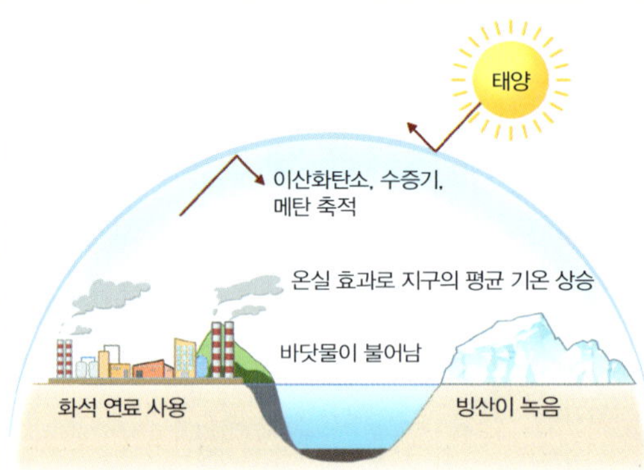

지구 온난화와 온실 효과

왜 이런 일이 일어날까? 바로 지구 온난화 때문이다. 지구 온난화는 지구에서 빠져나가야 할 열이 되돌아와 지구가 점점 더워지는 현상을 말한다. 지구의 모든 생명체가 살아갈 수 있는 것은 지구를 에워싸고 있는 오존층 덕분이다. 오존층은 산소(O_2), 이산화탄소(CO_2), 오존(O_3), 수증기 등으로 이루어져 있는데 이들 중 이산화탄소, 수증기, 메탄(CH_4)은 태양열이 지표면에서 반사되어 지구 밖으로 빠져나가는 것을 막는 역할을 한다. 이 기체를 '온실가스'라고 하는데 이 가스는 막을 형성해 지구의 온도를 적절하게 유지시켜 생명체가 살아갈 수 있게 해 준다. 그리고 이처럼 온실 안에 있는 것같이 일정한 온도를 유지해 주는 것을 '온실 효과'라고 한다. 만약 온실가스가 없어진다면 지구 온도는 현재 평균 기온인 섭씨 15도보다 32도쯤 더 낮아진다. 그러면 너무 추워서 현재 지구에 있는 생명체들이 살아남기 힘들 것이다.

그런데 지금은 이 온실가스가 오히려 너무 많아져서 문제이다. 18세기 산업혁명 이후 사람들은 석탄, 석유, 천연가스 같은 땅속에 묻혀 있는 자원인 화석 연료를 마구 캐내 에너지로 사용했다. 이 화석 연료를 태울 때마다 이산화탄소가 발생하여 온실가스가 증가한다. 또 숲은 이산화탄소를 빨아들이고 산소를 내뿜는 기능을 하는데 숲이 파괴되어 온실가스가 날로 증가하고 있다.

그러면 지구 온난화는 생태계에 어떤 영향을 미칠까? 첫째, 극지방에 있는 빙하를 녹아내리게 해서 바닷물을 불어나게 한다. 그렇게 되면 섬이나 낮은 지대가 물에 잠기게 되고 많은 곳이 잠기면 그만큼 농사지을 땅이 줄어들어 식량 부족 현상이 발생하게 된다. 둘째, 식물에 심각한 타격을 준다. 식물이 자기 몸에 맞는 기후에서 살아가기 위해서는 기온이 섭씨 1도 상승할 때마다 북쪽으로 약 64km를 올라가야 한다. 그러나 대부분의 식물들은 100년에 겨우 몇 미터밖에 이동하지 못하므로 지금처럼 계속 기온이 올라가면 도저히 살아남을 수 없다. 셋째, 지구 온도가 높아지면 병원균과 기생충이 극성을 부리게 된다. 아무리 좋은 약이 개발되어도 전염병이 퍼지는 것을 막기는 쉽지 않다.

그러면 온실가스를 줄이기 위해서는 어떻게 해야 할까? 우선 배출되는 이산화탄소의 양을 줄여야 한다. 이산화탄소는 주로 화석 연료를 사용할 때 발생한다. 예를 들어 자동차 배기가스, 공장 연기, 가정 난방 등에서 주로 발생한다. 이를 줄이기 위해서는 원자력, 태양열, 풍력과 같은 대체 에너지 개발이 시급하다. 또한 환경을 보존해야 한다. 숲과 나무들이 사라지지 않도록 훼손을 중단하고 나무를 더 심어 숲을 가꿔야 한다. 지구 온난화를 완전히 멈출 방도는 없다. 확산되는 속도를 얼마나 늦추느냐가 중요하다. 따라서 지구 온난화를 늦출 방안을 마련하는 데 온 힘을 기울여야 한다.

(1) 본문에서 다음 전문 용어나 개념어를 설명하는 내용을 찾아 써 보십시오.

전문 용어/개념어	설명한 내용
온실가스	
온실 효과	
화석 연료	

(2) (1)에서 찾은 어휘들을 사전에서 찾아 그 의미를 확인하고 (1)의 내용과 비교해 보십시오.

2. 글을 다시 읽고 물음에 답해 보십시오.

(1) 지구 온난화의 원인은 무엇입니까?

① 화석 연료가 많이 부족해서

② 지구의 생명체들이 늘어나서

③ 이산화탄소 배출량이 많아져서

(2) 지구 온난화가 생태계에 미치는 영향은 무엇입니까?

① 섬들이 물에 잠기게 된다.
② 기생충과 해충을 사라지게 한다.
③ 땅속의 천연가스가 줄어들게 된다.

(3) 온실가스의 배출량을 줄이기 위한 방법이 아닌 것은 무엇입니까?

① 원자력 발전소를 더 건설한다.
② 숲에 야생 동물이 살 수 있게 한다.
③ 태양열 자동차를 만들어 타고 다닌다.

(4) 이 글의 내용과 같으면 ○, 다르면 × 하십시오.

① 기상 이변은 지구 온난화와 관련성이 적다. ( )
② 화석 연료를 많이 사용하면 온실가스가 증가하게 된다. ( )
③ 숲이 사라지는 것은 지구 온난화를 더욱 심각하게 만든다. ( )
④ 지구 온난화가 계속되면 식량 부족 현상이 나타날 수 있다. ( )
⑤ 온실가스는 지구 온도를 적절하게 유지하기 위해 늘어나는 것이 좋다. ( )

생각 넓히기

우리가 경험하는 환경오염의 구체적인 사례들은 어떤 것이 있고, 그것을 줄이는 방법에는 어떤 것이 있는지 이야기해 보십시오.

환경오염의 사례	환경오염을 줄이는 방법
• 일회용품을 사용함으로써 쓰레기가 늘어난다. • •	• 종이컵, 일회용 접시를 사용하지 않고 자기 컵과 접시를 사용한다. • •

02 쓰기

환경 보호 활동

준비하기

1. 다음은 국가에서 하는 환경 보호 운동입니다. 그림을 보고 어떤 환경 보호 운동인지 이야기해 보십시오.

2. 다음은 환경 보호를 위해 실천할 수 있는 활동입니다. 개인과 단체 중 어떤 차원에서 이루어질 수 있는 것인지 써 보고, 이야기해 보십시오. 이밖에 환경을 보호하기 위한 활동에 대해서도 이야기해 보십시오.

- 태양열 에너지 보급하기
- 개인용 수저 가지고 다니기
- 재활용품을 활용한 제품 생산하기
- 손 씻고 화장지 1장만 쓰기
- 하루에 종이컵 1개 사용하기
- 가로등을 형광등으로 교체하기
- 컴퓨터 사용하지 않을 때 끄기
- 냉·난방 시간 제한해 운영하기
- 사용하지 않는 전자제품 플러그 뽑기

개인이 실천할 수 있는 환경 운동	단체에서 실천할 수 있는 환경 운동

어휘 익히기

1. 환경과 관련된 어휘입니다. 보기에서 알맞은 것을 골라 대화를 완성해 보십시오.

보기

멸종 폐수 재활용 친환경 폐기물 소음 공해

(1) A: 이 종이는 왜 이렇게 색깔이 누래요?
B: 네, 한 번 사용했던 종이를 가공해서 만든 ________________ 종이거든요.

(2) A: 오염된 물을 그대로 강물에 버린 공장이 10곳 중 4곳이나 된대요.
B: ________________ 을/를 마구 버려 대는 그런 공장들에 대한 처벌을 강화했으면 좋겠네요.

(3) A: 이 근처에 굉장히 큰 쓰레기장이 있던데요.
B: 네. 그 쓰레기장은 공장에서 물건을 만들면서 생긴 ________________ 을/를 처리하는 곳이에요.

(4) A: 동물원에 있는 판다가 얼마 전에 새끼를 낳았다는 뉴스 봤어요?
B: 아, 그래요? 남아 있는 판다 수가 적어 ________________ 을/를 걱정하는 사람들이 많던데 다행이네요.

(5) A: 아주머니, 이 호박은 왜 다른 것보다 더 비싸요?
B: 농약이나 화학비료를 사용하지 않고 키운 ________________ 호박이라서 그래요. 건강에도 좋으니 한번 드셔 보세요.

(6) A: 이른 아침부터 너무 시끄럽네요. 잠을 잘 수가 없어요.
B: 정말 ________________ 이/가 너무 심한 것 같아요. 아파트 옆 공사장에서 나는 것 같은데 한번 얘기하러 가야겠어요.

tip

● **논설문의 머리말 쓰기**

논설문은 어떤 주제에 대해 설득력 있는 논거를 바탕으로 자신의 생각이나 주장을 논리적으로 전개한 글이다. 주제에 대해 어떤 주장을 할 것이며 그 주장에 대한 근거가 무엇인지를 명확하게 밝히는 것이 중요하다. 논설문은 처음(서론), 중간(본론), 끝(결론)으로 구성되어 있는데 처음에 해당하는 머리말에서는 다음과 같은 것을 주의해 작성해야 한다.

① 글의 주제에 대해 문제를 제기한다.
② 글을 쓰게 된 목적이나 동기를 밝힌다.
③ 글의 내용이나 구성에 대해 대략적으로 소개한다.

문법 익히기

은/는 고사하고

앞의 내용은 말할 것도 없이 불가능하고 그것보다 더 쉬운 뒤의 내용도 하기 어렵다는 것을 나타낸다.

예 A: 지난번 경기 때 부상당했던 선수는 다시 운동을 시작했대요?
B: 아니요. 지난번에 보니까 운동**은 고사하고** 제대로 걷지도 못하던데요.

연습 **'은/는 고사하고'를 사용해서 대화를 완성해 보십시오.**

1. A: 이렇게 열심히 하다가 대학 입학시험에서 일등으로 합격하는 거 아니야?
   B: 무슨 소리야. ________________ 합격이라도 했으면 좋겠다.

2. A: 이번 연휴에 해외여행 다녀왔는데 너무 좋았어요.
   B: 정말 부럽네요. 저는 ________________ 제주도도 못 가 봤어요.

3. A: 할아버지가 많이 편찮으시다고 했죠? 식사는 좀 하세요?
   B: 아직도 많이 안 좋으세요. ________________ 물도 잘 못 드세요.

4. A: 대출금은 얼마나 남았어요? 다 갚았지요?
   B: 아니요. 요즘 사업이 잘 안 돼서 ________________ 이자도 못 내고 있어요.

5. A: 마이클 씨, 이번 추석 때 상여금 얼마나 준대요?
   B: 상여금은 무슨. 불경기에다 회사 사정도 좋지 않아서 ________________ 월급도 제대로 받을 수 있을지 모르겠어.

6. A: 어제 너무 피곤하셨죠? 바로 들어가서 씻고 주무셨어요?
   B: 글쎄 집에 갔더니 물이 안 나오는 거 있지. 그래서 ________________ 세수도 제대로 못하고 그냥 잤어.

전략 익히기

목차 만들기

목차는 글 전체를 한눈에 파악할 수 있도록 글의 전개를 일정한 단위로 묶어 각 부분에서 무엇을 다루는지 나타낸 것이다. 논리적으로 구성되어야 하고 목차 간의 층위가 적절해야 한다. 목차에서 '서론/결론', '들어가는 말/맺는말', '들어가며/나오며' 등과 같은 말은 사용할 수 있지만 '본론'이라는 말은 사용하지 않는다. '본론'이라는 말 대신에 붙이는 항목은 구체적이어야 하며 각 부분의 내용은 압축적이어야 한다. 또한 항목의 순서와 내용을 나타내기 위해 숫자나 문자를 일관되게 사용해야 한다.

예

고등학교 영어 교육에 대한 조사 보고서를 쓰기 위해 목차를 작성하려고 합니다. 다음 내용에서 적절한 것을 골라 목차를 작성해 보십시오.

현재 고등학교 영어 교육의 취지
학습 방식의 개선 방안
고등학교 영어 교육 평가 방식의 문제
고등학교 영어 교육 학습 방식의 문제
고등학교 영어 교육의 개선 방안
평가 방식의 개선 방안
현재 고등학교 영어 교육의 방식
고등학교 영어 교육의 문제점 및 분석
현재의 고등학교 영어 교육

⇩

목차

Ⅰ. 들어가는 말

Ⅱ. 현재의 고등학교 영어 교육
1. 현재 고등학교 영어 교육의 취지　2. 현재 고등학교 영어 교육의 방식

Ⅲ. 고등학교 영어 교육의 문제점 및 분석
1. 고등학교 영어 교육 학습 방식의 문제　2. 고등학교 영어 교육 평가 방식의 문제

Ⅳ. 고등학교 영어 교육의 개선 방안
1. 학습 방식의 개선 방안　2. 평가 방식의 개선 방안

Ⅴ. 맺는말

참고문헌

연습 **저출산 문제에 대한 조사 보고서를 쓰기 위해 목차를 작성하려고 합니다. 아래 내용에서 적절한 것을 골라 목차를 작성해 보십시오.**

저출산 문제의 원인	결혼에 대한 인식 변화
경제적 여건	국가적 측면
저출산 문제의 해결 방안	단기적 측면에서의 영향
사회적 측면	개인적 측면
저출산 현상이 미치는 영향	장기적 측면에서의 영향
여성의 사회 진출률 증가	

⇩

목차

Ⅰ. 서론

Ⅱ.
1.
2.

Ⅲ.
1.
2.
3.

Ⅳ.
1.
2.
3.

Ⅴ. 결론

참고문헌

쓰기 환경 보호 활동에 대한 조사 보고서 쓰기

1. 환경 보호 활동에 대한 조사 보고서를 쓰려고 합니다. 다음을 참고하여 조사 보고서에 써야 할 내용을 생각해 보십시오.

- 주제: 환경 보호 활동의 유형과 실례
- 조사 동기: 현실적으로 환경 문제가 심각하다.
- 조사 목적: 실제 생활에서 할 수 있는 환경 보호 방법을 찾기 위해
- 조사 방법: 신문, 뉴스, 보고서를 통해 기존의 환경 보호 활동에 대해 조사
  환경 운동 단체 회원과 인터뷰
  환경에 관심 있는 친구들과 인터뷰

2. 환경 보호 활동의 주제, 목적, 방법을 조사해 보십시오.

3. 조사한 내용을 바탕으로 보고서의 목차를 작성해 보십시오.

목차
Ⅰ. 서론
Ⅱ.
1.
2.
Ⅲ.
1.
2.
Ⅳ.
1.
2.
Ⅴ. 결론
참고문헌

4. 목차 내용을 바탕으로 조사 보고서를 작성해 보십시오.

Ⅰ. 서론	
Ⅱ.	
Ⅲ.	
Ⅳ.	
Ⅴ. 결론	

생각 넓히기

여러분 나라에는 버려진 제품이나 장소를 새롭게 바꿔 만든 특별한 상품이나 장소가 있습니까? 여러분 나라의 사례를 이야기해 보십시오.

재활용품 소재 가방

공장 미술관

콜라 박스 재활용 카페

Q

1. 의견이 다른 사람을 설득하는 여러분만의 방법이 있습니까?

2. 기억나는 것 중에서 가장 오래된 것은 무엇입니까?

제3과
심리

【읽기】 설득과 심리

어휘 익히기 설득과 심리 관련 어휘
문법 익히기 -기 십상이다
전략 익히기 KWL 활용해 읽기
읽기 설득의 법칙과 심리에 대한 글 읽기

【쓰기】 기억

어휘 익히기 기억 관련 어휘
문법 익히기 -다가도
전략 익히기 설명문의 머리말 쓰기
쓰기 기억에 대한 연구 보고서 쓰기

03

읽기

설득과 심리

준비하기

1. 다음과 같은 광고 문구를 본 적이 있습니까? 어디에서 볼 수 있고, 무엇을 의미하는지 서로 이야기해 보십시오.

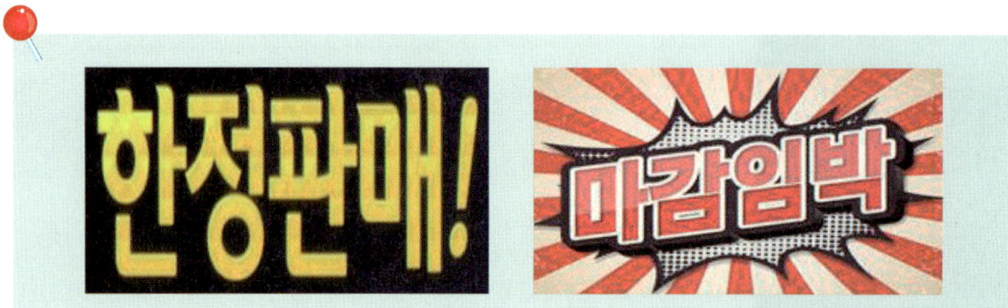

2. 다음 사례를 읽고 왜 그런 현상이 나타났는지 이야기해 보십시오.

(1) 사람들에게 조그만 선물을 먼저 주면서 '이것은 우리의 선물입니다.'라고 말하고 기부금을 내 달라고 요청했다. 그러자 기부금을 낼 계획이 없었던 사람도 선물을 받았기 때문에 그에 대한 고마움의 표시로 조금이나마 기부금을 냈다.

(2) 구매 계획 없이 냉장고를 둘러보던 손님들에게 점원이 그 물건은 품절되어 이제 살 수 없다고 했다. 그러자 손님들이 그 냉장고를 사고 싶다며 구할 수 있는 방법을 찾아 달라고 요청했다.

(3) 환자들이 물리치료사가 권하는 운동을 잘 따르지 않자 다음날 물리치료사가 그의 자격증과 면허증을 벽에 걸어 두었다. 그러자 그걸 본 환자들이 물리치료사의 말을 아주 잘 따르게 되었다.

어휘 익히기

1. 설득과 심리에 관련된 어휘입니다. 밑줄 친 표현과 바꿔 쓸 수 있는 것을 찾아보십시오.

(1) 입학 원서 접수를 마감하는 날짜가 대학마다 다르다.

① 끝내는
② 시작하는

(2) 회사 동료가 나 대신 어려운 일을 해결해 주어 항상 빚진 마음이다.

① 돈을 빌려 쓴
② 도움을 받아 미안한

(3) 내가 상대방에게 먼저 호의를 베풀어야 상대방도 나에게 좋은 감정으로 대한다.

① 받아들여야
② 보여 주어야

(4) 이 캠페인의 주제는 점점 멸종되어 가는 희귀한 동식물을 보호하자는 내용이다.

① 흔하지 않아서 특이한
② 드물지 않게 볼 수 있는

(5) 비행기 시간을 맞추기에 시간이 촉박해서 공항까지 택시를 타고 갈 수밖에 없었다.

① 여유가 있어서
② 얼마 남지 않아서

(6) 배우 김수진 씨는 출연 중인 연극을 그만두고 영화에 출연해 달라는 요청을 뿌리쳤다.

① 거절했다
② 무시했다

memo

2. 보기 에서 알맞은 것을 골라 대화를 완성해 보십시오.

보기					
다만	돌연	선뜻	겨를	권위	시식

(1) A: 배우 김준기 씨가 은퇴를 했다며?
B: 그러게. 작년까지 영화를 찍었는데 ____________ 은퇴를 한다고 해서 깜짝 놀랐어.

(2) A: 수진아, 다음 주부터 수영을 하려고 하는데 같이 할래?
B: 요즘 너무 바빠서 운동할 ____________ 이/가 없어. 바쁜 게 좀 끝나면 그때 같이 하자.

(3) A: 어머니, 전화 자주 못 드려 죄송해요.
B: 바쁘니까 어쩔 수 없지. ____________ 궁금하니까 잘 있다는 문자라도 가끔 보내 줘.

(4) A: 좋아하는 여자에게 고백해 본다고 하더니 어떻게 됐어?
B: 고백하려고 만났는데 ____________ 말을 꺼내지 못하겠더라. 그래서 아무 말도 못 했어.

(5) A: 오늘 강연하시는 김민수 박사님은 어떤 분이신가요?
B: 김 박사님은 한국 물리학 분야에서 가장 영향력 있는 분으로 물리학계 최고의 ____________ 을/를 인정받는 분입니다.

(6) A: 무슨 장을 그렇게 많이 봤어?
B: 마트에 갔더니 이것저것 먹어 보라는 ____________ 제품들이 많더라고. 먹고 나서 그 제품들을 안 살 수 없어 다 사는 바람에 이렇게 됐어.

문법 익히기

-기 십상이다

앞 문장의 상황이 되기 쉽다거나 그럴 가능성이 크다는 의미를 나타낸다. 동사와만 결합한다.

예 A: 민수가 오토바이 타고 오다가 미끄러져서 넘어졌대.
B: 오늘처럼 눈 오는 날에 오토바이를 타면 **미끄러지기 십상이지.**

연습 **'-기 십상이다'를 사용해서 보기에서 알맞은 것을 찾아 대화를 완성해 보십시오.**

보기

손해 보다	탈이 나다	감기에 걸리다
차질이 생기다	두고두고 후회하다	면역력이 떨어지다

1. A: 소화제 좀 있니? 아까 시간이 없어서 점심을 급하게 먹었더니 체했나 봐.
   B: 아무리 바빠도 급하게 먹으면 ________________. 소화제 여기 있어.

2. A: 이거 지난 주말에 명동에 나갔다가 너무 싸서 잔뜩 사 왔는데 집에 와서 보니까 별로인 것 같아. 교환도 안 된다고 했는데 어쩌지?
   B: 그러게. 싸다고 물건을 그렇게 많이 사면 ________________.

3. A: 엄마, 다녀올게요.
   B: 추운데 그렇게 얇게 입고 나가려고? 그렇게 나갔다가는 ________________.

4. A: 요즘 주식이 오르고 있다던데 나도 주식 투자 좀 해 볼까?
   B: 주식이 계속 오른다고 해도 잘 모르면서 주식에 투자하다가는 ________________.

5. A: 민수 씨가 다음 달에 개업한다고 하더니 문제가 생겼는지 내년으로 연기한대요.
   B: 너무 서두른다고 생각했어요. 급하게 일을 추진하다 보면 계획에 ________________.

6. A: 김 박사님, 겨울철 건강 관리법에 대해서 한 말씀 해 주세요.
   B: 네. 겨울철에 춥다고 집에만 있다 보면 ________________. 낮에 잠깐이라도 나가서 산책하시고, 열량이 높은 음식을 드시면서 면역력을 키우시기 바랍니다.

전략 익히기

KWL 활용해 읽기

KWL은 글을 읽기 전에 글의 내용에 대해 알고 있는 것(Know), 더 알고 싶은 것(Want-to-know)을 생각해 보고, 글을 다 읽고 난 후에 알게 된 것(Learned)을 점검하는 읽기 전략이다. ① 제목이나 서론을 읽고 그 내용과 관련하여 알고 있는 것을 생각해 본다. ② 그 내용에 대해서 더 알고 싶은 것이 무엇인지 질문을 만들어 본다. ③ 전체 글을 읽으면서 질문의 답을 확인한다. ④ 읽은 후에 새롭게 알게 된 것을 써 본다.

예

'거대 몸집의 포유동물, 고래'에 대한 글입니다. 제목을 보고 알고 있는 것, 알고 싶은 것이 무엇인지 써 보십시오. 그리고 글을 읽으면서 알게 된 것을 정리해 보십시오.

거대 몸집의 포유동물, 고래

몸집이 거대한 고래는 바다에 살지만 소나 코끼리 같이 새끼를 낳고 젖을 먹이는 포유동물이다. 또 고래는 보통 두 시간 동안 바다에서 헤엄친 후 물 밖으로 나와 등에 있는 코로 숨을 쉬는데, 이 점도 고래가 포유동물이라는 증거이다.

고래는 몸집이 큰 만큼 먹는 양도 어마어마한데 주로 새우나 작은 물고기 등을 먹는다. 100종이 넘는 고래 종류 중 제일 몸집이 큰 고래는 흰긴수염고래로 길이가 20~33m, 무게가 100~200톤이나 나간다.

⇩

알고 있는 것 (Know)	알고 싶은 것 (Want-to-know)	알게 된 것 (Learned)
• 고래는 포유동물이다. • 고래는 몸집이 거대하다.	• 고래는 물고기와 어떻게 다를까? • 몸집이 큰 고래는 무엇을 먹고 살까?	• 고래는 물고기와 다르게 새끼를 낳고 젖을 먹인다. • 고래는 바다에서 헤엄친 후 물 밖으로 나와 등에 있는 코로 숨을 쉰다. • 고래는 주로 새우와 작은 물고기를 먹는다. • 제일 큰 고래는 흰긴수염고래이다. • 흰긴수염고래는 길이가 20~33m, 무게가 100~200톤이나 나간다.

연습 **'광고 심리학'에 대한 글입니다. 제목과 단락[1]을 읽고 알고 있는 것, 알고 싶은 것이 무엇인지 써 보십시오. 그리고 단락[2]를 읽으면서 알게 된 것을 정리해 보십시오.**

소비자의 심리를 분석하는 광고 심리학

[1] 광고의 홍수 속에서 살고 있는 우리는 광고를 접하지 않고는 살 수 없다고 해도 과언이 아니다. 이렇게 많은 광고들이 소비자의 시선을 끌기 위해서는 가능한 모든 수단을 동원한다. 이때 가장 설득력 있는 광고는 소비자의 심리를 분석한 광고이다. 여기서 사용되는 광고 심리학이란 무엇이고, 심리학을 활용한 광고는 소비자들에게 어떤 영향을 미치는지에 대한 답을 알아보자.

[2] 광고 제작자는 소비자의 심리를 분석해서 광고 제작에 활용한다. 그리고 그 광고를 본 소비자는 광고에 설득되어 물건을 사게 된다. 이처럼 광고 효과를 위해 소비자의 심리를 분석하는 것을 광고 심리학이라고 한다. 예를 들어 보자. 한 스포츠용품 전문 브랜드에서는 유명한 농구 선수의 이름을 딴 운동화를 출시하여 인기를 끌었다. 그 운동화 광고는 농구를 좋아하는 소비자에게 '이 운동화를 구입하면 유명한 농구 선수처럼 될 수 있을 것'이라는 기대 심리를 자극하여 소비를 하게 만들었다. 이처럼 소비자의 심리를 분석해 활용한 광고는 엄청난 구매를 유도할 수 있다.

⇩

알고 있는 것 (Know)	알고 싶은 것 (Want-to-know)	알게 된 것 (Learned)

읽기 설득의 법칙과 심리에 대한 글 읽기

1. KWL 전략에 따라 읽어 보십시오.

(1) 첫 번째 단락을 읽고 글의 주제와 관련해서 알고 있는 것이 무엇인지, 알고 싶은 것이 무엇인지 메모해 보십시오.

설득의 법칙과 심리

광고나 홈쇼핑 등을 보다가 정말 필요한 물건인지 생각할 겨를도 없이 물건을 산 경험이 누구나 있을 것이다. 무엇이 이런 반응을 이끌어 낸 것일까? 그것은 바로 소비자의 심리를 이용한 설득의 법칙이 작용해 자신도 모르는 사이에 설득되었기 때문이다. 이처럼 사람의 심리를 이용해서 설득을 하는 방법은 여러 가지가 있다. 그중 대표적인 설득의 방법으로는 '상호성의 법칙', '희귀성의 법칙'과 '권위의 법칙'이 있다.

알고 있는 것 (Know)	알고 싶은 것 (Want-to-know)

(2) 새롭게 알게 된 사실이 무엇인지 찾아 가며 전체 글을 읽고 써 보십시오.

첫 번째 '상호성의 법칙'은 사람들이 다른 사람으로부터 호의를 받았을 경우 이를 무시하거나 거절하기 힘들다는 심리에 근거하여 설득하는 것이다. 과거 에티오피아는 전 세계에서 경제적인 도움을 받는 나라였다. 그런데 1985년 지진이 난 멕시코가 피해 복구를 위해 에티오피아에 도움을 요청하자 선뜻 5,000달러의 돈을 기부했다. 1935년 에티오피아가 이탈리아의 침략을 받았을 때 멕시코가 도움을 주었기 때문에 요청을 뿌리칠 수 없었던 것이다. 이처럼 사람들은 보통 호의를 받으면 그것을 그대로 갚아야 한다는 의무감을 갖는다. 그러면서 무의식적으로 그 사람에게 빚졌다고 생각하고 그의 부탁을 쉽게 거절하지 못하고 설득을 당하게 된다. 사람들이 마트의 시식 코너에서 공짜로 제공하는 음식을 먹으면 미안한 마음에 그것을 사게 되는 것도 이와 같은 원리로, 이것이 바로 '상호성의 법칙'을 활용한 것이다.

두 번째 법칙은 '희귀성의 법칙'으로, 갖기 힘든 것을 더 갖고 싶어 하는 사람들의 심리를 이용한 법칙이다. 예를 들어 보자. 어느 항공사가 이용 승객이 줄어 런던-뉴욕 간 비행기 운항의 전면 중단을 돌연 발표했다. 그런데 바로 그다음 날 런던-뉴욕 간 비행기 표 매출이 폭발적으로 증가했다. 서비스가 갑자기 좋아진 것도 아니고 표를 할인해서 판매한 것도 아니었다. 다만 비행기 표를 더 이상 살 수 없을 것이라는 소비자들의 불안감이 작용한 것이다. 이뿐만이 아니다. 홈쇼핑에서 판매원이 "마감 시간이 5분 남았습니다. 빨리 전화하세요. 이제 2분밖에 안 남았습니다. 2분 후에는 기회가 없습니다."라고 재촉하면 그것을 보고 있는 사람은 망설이면 기회가 없어진다고 생각해서 그 제품을 구매하게 된다. 이는 시간이 촉박하다는 이유로 원래는 별 관심이 없던 일을 하게 되는 것이다. 비행기 표 판매량이나 홈쇼핑에서의 구매량 급증 등은 모두 갑자기 상품이 희귀해졌기 때문에 더 원하게 만드는 '희귀성의 법칙'이 작용한 것이다.

또 다른 설득의 법칙으로는 '권위의 법칙'이 있다. 불확실한 상황에서 사람들은 믿을 수 있는 전문가나 권위 있는 누군가의 의견을 따르게 되는데, 이를 활용한 법칙이 '권위의 법칙'이다. 국내에서 전혀 관객들의 관심을 받지 못하던 영화가 유명한 해외 영화제에서 수상한 후 관객들의 관심을 집중적으로 받게 될 때가 있다. 이는 해외 영화제라는 권위가 그 영화의 가치를 높여 주어 사람들을 열광하게 만든 것이다. 또한 한국에서는 식당 이름에 '원조'라는 말을 붙이는 경우가 많다. 이것은 사람들이 '원조'라는 단어를 보고 전통과 역사가 맛을 보장할 것이라는 생각을 하게 되기 때문이다. 이뿐만 아니라 유명한 연예인이나 정치인이 남긴 사인이나 사진을 벽에 붙여 그 식당을 맛있고 유명한 식당으로 인식하게 한다. 이처럼 신뢰할 수 있는 전문가, 권위 있는 사람을 이용해 다른 사람들을 설득하는 것이 '권위의 법칙'이다.

설득은 비즈니스와 협상에서만 필요한 것이 아니라 우리의 일상생활과도 밀접한 관련이 있다. 이 모든 상황에서 설득이 필요할 때 '상호성의 법칙', '희귀성의 법칙'과 '권위의 법칙'을 활용할 수 있다면 거절을 당하지 않고 설득할 수 있을 것이다.

알게 된 것 (Learned)

2. 다시 읽으면서 다음 물음에 답해 보십시오.

(1) 다음을 읽고 글의 내용과 다른 것을 고르십시오.

① 사람들은 가질 수 없는 물건을 갖고자 하는 심리가 있다.
② 비즈니스와 일상생활에서 활용되는 설득의 방법은 다르다.
③ 유명한 배우를 이용하여 홍보하면 좋은 효과를 얻을 수 있다.

(2) '상호성의 법칙'에서 가장 중요하게 생각하는 것은 무엇입니까?

① 상대방에게 먼저 좋은 감정으로 대하는 것
② 상대방에게 부탁을 받았을 때 거절하지 않는 것
③ 상대방을 도와주지 못했을 때 미안하다고 사과하는 것

(3) '희귀성의 법칙'의 사례에 해당하지 않는 것은 무엇입니까?

① 사고 싶은 장난감을 못 사게 해서 그 장난감이 더 사고 싶어졌다.
② 100벌만 한정 판매하는 코트를 어떻게든 손에 넣어야겠다고 결심했다.
③ 가격이 비싼 노트북이지만 세 대밖에 남지 않았다고 해서 바로 구매했다.

(4) '권위의 법칙'에 대한 설명으로 맞는 것은 무엇입니까?

① 시간이 부족한 사람들을 설득하기 좋은 방법이다.
② 한번 거절한 것을 다시 요청하면 긍정적으로 생각한다.
③ 사람들은 유명한 사람들의 의견을 신뢰하는 경향이 있다.

생각 넓히기

여러분은 '상호성의 법칙', '희귀성의 법칙', '권위의 법칙'에 의해 설득당한 경험이 있습니까? 언제, 어떤 상황이었는지 이야기해 보십시오.

기억

준비하기

1. 다음 그래프는 시간에 따른 기억량에 대한 것입니다. 그래프를 보고 이야기해 보십시오.

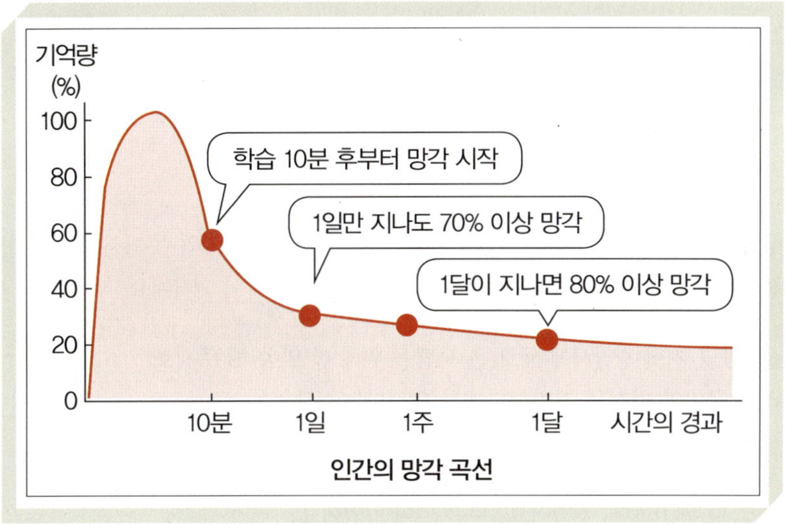

2. 여러분은 시험 공부를 할 때 공부한 내용을 잊지 않기 위해 어떤 방법을 사용합니까? 자신이 하고 있는 방법에 V표 하고 서로 이야기해 보십시오.

- ☐ 색깔이 다른 펜으로 표시를 한다.
- ☐ 잊어버리기 전에 반복해서 공부한다.
- ☐ 중요한 내용을 소리 내어 말하면서 쓴다.
- ☐ 중요한 내용을 잘 정리해서 메모해 둔다.
- ☐ 중요한 내용을 이야기로 만들어 기억한다.
- ☐ 기억해야 할 단어들이나 문장들의 앞글자로 노래를 만든다.
- ☐ 새로 알게 된 내용을 이미 알고 있었던 것과 연관 지어 기억한다.
- ☐ 기타 (   )

어휘 익히기

1. 기억과 관련된 어휘입니다. 보기 에서 알맞은 것을 골라 대화를 완성해 보십시오.

보기
지우다 망각하다 생생하다 떠오르다 깜박하다 되살아나다

(1) A: 민호 씨, 교통사고가 난 지 10년이 지났지요?
B: 네. 그런데 어제 일처럼 아직도 그날 있었던 일이 ____________ 기억나요.

(2) A: 수잔 씨는 기억하고 싶지 않은 일이 뭐예요?
B: 지난번 노래 대회 때 무대에 나오다가 넘어졌던 거요. 그걸 사람들 기억에서 ____________ 수만 있다면 그렇게 하고 싶어요.

(3) A: 동생이 수술 후에 건강은 회복됐는데 수술 전 일을 정확히 기억 못해서 걱정이에요.
B: 걱정 마세요. 차차 옛날 기억이 ____________ 거예요.

(4) A: 경찰서장님, 저희 경찰서에 새로 온 사람을 위해 한 말씀 해 주시죠.
B: 우리는 국민의 안전을 지키는 사람들입니다. 이 사실을 ____________ 말고 명심해 주기 바랍니다.

(5) A: 마이클 씨, 왜 이렇게 늦었어요? 무슨 일이 있었어요?
B: 오전까지 기억하고 있었는데 미안해요. 급한 전화가 와서 그 일을 처리하다가 우리 약속을 ____________ 바람에 늦었어요.

(6) A: 우리 어떤 주제로 조사 보고서를 쓸까요? 다른 팀이 하지 않는 좀 색다른 주제로 하면 좋을 거 같은데요.
B: 맞아요. 그런데 사람들의 관심을 끌 만한 좋은 주제가 ____________ 않네요. 좀 더 생각해 봐야겠어요.

문법 익히기

-다가도

어떤 행동이나 상태가 다른 행동이나 상태로 쉽게 바뀜을 나타낼 때 사용한다.

예 A: 그 식당은 항상 사람이 많아요?

B: 그렇지 않아요. 점심시간에는 **복잡하다가도** 두세 시가 되면 한산해요.

연습 **다음을 연결하고 '-다가도'를 사용해서 문장을 완성해 보십시오.**

1. 내내 졸다	•	•	갑자기 소나기가 쏟아지곤 하다
2. 인기가 많다	•	•	오뚝이처럼 다시 일어났다
3. 조용히 있다	•	•	한순간에 사라지다
4. 쨍쨍 내리쬐다	•	•	슬픈 장면에서는 눈물을 뚝뚝 흘리다
5. 웃고 이야기하다	•	•	금세 뛰어다니곤 하다
6. 몇 번이나 쓰러졌다	•	•	내려야 할 정류장이 가까워지면 깨다

1. 나는 이상하게 술에 취했을 때 버스를 타면 내내 ________________.
________________________________.

2. 대중의 인기란 물거품 같아서 인기가 ________________.

3. 아이들은 종잡을 수가 없어서 조용히 ________________.

4. 요즘 날씨는 변덕스러워서 햇볕이 쨍쨍 ________________.

5. 그 여배우는 감정 연기가 뛰어나서 다른 연기자들과 웃고 ________________
________________________________.

6. 그 권투 선수는 경기에서 몇 번이나 ________________.

전략 익히기

설명문의 머리말 쓰기

설명문은 어떤 사실에 대해 잘 모르는 독자에게 쉽게 이해하도록 풀어서 설명하는 것을 목적으로 한 글이다. 그래서 문장은 쉽고 정확해야 하며 자신의 주관을 배제하고 사물을 본 내용을 사실 그대로 객관적으로 서술해야 한다. 설명문은 처음(머리말), 중간(본문), 끝(맺음말)으로 구성되어 있는데 처음에 해당되는 머리말에서는 글의 내용에 대해 독자의 흥미를 유도해야 하며 글의 중심 생각이 포함되어야 한다. 머리말에 들어갈 내용은 다음과 같다.

① 본문에서 다룰 대상에 대해 간략히 설명한다.
② 글을 쓰는 이유를 쓴다.
③ 본문의 내용 전개 순서를 간략하게 소개한다.

예

'윷놀이'에 대한 내용입니다. 다음을 읽고 윷놀이에 대한 설명문의 머리말을 써 보십시오.

대상 소개	윷놀이
글을 쓰는 이유	윷놀이를 하는 방법과 전래가 궁금함
전개 순서	1. 놀이 방법: 두 팀으로 나눠 함. 나무 윷 4개, 윷판, 말 4개를 사용함 2. 전래: 삼국시대 이전부터 행해짐

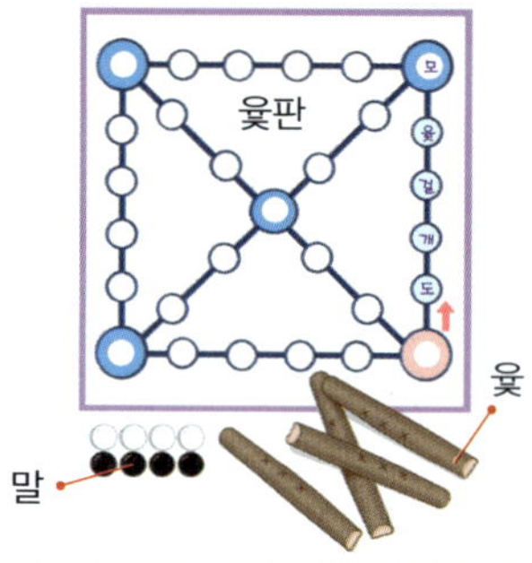

⇩

윷놀이는 한국의 전통 민속놀이이다. 한국 사람들은 설날에 가족, 친척들이 모이면 윷놀이를 많이 한다. 윷놀이를 하려면 나무로 만든 윷 4개와 윷판, 윷판 위에 두는 말 4개가 필요하다. 이 글에서는 이것들을 활용해 어떻게 놀이를 하는지, 어떻게 하면 이기는지 등 그 놀이 방법을 알아보고자 한다. 그리고 한국의 전통 민속놀이인 윷놀이를 한국 사람들은 언제부터 해 왔는지에 대해서도 살펴보겠다.

설명문의 본문과 맺음말 쓰기

설명문은 처음(머리말)–중간(본문)–끝(맺음말)의 구성으로 쓰는 것이 보통이다. 본문은 글을 소개하는 대상을 구체적으로 설명하는 부분이고 맺음말은 본문의 내용을 요약, 정리, 강조하면서 글을 마무리하는 끝을 말한다. 본문에서는 독자가 잘 이해할 수 있도록 다양한 방법으로 설명한다. 이때 사용하는 방법은 다음과 같다.

① 정의: 글에서 소개하고자 하는 대상의 개념을 설명하거나 범위를 규정하는 방법

② 비교와 대조: 비교는 둘 이상의 대상의 유사점을 중심으로 설명하는 방법, 대조는 차이점을 중심으로 설명하는 방법

③ 분류: 대상들을 공통적인 특성에 따라 구분하는 방법

④ 분석: 대상을 구성하는 구성 요소로 나누어 설명하거나 어떤 현상을 다양한 측면에서 자세하게 살펴보고 그 내용을 밝히는 방법

⑤ 예시: 일반적인 내용에 대한 구체적인 사례를 제시하면서 설명하는 방법

연습 **'게임 중독의 증상'에 대한 내용입니다. 다음을 읽고 게임 중독의 증상에 대한 설명문의 머리말을 써 보십시오.**

대상 소개	게임 중독의 증상
글을 쓰는 이유	• 신문 기사에 따르면 게임 중독으로 대학 병원을 찾는 환자들이 매년 10% 이상 증가함 • 게임 중독으로 인한 사건, 사고가 끊이지 않음 (예) 5일 동안 게임을 하다가 호흡 곤란으로 사망한 30대 남성 (예) 게임에 중독된 부모가 갓 태어난 아기를 돌보지 않아 죽게 만든 사건 • 게임에 중독된 사람들은 자신이 중독되었다고 생각하지 못함 • 게임 중독의 증상을 살펴보고자 함
전개 순서	• 게임 중독의 증상 정도 ◦ 초기 증상: 시간 감각이 없어짐. 해야 할 일에 집중하지 못함 ◦ 초기 이후 증상: 현실에 부적응. 가족, 친구 등 가까운 사람들과 관계가 멀어짐 우울증, 불안 장애, 과대망상이 생김

⇩

쓰기 기억에 대한 연구 보고서 쓰기

1. 다음은 감각 기억, 단기 기억, 장기 기억에 대한 설명입니다. 그림에서 맞는 곳에 번호를 써 보십시오.

(1) • 며칠 이상 오랫동안 기억에 남는 것. 기억해야 하는 상황이 되면 머릿속에서 정보가 인출돼 기억나게 됨

(2) • 시각, 청각, 후각, 촉각 등을 통해 입력된 정보를 아주 잠깐 기억하는 것

(3) • 전화번호나 들은 사실 등을 짧게는 20초, 길게는 며칠 정도까지 잠깐 기억하는 것. 그 후에 특별한 자극이 없으면 기억에서 사라짐

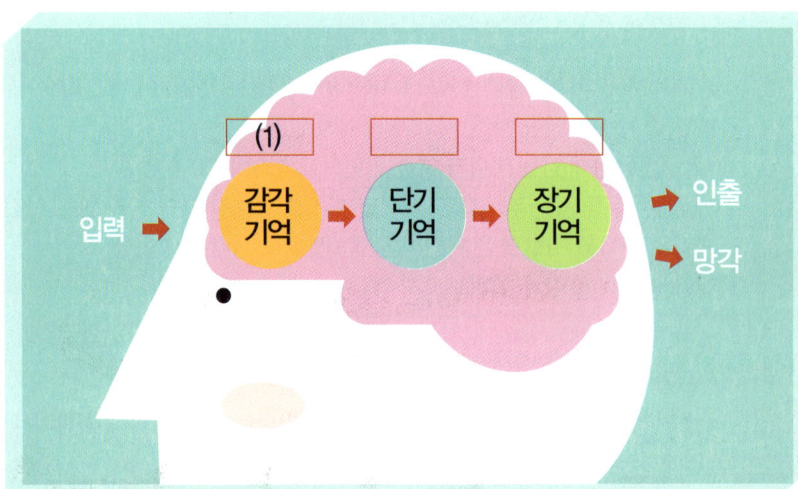

2. '인간의 기억: 감각 기억, 단기 기억, 장기 기억'에 대한 연구 보고서를 쓰려고 합니다. 감각 기억, 단기 기억, 장기 기억에 대한 구체적인 내용을 조사해 보십시오.

감각 기억	
단기 기억	
장기 기억	

3. 조사한 내용을 바탕으로 설명문의 머리말에서 쓸 내용을 정리해서 메모해 보십시오. 그리고 머리말을 써 보십시오.

대상 소개	
글을 쓰는 이유	
전개 순서	

⇩

4. 연구 보고서의 구상 개요를 써 보십시오.

처음	
중간	
끝	

5. 구상 개요를 보고 연구 보고서를 써 보십시오.

생각 넓히기

여러분은 잊고 있던 일이 갑자기 기억난 적이 있습니까? 어떤 계기로 갑자기 생각이 났습니까? 어떤 경우에 기억이 되살아났는지 이야기해 보십시오.

Q

1. 청소년기의 특징은 무엇입니까?

2. 여러분은 언제 행복을 느낍니까?

제4과
인간의 성장과 발달

[읽기] 청소년 문제

어휘 익히기 **청소년기의 특징 관련 어휘**
문법 익히기 **-게끔**
전략 익히기 **표시하며 읽기**
읽기 **청소년기 반항적 특징의 원인에 대한 글 읽기**

[쓰기] 20대 행복 지수

어휘 익히기 **행복 관련 어휘**
문법 익히기 **-(으)ㄹ지라도**
전략 익히기 **설문 조사 결과 기술하기**
쓰기 **한국인의 행복 지수에 대한 조사 보고서 쓰기**

04 읽기

청소년 문제

준비하기

1. 다음은 인간의 뇌의 영역별 기능을 소개한 것입니다. 각 영역 중 청소년기의 특징을 나타내게 하는 뇌 영역은 어디인지 찾아보십시오.

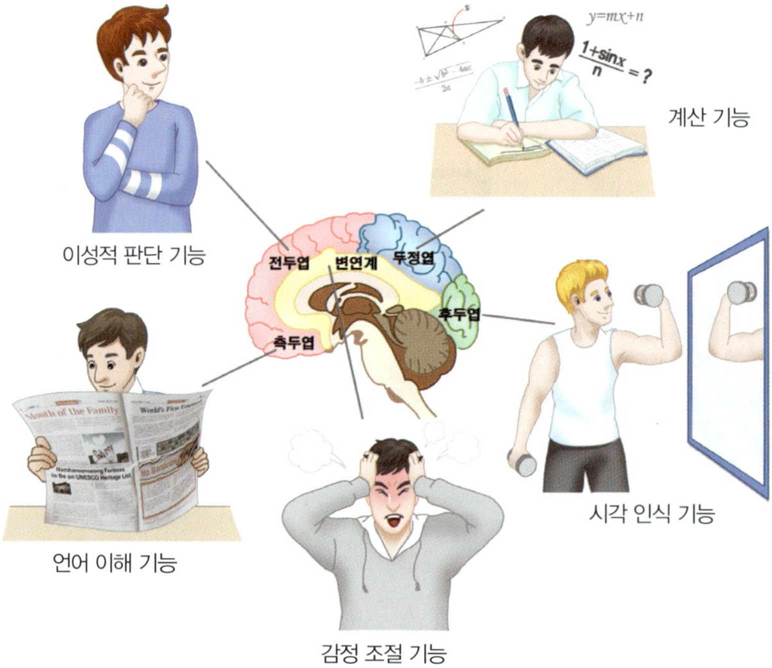

2. 다음은 청소년의 성향에 영향을 미치는 것들입니다. 각 호르몬이 청소년에게 어떤 영향을 미치는지 이야기해 보십시오.

테스토스테론(testosterone): 남성의 대표적인 성 호르몬

- 과다하게 분비되면 충동적이고 욕구를 잘 절제하지 못하게 됨
- 수치가 높으면 기분이 좋아지며 의욕적인 성향을 갖게 됨

세로토닌(serotonin): 감정 기복을 조절하는 신경전달물질

- 뇌에서 분비되는 신경전달물질
- 부족하면 우울하고 불안한 기분이 들게 함

어휘 익히기

1. 청소년기의 특징과 관련된 어휘입니다. 다음을 읽고 밑줄 친 어휘의 의미를 추측해 보십시오.

(1)

아이들이 청소년기가 되면 부모의 말을 잘 듣지 않고 화를 내는 등 ①반항하는 경향이 짙어진다. 심해지면 지금까지 하지 않던 나쁜 행동을 하거나 가출을 하는 등 ②탈선하는 경우도 있다.

	추측한 의미
① 반항하다	
② 탈선하다	

(2)

나는 최근 과도한 업무로 스트레스를 받아 가족과 상의도 없이 사직서를 제출하는 ①충동적인 행동을 하고 말았다. 그런데 막상 회사를 나가려니 앞으로 살길이 막막해 ②불안하다.

	추측한 의미
① 충동적이다	
② 불안하다	

(3)

나는 다른 사람에 비해 청각이 뛰어나 잠을 잘 때 작은 소리에도 잠이 깰 정도로 ①예민해서 조용한 곳이 아니면 자지 못한다. 이렇게 잠을 잘 자지 못한 날에는 신경이 날카로워져 별것도 아닌 일에 쉽게 ②흥분해서 화를 내게 된다.

	추측한 의미
① 예민하다	
② 흥분하다	

2. 보기에서 알맞은 것을 골라 대화를 완성해 보십시오.

보기

설레다 엉뚱하다 억제하다 왕성하다 조절하다 변덕스럽다

(1) A: 왜 이렇게 음식을 안 먹어요?
B: 의사가 체중을 ________________ 하더라고요. 그래서 건강을 위해서 살을 좀 빼려고요.

(2) A: 요즘 아침에는 쌀쌀하고 낮에는 더워서 어떻게 옷을 입어야 할지 잘 모르겠어.
B: 그러게 말이야. 더웠다 추웠다 하는 ________________ 날씨 때문에 감기에 걸린 사람도 많더라.

(3) A: 이번 학기에 가는 졸업여행 재미있을까요?
B: 그럼요. 전 생각만 해도 벌써부터 마음이 ________________.

(4) A: 얼마 전에 김 작가님이 또 소설 연재를 시작하셨대요.
B: 그래요? 70이 넘은 연세에도 젊은 작가 못지않게 ________________ 활동을 하시다니 대단하세요.

(5) A: 김 기자, 정부에서 수입과 수출에 대한 정책을 새롭게 내놓았다면서요?
B: 네. 불경기를 극복하기 위해 정부에서는 수출을 늘리고 수입을 ________________ 정책을 발표했습니다.

(6) A: 여보, 어제 왜 그렇게 큰애한테 화를 냈어요?
B: 말도 안 되는 ________________ 소리를 해서 그랬어요. 요즘 같은 불경기에 경험도 없는 애가 사업을 하겠다는 게 웬 말이에요.

문법 익히기

-게끔

어떤 상태·행위의 목적이나 결과, 방식, 정도를 나타내는 표현이다. '-게'를 강조하는 의미가 있다.

예 A: 부장님, 말씀하신 일은 오늘까지 마무리하겠습니다.
B: 김 대리, 뒤탈이 **없게끔** 마무리를 잘해 주었으면 좋겠어요. 부탁해요.

연습 **'-게끔'을 사용해서 보기에서 알맞은 것을 찾아 문장을 완성해 보십시오.**

보기

잡다 보이다 익히다 일깨우다 일어서다 되돌아보다

1. 물건을 잘 팔려면 상품이 잘 ______________ 진열해 놓는 것이 중요하다.
2. 어려운 일이 닥쳤을 때 주변 사람들의 격려가 다시 나를 ______________ 한 원동력이 되었다.
3. 이분이 바로 우리가 경제적으로 어려웠을 때 가난에서 벗어나 자리를 ______________ 도와 주신 분이다.
4. 환경 보호 단체에서는 학생들이 스스로 물의 소중함을 ______________ 하는 체험 학습을 실시하고 있다.
5. 〈드라마로 배우는 한국어〉는 드라마를 보면서 한국어 표현을 자연스럽게 ______________ 하는 프로그램이다.
6. 현대인에게 진정한 삶이란 무엇인가를 알려 주는 이 소설은 나에게 삶을 다시 ______________ 하는 계기를 만들어 주었다.

전략 익히기

표시하며 읽기

글을 읽을 때 중심 내용이나 핵심어, 중요한 내용, 예 등에 표시하면서 읽으면 전체 내용을 파악하는 데 도움이 된다. 예를 들어 중심 내용, 핵심어, 중요한 내용, 예 등에 각각 다른 색 펜으로 표시하거나, 중심 내용에는 형광펜으로 표시하고 핵심어에는 동그라미를 치고 중요한 내용에는 밑줄을 긋고 예는 괄호 안에 넣는다. 중요한 내용이 여러 개일 경우에는 번호를 매기면서 표시할 수도 있다. 이렇게 처음 읽을 때 표시하면서 읽으면 전체 글을 좀 더 쉽게 파악할 수 있다.

예

'청소년기의 특징'에 대한 글입니다. 중심 내용, 핵심어, 예 등에 표시하면서 읽어 보십시오.

인간 발달의 단계 중 12~20세에 속하는 청소년기는 신체적으로 급성장하며 정서적으로도 혼란을 겪는 시기이다. 이 시기는 아동기에서 성인기로 옮겨 가는 과정인데, 다시 말해 청소년기는 아동기에서 성인기로 옮겨 가면서 신체적 · 정서적으로 큰 변화를 겪게 되는 시기이다.

먼저 성장 호르몬이 분비되면서 키와 몸무게가 매우 빠르게 증가하는 ①신체적 특징이 나타난다. 그래서 남자는 남자다워지고 여자는 여자다워진다. (남자는 어깨가 넓어지고 근육이 발달하고 목소리가 굵어지며, 여자는 골반이 넓어져서 곡선미를 갖춘 체형으로 변한다.) 이러한 청소년기의 신체적 특징을 2차 성징이라고 한다.

또한 '나는 누구인가? 앞으로 나는 어떻게 될 것인가?' 등과 같이 생각하며 정서적 혼란을 겪는 가운데 자아정체감을 형성하는 ②정서적 특징이 나타난다. 자아정체감이란 스스로 자신의 욕구, 능력, 성격 등을 정확히 알고 이를 통해 자신이 다른 사람과 구별되는 존재임을 인식하는 것이다. (예를 들어 이 시기에 자아정체감이 바르게 형성된 청소년은 삶의 목표가 뚜렷해지고 자신감을 가지게 되어 어떠한 변화에도 잘 적응할 수 있게 된다. 반면에 자아정체감이 제대로 형성되지 않은 청소년은 삶의 방향이 뚜렷하지 않아 현재와 미래에 대한 불안감이 커 다른 사람의 기준에 맞춰 살아가게 된다.)

연습 **'유아기의 특징'에 대한 글입니다. 중심 내용, 핵심어, 예 등에 표시하면서 읽어 보십시오.**

2~6세에 해당하는 기간을 '유아기'라고 하는데, 유아기에는 신체적으로 운동 능력이 발달하게 되며 인지적으로는 자아중심적인 사고를 갖게 되고 언어적으로도 크게 발달하는 특징이 있다. 이 시기의 아이들은 유치원에서 교사, 친구들과 지내면서 사회적인 관계를 처음 맺게 되어 다른 사람들과의 관계를 통해 자아의식을 형성한다.

유아기의 특징을 구체적으로 살펴보면, 먼저 신체적으로는 꾸준한 성장을 통해 운동 능력이 발달한다. 예를 들어 팔과 다리가 길어지고 이전에는 잘할 수 없던 혼자서 옷 입기, 수저 사용하기, 가위질하기, 자전거 타기 등과 같은 활동을 잘할 수 있게 된다.

인지적으로는 자아중심적인 특징을 가지게 되어 타인의 생각과 감정, 관점 등이 자기와 동일하다고 생각한다. 예를 들어 유아기의 아동들은 숨바꼭질을 하며 몸을 숨길 때 몸은 다 보이는데 얼굴만 가린 채로 숨는다. 이런 현상은 자신이 술래를 볼 수 없으면 술래도 자신을 볼 수 없다고 생각하는 자아중심적인 사고에서 비롯된 것이다.

또한 언어적으로는 이전 시기에 비해 언어가 폭발적으로 발달한다는 특징이 있다. 아는 어휘의 수가 증가하여 문장의 길이가 길고 복잡해지며 문법에 맞게 표현하기 시작해 점차 완벽한 문장을 만들 수 있게 된다. 이렇게 발달한 언어를 통해 사회적으로 다른 사람들과 상호작용하게 되며 의사소통 활동을 본격적으로 하게 된다.

읽기 청소년기 반항적 특징의 원인에 대한 글 읽기

1. 중심 내용, 핵심어, 예 등을 표시하면서 읽어 보십시오. 그리고 표에서 각 단락의 핵심어를 선택하고 중심 내용을 써 보십시오.

청소년기 반항적 특징의 원인

1 '청소년기'라고 하면 무엇이 떠오르는가? 10대의 '풋풋함', '설렘' 등이 떠오르기도 하나 '이유 없는 반항', '충동적'이란 다소 부정적인 단어들이 생각나기도 할 것이다. 일반적으로 10대의 특징이라고 하면 이전까지는 부모에게 순응했더라도 이때가 되면 갑자기 충동적이고, 반항적이며, 감정 조절이 안 되는 경향을 보이는 것이다. 도대체 왜 갑자기 부모의 말을 잘 듣던 아이도 청소년기가 되면 이렇게 반항적으로 바뀌는 것일까? 청소년기의 이러한 특징을 이해하려면 이 시기 아이들의 호르몬의 변화와 뇌 발달 과정을 알아야 한다.

2 청소년기에는 사춘기 성 호르몬이 성장 호르몬의 분비를 자극하여 성장 호르몬이 다른 연령대에 비해 빠른 속도로 분비된다. 이러한 결과로 신체적으로는 2차 성징이 나타나고 정서적으로도 공격적인 성향을 보인다. 한 예로 대표적인 남성 호르몬인 '테스토스테론(testosterone)'은 이 시기의 남자아이들에게 수염이 나고 목소리가 굵어지는 등의 신체적인 변화가 나타나게 하는 동시에 감정적으로는 충동적이고 공격적인 성향을 갖게 한다. 이러한 변화가 심해지면 청소년기 남자아이들은 정서적으로 불안감이 높아진다.

3 호르몬 이외에 감정을 조절하는 신경전달물질인 '세로토닌(serotonin)'의 분비량도 청소년들의 반항적인 성향에 영향을 미친다. '세로토닌'은 감정을 조절하는 신경전달물질인데 성인에게서는 왕성하게 분비되는 데 반해, 이 시기에는 적게 분비되어 청소년의 감정 기복을 크게 만든다. 그래서 세로토닌의 수치 때문에 청소년기의 아이들은 기분 좋게 이야기를 나누다가도 갑자기 화를 낸다든지 소리를 지른다든지 우울해하는 등 감정적으로 변덕스러운 성향을 나타내는 것이다.

4 이밖에 청소년들의 반항적인 성향의 원인을 뇌 발달 과정에서 찾기도 한다. 뇌에는 각 영역별로 담당하는 기능이 있고 영역별로 발달하는 시기도 다르다. 뇌의 영역별 담당 기능을 구체적으로 살펴보면, 언어를 이해하는 영역인 측두엽, 눈으로 보이는 시각 정보를 처리하는 영역인 후두엽, 계산을 하는 영역인 두정엽, 그리고 판단을 내리고 이성적인 사고를 담당하는 영역인 전두엽, 감정을 조절하는 영역인 변연계 등이 있다. 이러한 뇌의 영역 중 감정을 담당하는 부분인 변연계는 청소년기에 거의 완성 단계에 이르나 이성을 관장하는 뇌의 영역인 전두엽은 미완성인 상태이다. 그래서 청소년기에 어떤 문제가 발생하면 이를 이성적으로 판단하여 감정을 조절하기에 앞서 이미 발달되어 있는

감정적인 부분이 먼저 반응한다. 이런 이유로 청소년들은 감정과 욕구를 잘 조절하지 못해 충동을 억제하는 데 어려움을 겪으며, 예상하지 못한 엉뚱한 행동을 하고 말도 안 되는 고집을 피우는 등의 성향을 보인다.

5 지금까지 살펴본 바와 같이 청소년은 호르몬의 분비량과 뇌 영역별 발달 정도에 의해 정서적으로 혼란을 겪는다. 그래서 갑자기 충동적인 행동을 하거나 감정이 폭발하는 것과 같이 종잡을 수 없을 만큼 변화무쌍한 행동을 하는 것이다. 이러한 반항적인 특징은 청소년기를 지나 20대가 되면 차차 사라진다. 그러므로 우리는 ①'질풍노도의 시기'를 보내는 청소년을 더 이상 이상하게만 생각할 것이 아니다. 청소년기는 그 나이 때면 누구나 겪는 일종의 과도기이므로 반항적인 성향 또한 지극히 자연스러운 현상으로 바라봐야 하는 것이다. 이에 따라 이 시기의 청소년을 지도할 때도 그들이 자기 자신을 있는 그대로 받아들일 수 있게끔 지도하는 것이 바람직하다.

단락	핵심어	중심 내용
1	청소년기, 풋풋함, 이유 없는 반항	청소년기의 아이들은 충동적이고 반항적이며 감정 조절이 안 되는 경향을 보인다.
2	성 호르몬, 공격적, 불안감	
3	세로토닌, 기분 변화, 신경전달물질의 분비량	
4	전두엽, 이성적, 감정 조절	
5	호르몬의 분비량, 뇌 발달의 정도, 과도기	

2. 글을 다시 읽고 물음에 답해 보십시오.

(1) 청소년기에 반항적인 성향을 보이는 원인으로 맞는 것은 무엇입니까?

① 이성적인 판단을 한 경험이 부족하기 때문에

② 이전과는 다른 급격한 신체 변화를 겪기 때문에

③ 특정 호르몬의 분비량에 따라 감정 기복이 심해지기 때문에

(2) 청소년기에 대한 설명으로 알맞은 것은 무엇입니까?

① 호르몬의 분비량이 많아져 키와 몸무게에 변화가 생긴다.
② 뇌에서 감정을 담당하는 부분이 완성되지 않아서 감정 변화가 심하다.
③ 스스로 반항적인 기질을 극복하려고 노력하지 않으면 이러한 성향은 계속된다.

(3) 다음 중 청소년기를 올바르게 이해하고 행동한 사람은 누구입니까?

① 민수: 중학생이 된 후 걸핏하면 친구들과 싸움을 하는 스스로에게 실망하고 있다.
② 엄마: 소희가 시도 때도 없이 가족에게 짜증을 내서 버릇이 없다는 이유로 벌을 주었다.
③ 선생님: 교사의 말에 매번 말대답을 하는 철수를 혼내기 전에 불러서 상담 시간을 가졌다.

(4) ① '질풍노도의 시기'의 의미를 나타내는 말을 ⑤단락에서 찾아 써 보십시오.

____

생각 넓히기

여러분은 청소년기의 어려움을 어떻게 극복했습니까? 그리고 청소년기의 반항적인 성향이 여러분에게 어떤 영향을 미쳤다고 생각합니까? 이야기해 보십시오.

청소년기의 어려움을 극복한 방법	
청소년기가 지금의 자신에게 미친 영향	

20대 행복 지수

준비하기

1. 경제협력개발기구(OECD) 회원국의 행복 지수 결과와 이에 영향을 주는 요인에 대한 질문입니다. 각 나라의 행복 지수를 비교하고 영향을 주는 중요한 요인은 무엇이라고 생각하는지 이야기해 보십시오.

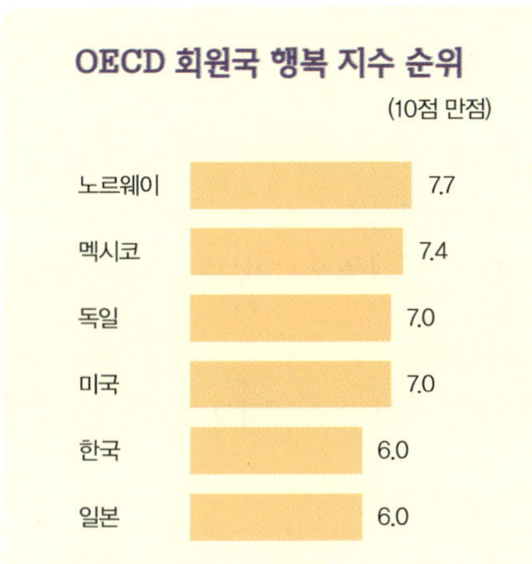

행복 지수에 영향을 주는 요인은?

☐ 가족 중심 생활 방식
☐ 낙천적인 가치관
☐ 경제적인 풍요로움
☐ 깨끗한 자연 환경
☐ 안정된 복지 정책
☐ 기타 (   )

2. 한국인의 연령대별 행복 지수와 한국 대학생들이 꼽는 행복 조건에 대한 조사 결과입니다. 그래프를 보고 여러분의 생각을 이야기해 보십시오.

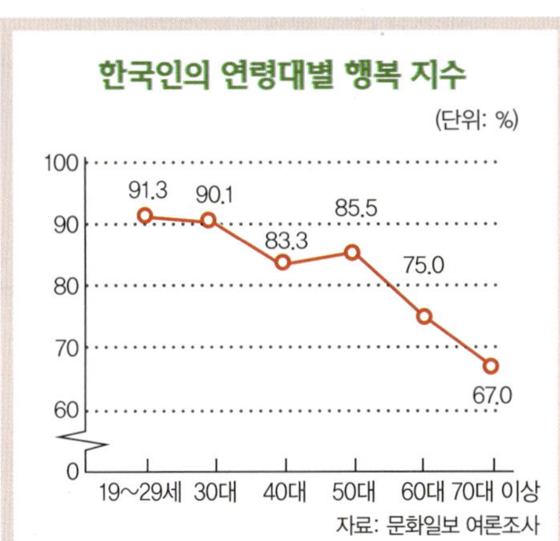

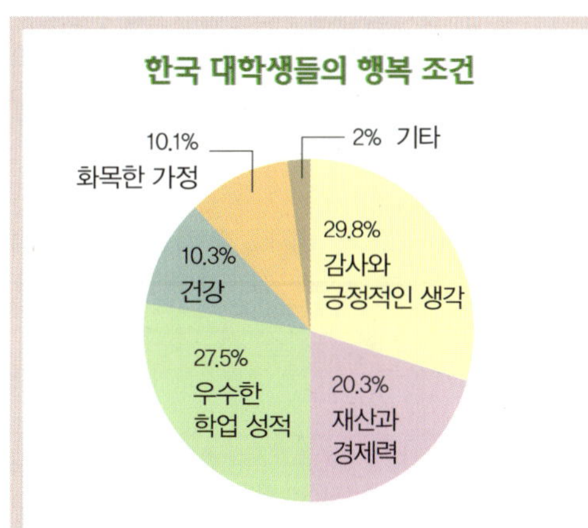

어휘 익히기

1. 행복과 관련된 어휘입니다. 진하게 표시된 어휘와 연결 지을 수 있는 것을 골라 보십시오.

(1) A: 수잔 씨가 결혼 축하 카드에 뭐라고 썼어요?
B: **행복이** (가득한, 가능한) 가정을 이루길 바란다고 썼어요.

(2) A: 마이클 씨는 언제 가장 행복하다고 느껴요?
B: 전 우리 가족 모두 별일 없이 (화목하게, 흐뭇하게) **지낼 때** 제일 행복해요.

(3) A: 요즘 극장에서 하고 있는 〈의심의 끝〉이라는 영화 봤어요?
B: 네. 전 마지막이 너무 충격적이었어요. 서로 믿지 못하고 의심하다가 결국 모두 **불행에** (이르게, 미치게) 되는 장면이요.

(4) A: 김 사장님, 하시던 회사가 문을 닫게 돼서 그동안 많이 힘드셨죠?
B: 그렇긴 한데 사업 실패라는 **불행을** (겪으면서, 입으면서) 인생을 되돌아보는 기회가 됐어요.

(5) A: 박정민 선수는 중학생 때부터 동생하고 둘이서 살았대요.
B: 네. 부모님이 일찍 돌아가셔서 **어린 시절을** (불우하게, 안타깝게) **지냈다고** 하더라고요.

(6) A: 민수 씨, 어제 도서관에서 노트북 컴퓨터 잃어버렸다면서요?
B: 네. 당장 다음 주가 시험인데 걱정이에요. 지난달엔 다리를 다쳤었는데……. 왜 저한테만 이런 **불행한 일이** (얻는지, 닥치는지) 모르겠어요.

tip

● 설문 조사 보고서의 처음과 끝 쓰기

'처음'에는 조사에서 알아보고자 하는 주제, 조사를 하는 조사 주체 및 목적, 조사 대상과 조사 일정, 조사 방법(예: 인터넷 설문 조사, 전화 설문 조사, 방문 조사) 등을 쓴다. '끝'에는 앞부분에서 언급한 조사 결과 및 분석 내용의 핵심을 간추려 요약 또는 정리하면서 마무리한다. 이때 조사의 의의도 밝히면 좋다.

문법 익히기

-(으)ㄹ지라도

어떤 상황을 제시하거나 가정하면서 그것과 반대의 상황, 그것에 구애받지 않는 상황을 제시할 때 쓴다. 주로 뒤에 올 내용을 강조한다.

예 A: 이 연주자는 협연하기에 너무 어리지 않아요?
B: 나이는 **어릴지라도** 실력이 어른 못지않으니까 잘 해낼 겁니다.

연습 '-(으)ㄹ지라도'를 사용해서 **보기** 에서 알맞은 것을 찾아 대화를 완성해 보십시오.

보기

경영자로 오다	우승하지 못했다	손가락질을 하다
어떤 어려움이 닥치다	마음에 들지 않다	정신없이 바쁘다

1. A: 장소이 씨에게 일을 시켰는데 자꾸 늦어지네요.
   B: 요즘 건강이 안 좋아서 그렇대요. ________________ 내색하지 마세요.

2. A: 김민호 선수, 부상을 이겨 내고 1등을 하셨는데요. 이번 경기를 통해 얻은 게 있다면 무엇인지요?
   B: ________________ 극복할 수 있다는 자신감을 얻었습니다.

3. A: 회장님, 주말에는 거의 가족과 시간을 보내신다고 들었습니다.
   B: 네. 아무리 ________________ 주말만큼은 꼭 같이 보내고 있습니다.

4. A: 이번 일에 대해 사람들이 뭐라고 하면 어떻게 해요?
   B: 괜찮아요. 사람들이 ________________ 옳은 일을 한 거니까 전 부끄럽지 않아요.

5. A: 감독님, 이번 대회에 우승은 못했지만 선수들이 좋은 경기를 펼쳤는데 소감 부탁드립니다.
   B: ________________ 선수들이 지금까지 최선을 다했으니까 감독으로서 후회는 없습니다.

6. A: 우리 회사에 이화그룹 부회장이셨던 분이 사장님으로 오신대요.
   B: 그래요? 그런데 지금 회사 사정이 어려워서 아무리 능력 있는 분이 ________________ 적자를 흑자로 바꾸려면 고생 좀 하실 거예요.

전략 익히기 설문 조사 결과 기술하기

어떤 주제에 대해 설문 조사를 한 후 그 결과는 설문 조사 보고서의 '중간'에 쓴다. 결과를 작성할 때는 응답 결과를 바탕으로 조사 내용을 정확하고 객관적으로 분석해 작성해야 한다. 설문 조사 결과를 쓸 때 다음에 유의해야 한다.

① 조사 주제에 따라 '누가, 언제, 어디서, 무엇을, 어떻게, 왜'와 같이 육하원칙에 맞게 조사 결과를 기술한다.
② 조사 결과를 쉽게 전달하기 위해서 도표, 그래프 등을 활용하는 것이 좋다.
③ 조사 결과를 기술한 후 조사 결과에 대해 분석한 내용을 쓴다.

예

남녀 대학생 400명을 대상으로 '누구와 있을 때 가장 행복한가?'에 대해 설문 조사한 내용입니다. 표와 그래프를 보고 설문 조사 결과를 써 보십시오.

순위	내용
1위	가족(55.8%)
2위	친구(14.6%)
3위	혼자 있을 때(12.6%)
4위	항상 행복하다(6.9%)
5위	취미가 같은 사람(4.7%)
6위	항상 행복하지 않다(3.8%)

누구와 있을 때 가장 행복한가?

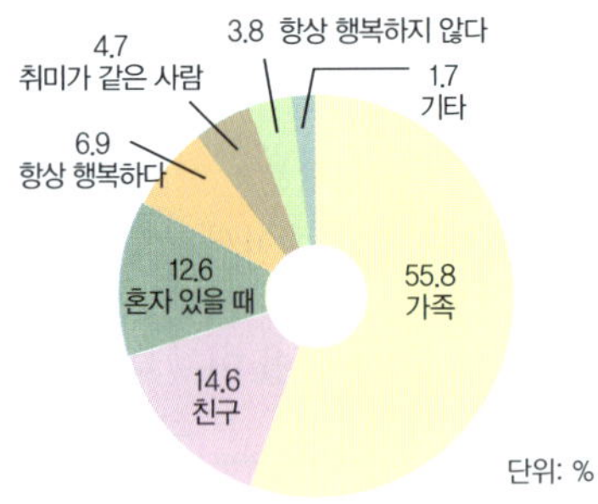

⇩

대학생들에게 '누구와 있을 때 가장 행복한가?'에 대해 조사한 결과, '가족'과 있을 때 가장 행복하다고 한 사람이 전체 응답자의 50%가 넘어 대학생들은 가족과 있을 때 가장 행복감을 많이 느끼는 것으로 나타났다. 그다음으로는 '친구' 14.6%, '혼자 있을 때' 12.6%, '항상 행복하다' 6.9%, '취미가 같은 사람' 4.7%, '항상 행복하지 않다' 3.8%, '기타' 1.7% 순이었다.

이 결과를 보면 가족, 친구, 취미가 같은 사람 등 누군가와 함께 있을 때 행복감을 느끼는 경우가 75.1%로 전체 응답자의 약 75%에 달하는 것으로 나타났으며 혼자 있거나(12.6%) 누군가와 함께 있는지 여부와 관계없이 행복(6.9%)과 불행(3.8%)을 느끼는 경우가 23.3%를 차지하는 것으로 나타났다.

연습 **성인 남녀 700명을 대상으로 '한국인의 연령대별 행복 지수와 그 이유'에 대해 설문 조사한 내용입니다. 표와 이유를 보고 설문 조사 결과를 써 보십시오.**

연령대	행복 지수(100점)	분석한 내용
20대	91.3	대학 진학과 사회 진출로 미래에 대한 기대가 크다.
30대	90.1	미래에 대한 기대감은 20대와 동일하나 원하는 대로 미래가 실현되지 않을 거라고 생각한다. 자녀 교육으로 나를 위한 시간이 없다.
40대	83.3	
50대	85.5	자녀 교육이 끝나거나 자녀의 사회 진출로 시간이 많아졌다.
60대	75.0	사회와 자녀로부터 소외감을 느낀다. 노인을 공경하는 문화가 사라져 무시당하는 느낌이다.
70대	67.0	

쓰기 　　한국인의 행복 지수에 대한 조사 보고서 쓰기

1. '한국인의 행복 지수'에 대해 설문 조사를 하려고 합니다. 설문 조사 계획을 세워 보십시오.

조사 주제	□ 한국인 남성의 행복 지수　　□ 한국인 여성의 행복 지수 □ 한국인 20대의 행복 지수　　□ 기타 (　　　　　　　)
조사 대상	

2. 여러분이 선택한 조사 대상과 주제를 바탕으로 설문지를 만들려고 합니다. 어떤 내용을 설문지에 넣으면 좋을지 메모해 보십시오.

설문 내용	• • • • • • • •

3. 설문 조사 결과를 바탕으로 설문 조사 보고서의 구상 개요를 써 보십시오.

처음	조사 대상 및 목적
중간	조사 결과 및 분석
끝	요약 및 정리, 향후 과제

4. 구상 개요를 보고 설문 조사 보고서를 써 보십시오.

생각 넓히기

여러분 나라의 20대들은 언제 가장 행복할까요? 언제 행복을 느끼는지 조사해 이야기해 보십시오.

Q

1. 출산율 변동은 사회에 어떤 영향을 미칠까요?

2. 여러분 나라의 가족 형태는 어떤 특징이 있습니까?

제5과

사회 현상

【읽기】 저출산 현상

어휘 익히기	저출산 현상 관련 어휘
문법 익히기	-(으)ㄹ뿐더러
전략 익히기	의미상 같은 내용으로 단락 묶으며 읽기
읽기	저출산 현상의 원인과 대책에 대한 글 읽기

【쓰기】 가족의 다양한 형태

어휘 익히기	가족 관련 어휘
문법 익히기	-(ㄴ/는)다/라기보다
전략 익히기	서술식 요약문 쓰기
쓰기	현대 사회와 가족 형태에 대한 요약 보고서 쓰기

05 읽기

저출산 현상

준비하기

1. 다음은 출산율에 대한 그래프입니다. 어떤 내용인지 이야기해 보십시오.

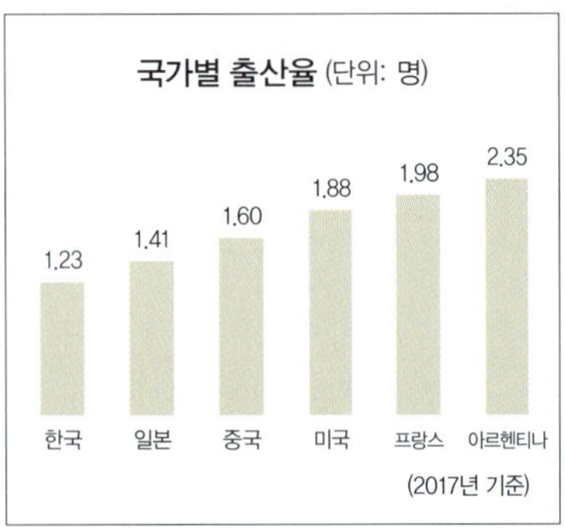

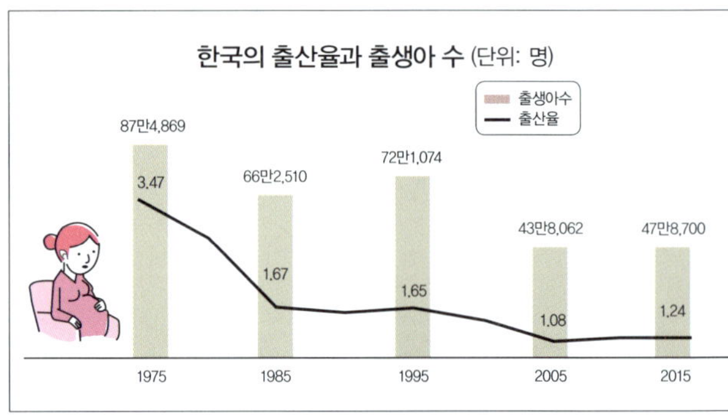

2. 다음은 저출산과 관련된 신문 기사의 제목입니다. 이것을 보고 저출산 현상의 원인이 무엇인지 이야기해 보십시오.

결혼율 감소…

자녀 1명 대학까지 교육시키는 데 2억 원 들어

결혼하더라도 아이 낳기 싫어

아이 안심하고 맡길 데 없어

'20대 결혼적령기'는 옛말… 결혼기피 청년 '급증'

어휘 익히기

1. 저출산 현상과 관련된 어휘입니다. 다음을 읽고 밑줄 친 어휘의 의미를 추측해 보십시오.

(1)

출산율이 줄면 65세 이상 노인 인구의 비율이 증가해 사회는 ①고령화가 된다. 그러면 경제 활동을 할 수 있는 15세 이상 ②생산 가능 인구의 비율도 줄어 국가 경쟁력이 약화된다.

	추측한 의미
① 고령화	
② 생산 가능 인구	

(2)

직장을 다니는 여성들이 아이를 낳으면 3개월의 ①출산 휴가를 받는다. 그 후 아이를 직접 돌보고 싶으면 남녀 상관없이 1년 동안의 ②육아 휴직을 신청할 수 있다. 보통 여성이 육아 휴직을 신청하는 경우가 많으나, 최근에는 남성이 신청하는 경우도 늘고 있다.

	추측한 의미
① 출산 휴가	
② 육아 휴직	

(3)

여성들이 아이 낳는 것을 부담스러워하는 이유 중의 하나는 아이를 기르는 데 ①양육비가 많이 든다는 점이다. 이런 경제적인 이유 이외에 어린 아이를 둔 직장 여성의 경우 아이를 돌봐 줄 어린이집 같은 ②보육 시설이 부족한 것도 문제이다.

	추측한 의미
① 양육비	
② 보육 시설	

2. 밑줄 친 표현과 바꿔 쓸 수 있는 것을 찾아보십시오.

(1) A: 배우 김수진 씨가 한국 사람들이 제일 좋아하는 배우로 선정됐다네요.
B: 네. 저도 그 기사 봤는데 남녀를 불문하고 좋아하는 배우 1위였대요.

① 남자, 여자 가리지 않고
② 남자, 여자에게 묻지 않고

(2) A: 어머니께서 어디 편찮으세요?
B: 아프신 건 아닌데 동생이 말도 없이 갑자기 학교를 그만둬서 요즘 동생 때문에 골머리를 앓고 계세요.

① 화를 내고
② 신경 쓰고

(3) A: 시장님께서는 출산율을 늘리기 위해서 어떤 노력을 하고 계십니까?
B: 우리 시에서는 지난해부터 아이를 낳은 가정에 50만 원씩을 지원하는 정책을 펴고 있습니다.

① 정책을 계획하고
② 정책을 실시하고

(4) A: 정부에서는 아이를 낳으라고 말로만 하지 말고 왜 여성들이 출산을 꺼리는지 좀 생각해 봤으면 좋겠어요.
B: 네, 맞아요.

① 아이 낳는 것을 기피하는지
② 아이 낳는 것을 중요시하는지

(5) A: 우리 아이가 내년에 초등학교에 입학하는데 수학 공부를 좀 미리 시키려고 해요.
B: 아이에게 너무 어려운 내용을 가르치면 오히려 학습에 대한 흥미를 잃어 효과를 거둘 수 없어요.

① 좋은 실력을 원할
② 좋은 결과를 얻을

(6) A: 최근 매스컴의 영향으로 사람들이 인성보다는 외모를 중시하는 경향이 두드러지는 것 같아요.
B: 네. 특히 청소년들은 외모를 더 중시하는 것 같아요.

① 성향이 뚜렷하게 나타나는
② 사고방식이 확실히 사라지는

문법 익히기

-(으)ㄹ뿐더러

어떤 사실에 더하여 다른 상황도 더 있음을 나타내는 표현으로, 보통 뒤의 상황이 더 심각하거나 정도가 더한 경우가 많다.

예 A: 새로 온 부장님은 어떠세요?

B: 성격이 **좋을뿐더러** 능력도 뛰어나서 배울 게 많은 분인 것 같아요.

연습 **다음을 연결하고 '-(으)ㄹ뿐더러'를 사용해서 대화를 완성해 보십시오.**

1. 이용료가 싸다	•	• 돈도 부족하다
2. 집을 못 구했다	•	• 색깔도 예쁘다
3. 학교에서 가깝다	•	• 운동 기구도 많다
4. 음식을 가려 먹다	•	• 일 년에 두 번씩 오다
5. 매일 연락을 하다	•	• 근처에 지하철역도 있다
6. 디자인이 독특하다	•	• 좋아하는 음식도 조금밖에 안 먹다

1. A: 나도 운동을 좀 하려고 하는데 네가 다니는 체육관 어때?
   B: 이용료가 ______________________ 좋은 것 같아.

2. A: 다음 달에 이사 가야 한다면서요? 집은 구했어요?
   B: 아니요. 아직 집을 ______________________ 걱정이에요.

3. A: 새로 이사 간 곳은 어때요?
   B: 아주 좋아요. 학교에서 ______________________ 아주 편해요.

4. A: 희정이가 다른 아이들보다 키가 작은 편이네요.
   B: 네. 희정이가 음식을 ______________________ 걱정이에요.

5. A: 외국에서 사는 아드님은 자주 연락해요?
   B: 그럼요. 매일 연락을 ______________________ 멀리 있다는 생각을 안 하게 돼요.

6. A: 책상을 하나 사려고 하는데 어떤 게 좋을까요?
   B: 이건 어떠세요? 디자인이 ______________________ 인기가 많아요.

전략 익히기

의미상 같은 내용으로 단락 묶으며 읽기

긴 글은 여러 단락으로 나뉘어 있는데 의미상 같은 내용이면 몇 개의 단락을 묶어 가며 읽는다. 그러면 전체적인 구조와 내용을 쉽게 파악할 수 있다.

예

'결혼율 감소'에 대한 글입니다. 의미상 같은 내용으로 단락을 묶고 주제를 써 보십시오.

1 한국 사회는 2000년대 이후 결혼율이 감소하고 있다. 결혼율의 감소는 출산율 감소로 이어지고 출산율 감소는 고령화 사회로 이어져 심각한 문제가 되고 있다.

2 결혼율 감소는 여러 곳에서 그 원인을 찾을 수 있다. 젊은 남녀, 특히 여성의 결혼에 대한 인식 변화가 가장 큰 원인이라고 할 수 있다. 과거에는 결혼을 당연한 의무로 받아들였지만 요즘은 결혼을 필수가 아닌 선택이라고 생각하는 경향이 있다.

3 또한 경제 상황도 중요한 원인이 되고 있다. 청년 실업률이 증가하면서 직장을 찾지 못한 젊은이들은 결혼을 하고 싶어도 할 수 없는 상황이다. 이와 더불어 주택 가격의 상승도 결혼율 감소를 더 부추기고 있다. 직장을 얻을 수 없을뿐더러 주택 가격은 하늘 높은 줄 모르고 오르니 결혼은 꿈도 꾸기 어려운 실정이다.

4 그렇다면 결혼율을 어떻게 하면 올릴 수 있을까? 최선의 해결책은 경제 정책의 개선이다. 젊은이들의 결혼관을 바꾸는 것은 어렵겠지만 경제적인 이유로 결혼을 꺼리는 젊은이들을 위한 정책 수립은 결혼율을 높이는 데 효과적일 것이다. 정부는 청년 실업 문제와 주거비 상승 문제를 해결하기 위한 대책을 서둘러 마련해야 한다.

⇩

단락	단락의 주제
1	결혼율 감소로 인한 문제
2, 3	결혼율 감소의 원인 – 인식 변화와 경제 상황
4	결혼율 감소에 대한 해결 방안 – 젊은이들을 위한 경제 정책 수립

연습 **'인터넷 악성 댓글'에 대한 글입니다. 의미상 같은 내용으로 단락을 묶고 주제를 써 보십시오.**

1 인터넷 게시판이나 SNS에 자신의 의견을 올리는 댓글은 다른 이용자와 소통하게 하고 여론을 형성하는 등 긍정적인 효과가 있다. 하지만 악성 댓글의 경우 상대방에게 정신적 · 물질적인 피해를 줄 수도 있다.

2 최근 악성 댓글로 인한 피해는 점점 정도가 심각해지고 있다. 악성 댓글로 마음의 상처를 받아 스스로 목숨을 끊거나 정신과 치료를 받는 사례는 어렵지 않게 찾을 수 있다. 뿐만 아니라 고객들의 악성 댓글로 사업체가 경제적 피해를 입는 경우도 있다.

3 이와 같은 악성 댓글로 인한 피해자의 고통을 최소화하기 위해서는 악성 댓글을 신고하는 절차를 간소화하고 신고 방법을 다양화해야 한다. 피해자 개인이 문제를 해결하는 것은 쉽지 않은 일이며 그 피해의 정도를 증명할 수 없을 때는 법적으로 대응하기도 어렵기 때문이다.

4 더불어 법적 처벌을 강화하여야 할 것이다. 경고나 약간의 벌금 정도의 처벌은 문제 해결에 도움이 되지 않는다. '벌금을 내면 되지.' 하는 식의 태도는 이런 문제를 해결할 수 없다.

5 그러나 이런 법적 대책보다 더 우선적으로 요구되는 것이 있다. 인터넷 이용자들을 대상으로 한 지속적인 교육이다. 자신의 한마디가 상대방을 얼마나 힘들게 하는지, 악성 댓글을 다는 것이 얼마나 큰 범죄인지 알면 함부로 댓글을 달지 못할 것이다. 문제의 심각성을 알게 하고, 악성 댓글을 달면 범죄자로 처벌될 수 있다는 것을 교육해야 한다.

⇩

단락	단락의 주제

읽기 저출산 현상의 원인과 대책에 대한 글 읽기

1. 의미상 같은 내용으로 단락을 묶으면서 읽어 보십시오. 그리고 표에 묶은 단락의 주제를 써 보십시오.

저출산 현상의 원인과 대책

1 한국은 지금 점차 낮아지는 출산율로 골머리를 앓고 있다. 한국 여성 한 명이 평생 낳을 것으로 예상되는 평균 출생아의 수는 1970년에 4.53명이었는데 2000년 이후에는 1.5명을 넘지 못하고 있다. 이와 같은 저출산 현상이 계속되면 인구는 줄고 노인 인구 비율은 증가하여 한국 사회는 여러 문제에 직면하게 될 것이다. 따라서 저출산 현상의 원인을 살펴보고 적절한 대비책을 세우는 것이 시급하다.

2 출산율이 떨어지는 원인으로 먼저 결혼율 감소를 들 수 있다. 특히 여성의 경우 사회 참여가 늘기 시작하면서 결혼을 늦추거나 기피하는 경향이 두드러지고 있다. 한국 사회가 외형적으로는 남녀 차별이 줄었다고 하나 여전히 출산과 육아를 여성이 전담해야 한다는 인식이 있어 여성들은 그만큼 결혼에 부담감을 갖게 되었다.

3 다음으로는 개인주의적 가치관의 확산을 들 수 있다. 이전에는 결혼 후 아이를 키우기 위해 자신의 생활을 포기하는 경우가 많았다. 그러나 요즘에는 아이 때문에 자신의 삶을 포기하고 살기보다는 아이를 낳지 않고 자기 자신을 위해 살고 싶다고 생각하는 젊은이들이 남녀를 불문하고 증가하고 있다. 이렇게 양육보다는 자신을 우선적으로 생각하다 보니 결혼을 하더라도 출산을 기피하게 되는 것이다.

4 출산을 꺼리는 더 심각한 이유는 아이를 키울 여건이 안 된다는 점이다. 직장 여성들을 위해 정부나 직장에서 지원해 주는 보육 시설은 턱없이 부족하다. 그래서 보통 아이를 부모님에게 맡기거나 개인적으로 아이를 돌봐 줄 사람을 구하지만, 믿을 만한 사람을 구하기도 어려울뿐더러 구했다고 하더라도 아이를 장기적으로 맡기기는 힘들다.

5 마지막으로, 양육비로 인한 경제적 부담이다. 특히 사교육비가 지나치게 많이 들어 결혼을 했다고 하더라도 출산을 꺼리게 된다. 한 조사 결과에 의하면 아이 한 명을 대학교까지 교육시키는 데 2억 원이 든다고 한다. 아이가 유치원이나 초등학교에 다니기 시작하는 시기부터 사교육을 받게 되고 학년이 높아질수록 사교육비 부담은 증가하게 된다. 이러한 현실 때문에 젊은 부부들은 아이를 낳겠다는 결심을 쉽게 하지 못하는 것이다.

6 이런 저출산 현상은 국가 경제에 심각한 문제를 가져온다. 국가 경제에 미치는 영향 중 가장 큰 문제는 경제 성장의 둔화이다. 출산율 저하에 따른 인구 감소는 곧 15세에서 64세까지의 생산가능인구의 감소로 이어져 일할 사람이 부족하게 된다. 그러면 한 사람이 담당해야 할 일은 늘고 전체 생

산은 줄어 경제는 침체된다. 한국 사회의 저출산 현상이 지속되면 2060년에는 생산 가능 인구 1.2명이 노인 1명을 부양하게 된다고 하는데 이는 매우 심각한 문제이다.

7 또한 생산 가능 인구는 경제활동의 생산자이자 소비자이기도 하다. 출산율 저하로 인한 생산 가능 인구 감소는 소비를 점차 줄어들게 하고 소비가 줄면 기업의 성장도 어려워진다. 즉 생산 주체인 동시에 소비 주체인 생산 가능 인구가 감소하면서 생산과 소비도 감소하므로 경제 발전에 악영향을 준다.

8 출산율을 높이기 위해서는 출산과 육아를 여성만의 몫이 아닌 가족, 사회, 국가 전체가 책임져야 할 일로 받아들여야 한다. 가족 내에서는 남성과 여성이 육아를 공동으로 책임지는 가족 문화를 만들어야 한다. 그러기 위해서는 남성과 여성의 인식도 변화해야겠지만, 기업도 출산 휴가나 육아 휴직을 부담 없이 신청할 수 있는 분위기를 만들어야 한다. 또한 국가도 저출산의 원인을 정확히 파악하여 제대로 된 정책을 편다면 문제 해결의 가능성은 있을 것이다. 국가는 보육 시설 확대, 사교육 문제 해결, 양육비나 교육비 지원 등 적극적인 정책 수립을 통해 자녀가 있는 가정의 경제적 부담을 줄여 주어야 할 것이다.

단락	단락의 주제
1	저출산의 문제

2. 글을 다시 읽고 물음에 답해 보십시오.

(1) 이 글에 대한 내용으로 맞지 <u>않는</u> 것은 무엇입니까?

① 저출산 현상이 발생한 원인

② 저출산 현상과 경제와의 관계

③ 저출산 현상이 정치에 미치는 영향

(2) 이 글의 내용과 일치하는 것은 무엇입니까?

① 남녀 차별의 감소로 결혼율이 증가하고 있다.
② 국가의 인구가 줄면 생산은 감소하지만 소비는 증가한다.
③ 저출산 현상은 정부의 적극적인 정책을 통해 극복할 수 있다.

(3) 여성들이 출산을 꺼리는 원인이 아닌 것은 무엇입니까?

① 맞벌이 부부의 경우 아이를 맡길 데가 없어서
② 임신을 하면 회사에서 그만두라고 하기 때문에
③ 아이를 교육시키는 데 비용이 많이 들기 때문에

(4) 한국 사회에 대한 설명 중 맞는 것은 무엇입니까?

① 한국 사람들은 출산율 감소의 심각성을 모르고 있다.
② 한국에서 아이 한 명을 대학까지 보내려면 2억 원이 든다.
③ 한국 사회는 생산가능인구의 부양 노인 비율이 줄고 있다.

생각 넓히기

여러분 나라는 출산율이 증가하고 있습니까, 감소하고 있습니까? 여러분 나라의 출산율 변화 상황과 그 원인, 그로 인한 문제에 대해 다음 표에 쓰고 이야기해 보십시오.

출산율 변화 상황	□ 증가하고 있다 □ 감소하고 있다
출산율 변화 원인	• •
출산율 변화로 인한 사회문제	• •

가족의 다양한 형태

준비하기

1. 다음은 최근 20년 동안 한국의 가족 수 변화를 보여 주는 그래프입니다. 그래프를 보면서 가족 수에 어떤 변화가 있는지 이야기해 보고 여러분 나라와 비교해 보십시오.

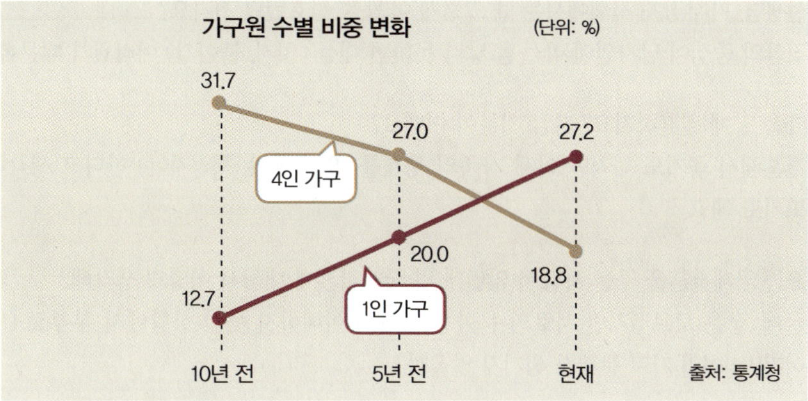

2. 다음은 다양한 가족의 형태를 나타낸 그림입니다. 구성원의 세대 수와 구성원의 특징에 따라 어떻게 나누어지는지 이야기해 보십시오.

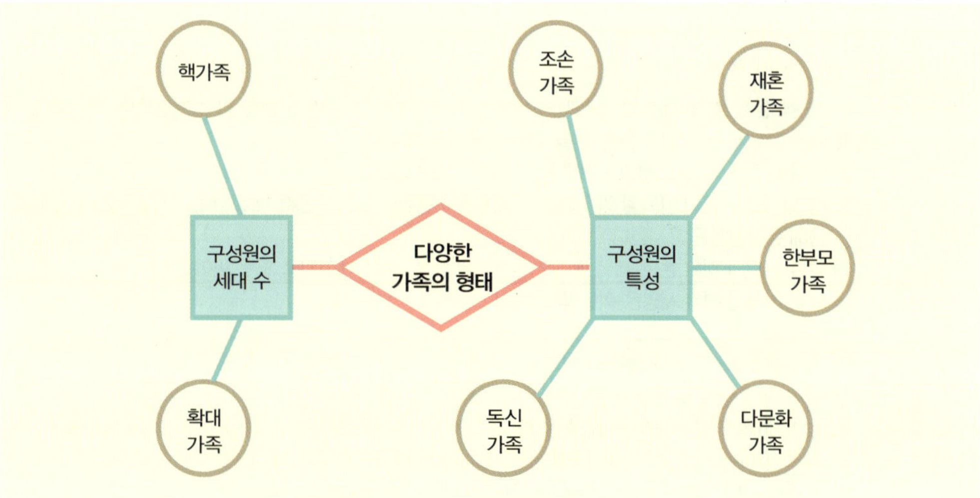

어휘 익히기

1. 가족과 관련된 어휘입니다. 진하게 표시된 어휘와 연결 지을 수 있는 것을 골라 보십시오.

(1) A: 민수 씨, 새해 소원이 뭐예요?
B: 새해의 가장 큰 소원은 결혼해서 **가정을** (꾸리는, 세우는) 거예요.

(2) A: 오늘 신문 보니까 맞벌이 부부가 늘었대요.
B: 네, 저도 들었어요. 그래서 아내와 남편이 **집안일을** (부양하는, 분담하는) 경우도 많아졌대요.

(3) A: 선생님, 가부장제 사회에서는 왜 그렇게 아들을 선호했던 건가요?
B: 집안의 중심이 남자인데 아들을 낳지 못하면 **대를** (잇기, 붙이기) 어려웠기 때문에 그런 거죠.

(4) A: 다음 달에 결혼하지요? 지금 기분이 어때요?
B: 결혼해서 좋기도 하지만 이제 가족의 **생계를** (양육해야, 책임져야) 한다고 생각하니 부담이 되기도 해요.

(5) A: 요즘 국제결혼을 하는 사람이 많던데 넌 국제결혼에 대해서 어떻게 생각해?
B: 글쎄, 잘은 모르겠지만 서로의 문화를 정확히 이해하지 못한 상황에서 **부부로** (맺어지면, 엮어지면) 여러 가지 문제가 생기지 않을까?

(6) A: 박사님, 도시화가 가족 형태에 어떤 영향을 미쳤습니까?
B: 도시화가 진행되면서 확대가족이 핵가족으로 변했죠. 확대가족일 때는 친척 간의 **관계가** (늘어났는데, 돈독했는데) 핵가족이 되면서 그런 유대감이 약해졌어요.

tip

● **참고 문헌 쓰기**

보고서나 논문을 쓸 때는 그 과정에서 참고했거나 관계가 있는 책, 논문 등의 참고 문헌을 목록으로 정리하여 뒤에 실어야 한다. 참고 문헌을 쓸 때는 다음과 같이 쓴다.

① 필자의 성에 따라서 가나다순이나 알파벳순으로 나열한다.
② 한 필자의 이름이 반복될 경우에는 처음에만 이름을 쓰고 두 번째 자료부터는 이름 대신 밑줄표를 이용해 동일인임을 표시한다.
③ 학술 논문의 경우 논문 제목, 학술지 이름, 권 번호, 수록 페이지를 모두 써야 한다.
④ 외국 저서일 경우 서명은 이탤릭체로 쓴다.

예: 김승권(2005), 한국 사회변동과 다양한 가족의 출현, 『보건복지포럼』 103. 5-23.
정옥분 · 정순화 · 홍계옥(2005), 『결혼과 가족의 이해』, 시그마프레스.
함인희(1998), 『사랑을 읽는다』, 출판시대.
_____(2010), 가족정책의 바람직한 방향, 『젠더리뷰』 17, 12~19.
Coleman, J. C.(1998), *Intimate relationship, marriage, and family*, Macmillan.

문법 익히기

-(ㄴ/는)다/라기보다

어떤 사실과 다른 사실을 비교해서 말할 때 쓰는 표현으로 앞의 사실보다 뒤의 사실로 표현하는 것이 더 적절하다는 의미를 나타낸다. '-(ㄴ/는)다/라고 하기보다'라는 표현이 줄어서 된 것이다. 뜻을 더 강조하고 싶을 때는 뒤에 '는'을 붙일 수 있다.

예 A: 따님이 또 일등이라면서요? 머리가 좋은가 봐요.
B: 우리 애는 **머리가 좋다기보다** 노력을 많이 하는 편이에요.

연습 **'-(ㄴ/는)다/라기보다'를 사용해서 대화를 완성해 보십시오.**

1. A: 저 모델 진짜 날씬하지 않니?
   B: ________________ 너무 마른 것 같은데.

2. A: 내일 첫 출근이죠? 지금 굉장히 설레겠어요.
   B: ________________ 두려운 마음이 더 커요.

3. A: 요즘 매일 운동하시네요. 운동을 좋아하시나 봐요.
   B: ________________ 건강을 위해서 하는 거예요.

4. A: 수진 씨랑 민주 씨는 정말 친한 친구인가 봐요.
   B: 네. 어릴 때부터 매일 붙어 다녀서 이제는 ________________ 자매 같아요.

5. A: 민수 씨, 이번에 새로 맡은 일이 적성에 맞나 봐요.
   B: 이 일이 적성에 ________________ 시작한 일이니까 최선을 다해 끝까지 해 보려고요.

6. A: 이번에 유학 가기로 한 건 포기했어요?
   B: 들어가고 싶었던 회사에서 6개월 동안 인턴을 하게 돼서 ________________ 조금 연기하기로 했어요.

전략 익히기 서술식 요약문 쓰기

글의 핵심 내용을 찾아 자신의 표현으로 바꿔 간단하게 정리하는 것을 요약이라고 한다. 요약은 다음과 같은 방법을 사용한다.

① 글에서 중요한 내용과 중요하지 않은 내용을 구분한다.
② 중요한 내용 중 가장 핵심적인 내용에 밑줄을 긋고 중요하지 않은 내용은 삭제한다.
– 중요한 내용은 '따라서', '그러므로' 등의 다음에 나온다.
– 삭제할 수 있는 내용은 '예를 들면', '예컨대' 등의 다음에 나온다.
③ 밑줄 그은 핵심 내용들을 연결하여 간단하게 바꿔서 쓴다.

예

'한국의 다문화 가족'에 대한 글입니다. 핵심 내용을 찾아 서술식으로 요약해 보십시오.

〈원문〉

다문화 가족은 국제결혼을 통해 외국인과 가족을 이룬 가족 형태이다. 최근 10년 사이에 다문화 가족의 수가 증가하기 시작했다. 다문화 가족 실태 조사가 이루어지기 시작한 10년 전에 다문화 가족은 약 14만 명이었지만 현재는 두 배가 넘는 약 29만여 명에 이르렀다. 한편 다문화 가족 중에 한국 사회에 적응하는 과정에서 문화 차이로 어려움을 겪고 있는 가족도 있다. 따라서 다문화 가족이 한국 사회에서 안정적으로 정착할 수 있도록 주변에서 관심을 가져야 한다.

⇩

〈핵심 내용〉

- 다문화 가족은 국제결혼을 통해 외국인과 가족을 이룬 가족 형태이다.
- 최근 다문화 가족의 수가 두 배 이상 증가했다.
- 문화 차이에 의해 어려움을 겪고 있는 다문화 가족이 한국 사회에서 안정적으로 정착할 수 있도록 주변에서 관심을 가져야 한다.

⇩

〈서술식 요약문〉

다문화 가족은 외국인과의 결혼을 통해 이룬 가족 형태이다. 이러한 다문화 가족은 최근 들어 두 배 이상 증가했다. 그러나 문화 차이에 의해 어려움을 겪는 다문화 가족이 생기고 있으므로 이들이 한국 사회에서 적응할 수 있도록 주변에서 관심을 가져야 한다.

연습 **'바람직한 공익 광고'에 대한 글입니다. 핵심 내용을 찾아 서술식으로 요약해 보십시오.**

〈원문〉

공익 광고는 음주운전 방지, 불조심, 환경 보호 등과 같이 정부나 단체가 공공의 이익을 위해 만든 광고를 말한다. 따라서 상품 판매를 위한 상업 광고와는 그 목적부터 다르다. 공익 광고는 대중들이 공공의 이익과 관련된 주제에 얼마나 무관심한지를 정중하게 일깨워 그에 대해 책임 의식을 갖도록 하려는 목적으로 만든다.

그런데 간혹 어떤 공익 광고를 보면 대중의 무관심을 점잖게 알려 주기보다는 잘못을 꾸짖는 투라서 기분이 언짢을 때가 있다. 예를 들어, 환경 보호 광고에서 "여러분이 쓴 합성 세제 때문에 자연이 죽어 갑니다."라고 하거나 과소비 방지 광고에서 "지금 여러분의 과소비가 가정과 나라 살림을 위태롭게 하고 있습니다."라는 문구를 보면 당신이 잘못했으니 당신이 책임지라는 식으로 표현해서 불쾌감을 느끼게 한다.

그러므로 공익 광고는 본래 취지에 맞게 정중한 표현을 씀으로써 대중이 위기의식을 느끼고 관심을 가져서 스스로 실천할 수 있도록 하는 것이 좋다.

⇩

〈핵심 내용〉

-
-
-
-

⇩

〈서술식 요약문〉

쓰기 현대 사회와 가족 형태에 대한 요약 보고서 쓰기

1. 다음을 읽고 서술식으로 요약 보고서를 쓰려고 합니다. 핵심 내용을 찾아 밑줄을 그어 보십시오.

현대 사회와 가족 형태

가족은 부부와 그들의 결혼에 의해 출생한 자녀로 이루어지는 가장 기본적인 사회 집단이다. 농경이 발달했던 전통 사회에서는 여러 세대가 함께 사는 확대가족의 형태가 보편적이었다. 그러나 산업 사회로 전환됨에 따라 부부와 그들의 미혼 자녀로만 구성된 핵가족의 형태가 일반적인 가족 형태가 되었다. 현대 사회로 발전해 오면서 가족의 형태는 독신 가족, 무자녀 가족 등으로 더욱 더 다양해지게 되었다. 이처럼 가족의 형태는 시대적 배경에 따라 다양한 형태로 변화해 왔다. 그러면 현대 사회에는 어떤 가족 형태가 새롭게 나타났을까? 그러한 가족의 형태가 새롭게 나타난 배경은 무엇일까? 현대 사회의 다양한 가족의 형태와 그 형태가 나타난 배경에 대해서 살펴보고자 한다.

현대 사회에 나타난 가족 형태의 특징은 가족 규모의 축소와 다양한 형태의 가족 구성이다. 통계청에 따르면 올해 전체 약 1,910만 가구 중 혼자 사는 독신 가족은 27.2%로 10년 전에 비해 64% 이상 급증했다고 한다. 또한 자녀 없이 부부로만 이루어진 무자녀 가족도 전체 가구 수의 26.1%를 차지했다. 이는 10년 전에 비해 약 41.8% 증가한 수치이다. 반면 4인 이상 가족은 꾸준히 감소하고 있다. 이처럼 독신 가족과 무자녀 가족이 전체 가족 형태의 절반 이상을 차지하고 있다. 이뿐만 아니라 한부모 가족, 재혼 가족, 조손 가족 등 가족의 형태가 더 다양해졌다. 한부모 가족은 부모 중 아버지나 어머니 한 사람과 자녀로 구성된 가족이다. 그리고 재혼 가족은 이전의 결혼이 깨진 후 새로운 배우자와의 결혼을 통해 이루어진 가족을 말한다. 한부모 가족과 재혼 가족은 이혼이나 사별 등의 이유로 발생한다. 조손 가족은 부모 없이 손자나 손녀가 할머니, 할아버지와 사는 가족 형태이다. 조손 가족은 부모의 취업이나 자녀의 학업, 또는 부모의 이혼, 재혼, 사별 등의 이유로 형성된다.

이처럼 가족 형태가 다양해진 것은 결혼 및 부부 관계 등에 대한 가치관의 변화, 개인주의적 가치관의 확산으로 가족 환경이 바뀌면서 나타난 현상이다. 과거에는 거의 모든 사람이 결혼을 해야 한다고 생각했다. 그러나 현대 사회에 와서는 결혼이 반드시 해야 하는 필수적인 것이라기보다는 개인의 자유의지에 따라 선택할 수 있는 것으로 여기는 경향이 강해졌다. 이로 인해 독신 가족이 증가하게 됐다. 개인주의적 가치관의 확산은 결혼한 부부 사이에 변화를 일으켰다. 이전에는 남성이 생계를 책임지고 여성은 집안일과 아이의 양육을 전적으로 떠맡아야 한다는 고정된 성역할이 있었다. 그러나 현대 사회에는 개인의 삶을 중요하게 생각하고 자아실현을 우선순위에 두는 사람들이 늘어나면서 기존의 고정된 성역할이 깨지게 됐다. 이를 통해 부부가 공동으로 생계를 책임지고 자녀 양육에 대한 부담을 갖는 대신 부부 중심으로 살아가는 무자녀 가족이 생겨났다. 또한 결혼한 부부 중에 서로 맞지 않으면 이혼을 선택할 수 있다고 생각하는 사람들이 많아졌다. 그 결과 이혼율이 증가하여 이혼에 의한 한부모 가족이나 재혼 가족, 조손 가족의 수가 늘고 있다.

가족 형태는 부부와 자녀로 이루어진 일반적인 모습이었다가 현대 사회로 오면서 가치관의 변화, 개인주의적 가치관의 확산으로 다양하게 변화해 왔다. 그 결과 혼자 사는 독신 가족, 자녀 없이 부부 중심으로 사는 무자녀 가족, 이혼으로 인해 발생한 한부모 가족과 재혼 가족, 조손 가족 등이 생겨나게 되었다.

2. 핵심 내용을 바탕으로 구상 개요를 써 보십시오.

처음	• •
중간	1. 현대 사회의 가족 형태 • • 2. 현대 사회의 가족 형태가 나타난 배경 • •
끝	• •

3. 구상 개요를 보고 서술식으로 요약 보고서를 써 보십시오.

생각 넓히기

10년, 20년 후에는 가족의 형태가 어떻게 변화할 것 같습니까? 왜 그렇게 생각합니까? 서로 이야기해 보십시오.

미래의 새로운 가족 형태	이유

Q

1. 사람들은 왜 종교를 믿는다고 생각합니까?

2. 옛날에는 종교가 어떤 모습이었을까요?

제6과
종교

【읽기】 종교의 이해

어휘 익히기 종교 생활 관련 어휘
문법 익히기 -(으)면 몰라도
전략 익히기 본문에 나온 질문의 답 찾으며 읽기
읽기 종교의 이해에 대한 글 읽기

【쓰기】 종교의 기원

어휘 익히기 종교 관련 어휘
문법 익히기 -(으)ㄴ/는가 하면
전략 익히기 개조식으로 요약하기
쓰기 종교의 기원에 대한 글 읽고 개조식으로 요약하기

06 읽기

종교의 이해

준비하기

1. 여러분은 다음에 대해 생각해 본 적이 있습니까? 그 해답을 어디에서 찾을 수 있다고 생각합니까?

- 죽은 후 우리는 어떻게 될까?
- 왜 우리는 의미 있게 살아야 할까?
- 사람들은 왜 인생이 힘들다고 할까?
- 사람들은 힘들 때 어떻게 극복할까?
- 사람들이 추구하는 행복이란 무엇일까?

2. 기독교, 불교, 천주교를 믿는 사람들에게 종교를 믿는 이유에 대해 조사한 결과입니다. 다음을 보고 이야기해 보십시오.

(단위: %)

이유 \ 종교	기독교인	불교인	천주교인
죽은 후에 천당, 극락에 가기 위해서	45.5	21.1	34.3
마음의 평안을 위해서	6.0	20.0	3.2
가족의 권유로	32.2	34.0	50.0
건강, 재물 등 복을 받기 위해서	7.6	8.8	8.0
깨달음을 얻기 위해서	7.1	15.8	4.0
기타	1.6	0.3	0.5
합계	100	100	100

(1) 종교마다 그 종교를 믿는 가장 큰 이유는 무엇입니까?

(2) 여러분이 종교를 믿는다면 어떤 이유로 종교를 믿겠습니까?

어휘 익히기

1. 종교 생활과 관련된 어휘입니다. 다음을 읽고 알맞은 것을 찾아 연결해 보십시오.

(1) 예배 •		• 신이나 부처와 같은 초월적 존재 앞에 경배하는 의식
(2) 신앙심 •		• 마호메트가 창시한 종교. 알라가 마호메트를 통해 계시한 코란을 경전으로 함
(3) 성직자 •		• 신이나 초자연적 절대자를 믿고 따르는 마음
(4) 이슬람교 •		• 종교적 직분을 맡은 사람. 신부, 목사, 승려가 여기에 속함
(5) 종교 체험 •		• 어떤 한계를 뛰어넘거나 사람들의 경험과 생각의 범위를 벗어나는 대상
(6) 초월적인 존재 •		• 신앙을 가진 사람이 어떤 문제가 생겼을 때 신의 능력을 체험하는 것

2. 다음 중 부사(副詞, adverb)를 찾아 밑줄을 그어 보십시오. 그리고 표에 제시된 의미에 해당하는 것을 찾아 써 보십시오.

(1)

어떤 사건으로 크게 상처를 받은 사람 중에는 종종 자신의 경험을 말하지 못하는 경우가 있다. 그 경험을 기억하고 싶지 않기 때문이다. 이럴 때는 주변 사람들이 끊임없이 관심을 가져주고 위로해 주어야 이들의 상처가 극복될 수 있다.

의미	부사
가끔, 이따금, 때때로, 어쩌다	
계속, 지속적으로	

(2)

나는 고등학교 때 가수 선발 오디션에 나간 적이 있다. 내가 우리 학교에서 노래로는 빠지지 않아서 당연히 1등을 할 거라고 굳게 믿었다. 그런데 막상 가 보니 나보다 노래를 잘하는 사람이 많아서 내가 최고라는 믿음은 한낱 망상에 불과하다는 것을 알게 되었다.

의미	부사
꼭, 틀림없이	
단지, 대단한 것도 없이 다만	

(3)

어제 방송된 대통령의 담화를 보고 진정 지도자답다는 느낌이 들었다. 지난번 사고로 아픔을 겪은 사람들을 위로하고 소외당한 사람들을 배려해 주려는 모습을 보았기 때문이다. 대통령이 온통 나라와 국민 걱정뿐이라는 걸 새삼 느꼈다.

의미	부사
거짓 없이 참으로, 정말	
전부 다, 모두	

문법 익히기

-(으)면 몰라도

현재의 상태와 반대이거나 일어나지 않은 상황을 가정함을 나타낸다.

예 A: 수진 씨, 아버지께 결혼 허락 언제 받을 거예요? 잘 말씀드리면 허락해 주시지 않을까요?
B: 글쎄요. 어머니가 아버지께 말씀해 **주시면 몰라도** 제가 말해서는 허락하지 않으실 거예요.

연습 **다음을 연결하고 '-(으)면 몰라도'를 사용해서 문장을 완성해 보십시오.**

1. 파티에 나 혼자 가다	•	•	어떻게 그 선수를 이길 수 있었겠어요?
2. 직접 산 것이다	•	•	아이까지 데리고 가는 건 실례예요.
3. 민수가 안 아프다	•	•	아픈데 집에 혼자 두고 나가는 건 불안해요.
4. 마이클 씨와 친한 친구 사이이다	•	•	선물로 받은 것을 환불하는 건 좀 그래요.
5. 어머니랑 같이 가다	•	•	아이가 혼자 가서 물건을 교환하기는 힘들어요.
6. 내가 테니스 선수였다	•	•	친하지도 않은데 그 사람 집에 머무는 건 불편해요.

1. 파티에 ______________________________.

2. 직접 ______________________________.

3. 민수가 ______________________________.

4. 마이클 씨와 ______________________________.

5. 어머니랑 ______________________________.

6. 내가 ______________________________.

전략 익히기

본문에 나온 질문의 답 찾으며 읽기

글에 나올 주요 개념, 중심 내용은 이를 명시적으로 나타내기 위해 질문하고 대답하는 형식으로 나오기도 한다. 질문에 대한 답은 질문 뒤에 1~2문장으로 제시되거나 그 단락 전체에서 제시된다. 질문은 그 글을 이해하기 위해 반드시 알아야 하는 문제이므로 본문에서 답을 찾으며 읽어야 한다.

예

'공룡이 사라진 이유'에 대한 글입니다. 본문에 나오는 질문에 대한 답을 찾으며 글을 읽어 보십시오.

공룡은 1억6,000만 년 동안이나 지구에 살았던 동물이다. 그런데 왜 공룡이 지구에서 사라졌을까? 이 이유에 대한 의견은 학자마다 다르다. 그중 가장 유력한 것은 운석 충돌설이다. 운석은 우주에서 날아온 커다란 돌덩이인데 이 운석이 지구와 충돌했을 때 생긴 엄청난 양의 먼지가 햇빛을 막아 지구의 날씨가 추워졌고, 그로 인해 식물들이 모두 얼어 죽어 초식 공룡들이 굶어 죽었다고 한다. 그 후 초식 공룡의 수가 줄어들자 초식 공룡을 먹던 육식 공룡도 먹이가 없어져 점점 죽어 갔고 결국 시간이 흐르면서 자연스럽게 모든 공룡이 지구에서 사라지게 됐다는 것이다.

⇩

질문	본문에 나온 답
왜 공룡이 지구에서 사라졌을까?	• 운석 충돌설: 지구와 운석이 충돌하면서 생긴 엄청난 양의 먼지가 햇빛을 막아 지구의 날씨가 추워졌다. 그래서 식물들이 모두 얼어 죽어 초식 공룡들이 굶어 죽었다. 초식 공룡의 수가 줄어들자 육식 공룡도 먹이가 없어져 점점 죽어 갔고 시간이 흐르면서 자연스럽게 모든 공룡이 지구에서 사라졌다.

연습 **'소음이 미치는 영향'에 대한 글입니다. 본문에 나오는 질문에 대한 답을 찾으며 글을 읽어 보십시오.**

귀가 따가울 정도로 시끄러운 음악 소리, 칠판을 긁는 날카로운 소리 같은 ①소음이 사람들을 불안하게 만들고 흥분하게 하고 때로는 공격적인 성향을 나타내게 한다는 심리학자들의 주장은 사실일까? 그들의 연구에 따르면 갑작스럽거나 시끄러운 소음이 분노를 유발한다고 한다. 이와 관련해서 학교 폭력 사건의 발생 수가 교실 소음 수치와 비례한다는 연구 결과가 발표된 적이 있다. 그러나 이처럼 소음이 짜증을 일으키는 것은 사실이지만 공격적인 행동까지 유발하는가에 대해서는 아직 뚜렷한 상관관계를 찾지 못했다. 공격적인 반응 여부는 이를 느끼는 사람의 제어 능력과도 연관성이 있기 때문에 하나의 결론으로 말하기는 어렵다.

그렇다면 ②소음이 우리 건강에도 영향을 줄까? 식당이나 술집에서 옆 사람과 이야기를 할 수 없을 정도의 소음 수치는 85㏈인데 이 수치는 바로 옆사람이 크게 코 고는 소리를 들었을 때와 동일하다. 이 소음에 오래 노출되면 청각이 손상될 우려가 있다. 그리고 시끄러운 음악 소리는 90㏈ 이상인데 이는 지하철이 통과할 때 소음을 바로 옆에서 듣는 정도이다. 이 소음에 오래 노출되면 청각에 심각한 손상을 준다.

⇩

질문	본문에 나온 답
① 소음이 사람들을 불안하게 만들고 흥분하게 하고 때로는 공격적인 성향을 나타내게 한다는 심리학자들의 주장은 사실일까?	•
② 소음이 우리 건강에도 영향을 줄까?	• •

읽기

종교의 이해에 대한 글 읽기

1. 질문에 대한 답을 찾으며 읽어 보십시오. 그리고 표에 써 보십시오.

종교의 이해

'종교'라고 하면 우리는 불교, 이슬람교, 목사, 교회, 절, 코란 등이 떠오른다. 그렇지만 이것들이 종교의 본질은 아니다. 그럼 과연 ①종교란 무엇인가? 종교의 사전적인 의미를 우선 살펴보자. 사전에는 '무한하고 초인간적인 신을 믿어 선을 행하고 악을 경계해 행복을 얻고자 하는 일'이라고 되어 있다. 종교의 어원을 살펴보면 그 의미를 더 잘 이해할 수 있다. 종교를 뜻하는 영어 'religion'의 어원은 라틴어 re-legere(다시 읽다)와 re-ligāre(다시 묶다)이다. 이 가운데 '다시 묶다', 즉 재결합이라는 의미는 죄로 멀어진 신과 인간이 다시 연결된다는 것을 뜻한다. 즉 신을 다시 만난 인간의 내적 상태가 religion이라는 것이다. 그렇다면 ②신을 만난 인간의 내적 상태란 무엇을 의미할까? 이것은 신을 경험한 상태를 말한다. 그런데 신은 보이고, 들리고, 만질 수 있는 존재가 아닌 초월적인 존재인데 그런 신을 어떻게 경험할 수 있다는 것일까? 보이지 않고 들리지 않고 만지지 못하는 '신이 있다고 믿는 것'이 바로 신을 경험하는 것이다. 다시 말해, 종교는 눈에 보이지 않는 신이 있다고 믿고 따르는 것을 말한다.

신을 열심히 믿는 사람, 예를 들어 교회나 절에 열심히 다니는 사람, 성경이나 불경, 코란을 매일 읽는 사람, 기도를 열심히 하는 사람들을 흔히 '신앙심이 좋은 사람'이라고 한다. 그런데 이런 사람들이 진정 신앙심이 좋은 사람일까? 신앙심이 좋은 사람은 어떤 사람일까? 단순히 종교 생활을 열심히 하는 사람을 지칭하지는 않을 것이다. 신을 믿고 의지하면 신이 말씀하신대로 행동하게 된다. 이렇게 성경이나 코란 등에 쓰인 신의 말씀을 읽고 이를 실천하는 사람, 신에게 기도하고 기도를 통해 신이 말씀하신 대로 행동하는 사람이 바로 신앙심이 좋은 사람이다. 이 사람들 중에는 신과의 교류를 체험한 사람도 종종 있다. 예를 들어, 신을 꿈에서 만났다거나 신이 자신에게 이야기를 해 줬다거나 하는 등의 종교 체험을 한 사람들이다. 이 종교 체험은 시간과 공간을 초월하여 신을 느끼는 것인데 그 신비로움 때문에 논리적, 과학적으로 설명할 수 없지만 이를 단순히 망상이나 상상이라고 치부할 수는 없다. 이 체험을 한 사람은 정말로 신을 봤으며 신과 교류를 했다고 믿는다. 그리고 이 체험을 통해 신과 더욱 밀접한 관계가 되어 신이 자신을 사랑한다고 믿게 된다. 그래서 온통 신의 말씀만을 생각하고 이에 따라 행동한다. 즉 신앙심이 더 좋아지는 계기가 되는 것이다.

그러면 ③사람들은 왜 종교를 믿는 걸까? 이슬람교의 알라, 기독교의 하나님 등은 모두 하나같이 무한하고 절대적이고 초월적인 존재이다. 이 존재를 안 믿으면 몰라도 믿으면 사람들은 그 존재가 인간의 근원적인 관심인 '행복'을 가능하게 해 준다고 생각하기 때문에 초월적인 존재인 신에 관심을 갖고 믿고 의지한다. 관심을 갖는 행복이 살아 있을 때의 행복일 수도 있고 죽은 후의 행복일 수도 있지만 종교 생활을 통해 신을 믿음으로써 더 행복해질 수 있다고 생각하기 때문이다. 이렇게 볼 때 종교의 핵심은 결국 믿는 마음이고 이 믿는 사람의 마음속에 종교가 존재하는 것이다.

	질문	본문에 나온 답
①	종교란 무엇인가?	• 무한하고 초인간적인 신을 믿어 선을 행하고 악을 경계해 행복을 얻고자 하는 일 • 죄로 멀어진 신과 인간이 다시 연결된다는 것
②	신을 만난 인간의 내적 상태란 무엇을 의미할까?	
③	사람들이 왜 종교를 믿는 것일까?	

2. 글을 다시 읽고 물음에 답해 보십시오.

(1) '신앙심이 좋은 사람'에 대한 내용으로 알맞은 것은 무엇입니까?

① 신의 말씀을 읽고 실천하는 사람

② 종교 체험 후에 신앙심의 변화가 없는 사람

③ 실천보다 믿는 마음을 더 중요하게 생각하는 사람

(2) 신과의 교류를 체험한 예에 해당되는 것은 무엇입니까?

① 신에게 자신이 원하는 것을 이루어 달라고 열심히 기도했다.

② 기도 후에 꿈속에서 신이 고민의 해결 방법을 이야기해 주었다.

③ 성경이나 코란의 내용을 정확히 이해하고 이를 다른 사람에게 설명했다.

(3) 글의 내용과 같으면 ○, 다르면 ×표 해 보십시오.

① 종교의 영어 표현의 어원은 신을 다시 만난 인간의 내적 상태의 의미를 담고 있다. ( )

② 종교는 인간의 내면적인 것보다 교회, 절, 성당과 같은 외형적인 것을 말한다. ( )

(4) 이 글에서 말한 종교의 핵심은 무엇입니까?

① 사람들이 신을 믿는 마음

② 신의 말씀이 적힌 성경, 코란 같은 책

③ 이성적으로 설명할 수 없는 종교 체험

생각 넓히기

여러분 나라의 사람들은 어떤 종교를 많이 믿습니까? 여러분 나라의 사람들이 믿는 종교에 대해 이야기해 보십시오.

사람들이 믿는 종교	종교를 믿는 이유
기독교	마음의 평안을 얻기 위해서

06 쓰기

종교의 기원

준비하기

1. 다음은 선사 시대의 유적으로 바위에 새겨진 그림입니다. 선사 시대 사람들은 왜 이런 그림을 그렸을까요? 이러한 그림은 어떤 의미를 지니고 있을지 이야기해 보십시오.

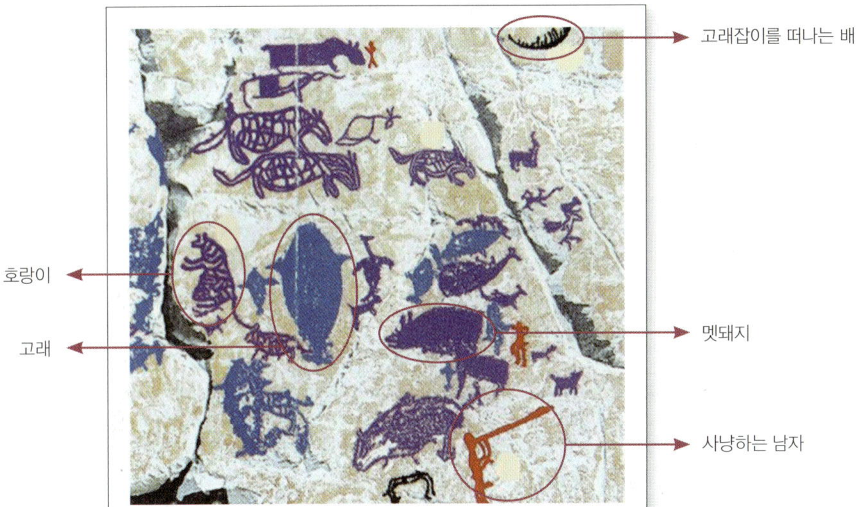

울산 '반구대 암각화'

2. 다음은 종교의 기원에 대한 학자들의 의견입니다. 다음 중 맞다고 생각하는 것에 표시하고 그 이유를 이야기해 보십시오.

- ☐ 종교는 초자연적인 힘을 믿는 것에서 시작됐다.
- ☐ 종교는 죽은 사람을 기리는 마음에서 시작됐다.
- ☐ 종교는 동식물과 인간이 밀접한 관계가 있다는 믿음에서 비롯됐다.
- ☐ 종교는 모든 생물과 무생물에 영혼이 있다고 믿는 것에서 비롯됐다.
- ☐ 종교는 신과 소통할 수 있는 사람이 재앙을 물리친다는 믿음에서 시작됐다.

어휘 익히기

1. 종교와 관련된 어휘입니다. 보기에서 알맞은 것을 골라 대화를 완성해 보십시오.

보기

개종 미신 숭배 신자 영혼 제물

(1) A: 오늘 13일의 금요일이니까 나쁜 일이 생길 수도 있어. 조심해.
B: 뭐라고? 요즘 같은 세상에 그런 말도 안 되는 ________________ 을/를 믿고 있어?

(2) A: 고대 이집트에서는 사람들이 태양을 신처럼 믿었다면서요?
B: 네. 이집트 사람들은 태양을 ________________ 의 대상으로 삼고 태양에게 소원을 빌었어요.

(3) A: 미선 씨, 요새 교회에 다녀요? 절에 다니지 않았어요?
B: 네. 얼마 전에 ________________ 을/를 했어요. 결혼할 남자 친구가 교회에 다녀서 같이 다니게 됐어요.

(4) A: 예전에는 하늘에 제사를 지낼 때 동물을 바쳤다고 하던데요.
B: 네. 맞아요. 하늘에 제사를 지내면서 소원을 들어 달라는 의미로 동물을 ________________ (으)로 바쳤어요.

(5) A: 저는 특별한 종교는 없지만 성당에 가면 마음이 숙연해지더라고요.
B: 맞아요. 성당에 다니는 ________________ 이/가 아니더라도 성당 자체의 엄숙한 분위기가 그렇게 만들죠.

(6) A: 이곳에 추모비를 세운 특별한 이유가 있나요?
B: 예전에 전쟁이 났을 때 이곳에서 목숨을 잃은 사람이 많았대요. 그래서 그 ________________ 을/를 위로하기 위해 지었다고 해요.

문법 익히기

-(으)ㄴ/는가 하면

앞뒤에 대립적인 내용이 쓰여서 '그런 한편, 그런 반면'의 뜻을 나타낸다. 뒤 문장에 '도'가 자주 나타난다.

예 외국어를 가르치다 보면 글쓰기를 잘하는 학생이 **있는가 하면** 말하기를 잘하는 학생도 있다.
어떤 사람은 선천적으로 건강이 좋은가 하면 어떤 사람은 태어날 때부터 몸이 약하다.

연습 **다음을 연결하고 '-(으)ㄴ/는가 하면'을 사용해서 문장을 완성해 보십시오.**

1.	이 풍습이 한국 고유의 것이라는 말이 있다	•	•	아직 잎이 푸른 나무도 있었다
2.	경기가 회복될 것이라고 전망하는 사람이 있다	•	•	외국에서 온 것이라는 말이 있다
3.	산에 가 보니 어떤 나무는 벌써 단풍이 들었다	•	•	근무 조건을 중시하는 사람이 있다
4.	일부 언론에서는 이번 일을 긍정적으로 평가하다	•	•	어떤 사람은 비관하고 자포자기한다
5.	직업을 선택할 때 월급을 가장 중시하는 사람이 있다	•	•	일부에서는 부정적으로 평가하고 있다
6.	어떤 사람은 어려운 일이 닥쳤을 때 극복하려고 노력한다	•	•	경기 회복이 당분간 어려울 것이라고 생각하는 사람도 있다

1. 이 풍습이 한국 고유의 것이라는 말이 ________________________.
2. 경기가 회복될 것이라고 전망하는 사람이 ________________________.
3. 산에 가 보니 어떤 나무는 벌써 단풍이 ________________________.
4. 일부 언론에서는 이번 일을 긍정적으로 ________________________.
5. 직업을 선택할 때 월급을 가장 중시하는 사람이 ________________________.
6. 어떤 사람은 어려운 일이 닥쳤을 때 극복하려고 ________________________.

전략 익히기

개조식으로 요약하기

글을 요약할 때 흔히 쓰는 방식인 개조식은 전달하고자 하는 내용을 간결하게 요점 중심으로 나열하는 방식을 말하며, 발표를 위해 발제를 할 때 보통 사용한다. 개조식으로 요약할 때에는 다음과 같은 사항에 유의해야 한다.

① 중요하지 않거나 중복되는 내용을 삭제하고 중요한 단어 중심으로 짧게 작성해야 한다.
② 중심 문장이 명시적으로 드러나 있을 때에는 그 문장을 주제문으로 선택하고, 그렇지 않을 때에는 스스로 만들어 본다.
③ 앞에 번호를 붙여 정리한 내용의 항목을 구분한다.
④ 문장의 마지막은 명사나 명사형으로 끝맺는다.

예

'한국어 단어의 분류'에 대한 내용입니다. 중요한 부분에 밑줄을 그어 보고 그 내용을 바탕으로 개조식으로 요약해 보십시오.

한국어 단어의 분류

고유어	한자어	외래어
무지개 항아리	의미(意味) 투표(投票)	넥타이 컴퓨터

한국어에서 뜻을 가지고 홀로 쓰일 수 있는 말의 가장 작은 단위를 '단어'라고 한다. 단어는 분류하는 기준에 따라 다양하게 나눌 수 있다. 단어를 분류하는 방법으로는 형태에 따른 분류, 의미에 따른 분류, 유래에 따른 분류 등이 있으며 이 중 유래에 따른 분류를 살펴보고자 한다. 한국어 단어는 유래에 따라 고유어, 한자어, 외래어로 나눌 수 있다.

고유어는 순수한 한국말로 예로부터 한국 사람들이 사용해 오던 말이다. 그래서 고유어는 한국인의 정서와 문화를 담고 있다. 예를 들어 아버지, 어머니, 하늘, 땅, 예쁘다, 아름답다 등이 고유어이다. 한자어는 한자를 바탕으로 만들어진 말이다. 학교, 친구, 자동차, 박물관 같은 말이 이에 속한다. 사람이나 땅의 이름을 한자로 표기하기 시작하면서 삼국 시대부터 사용된 한자어는 현재 한국어 단어의 절반 이상을 차지하게 되었다.

한자어는 뜻글자이기 때문에 추상적인 의미를 나타내거나 복잡한 개념을 간단하게 나타낼 수 있어 전문 용어에 많이 사용된다. 외래어는 다른 나라의 말이 한국에 들어와서 한국말로 쓰이는 말을 말한다. 흔히 외국어와 외래어를 헷갈려 하는데 외래어는 처음에는 다른 나라 말이었지만 지금은 한국어처럼 쓰이는 말이고 외국어는 다른 나라의 말이다. 외국에서 사용 중인 말의 발음을 살려 한글로 그대로 옮겨 사용하는 버스, 텔레비전, 피아노, 인터넷, 아파트 등이 외래어에 속한다. 이에 반해 밀크(우유), 머니(돈)와 같이 한글로 표현할 수 있는 말인데 다른 나라 말로 쓰는 것은 외국어이다.

⇩

한국어 단어의 분류

1. 한국어의 단어
   - 뜻을 가지고 홀로 쓰일 수 있는 말의 가장 작은 단위
   - 분류 기준에 따라 다양하게 나눌 수 있음

2. 유래에 따른 분류
   (1) 고유어
   - 순수한 한국말로 예로부터 한국 사람들이 사용해 오던 말
   - 한국인의 정서와 문화를 담고 있음

   (2) 한자어
   - 한자를 바탕으로 만들어진 말
   - 뜻글자여서 추상적인 의미나 복잡한 개념을 간단하게 나타낼 수 있음. 전문 용어에 사용됨

   (3) 외래어
   - 다른 나라의 말이 한국에 들어와서 한국말로 쓰이는 말
   - 외국에서 사용 중인 말을 발음을 살려 한글로 그대로 옮겨 사용함

연습 **'통과 의례'에 대한 내용입니다. 다음에서 중요한 부분에 밑줄을 그어 보고 밑줄 그은 내용을 바탕으로 개조식으로 요약해 보십시오.**

통과 의례

사람은 태어나서부터 죽을 때까지 여러 경험들을 한다. 이러한 경험 속에서 누구나 동일한 관문들을 거치게 된다. 이러한 관문은 출생, 성년, 결혼, 사망과 같은 것으로, 예로부터 이러한 관문들에 의미를 부여하는 특별한 의식이 치러졌다. 이와 같이 사람이 일생 동안 살면서 새로운 상태로 넘어갈 때 겪어야 할 필수적인 의식을 '통과 의례'라고 한다.

통과 의례라는 말은 프랑스의 인류학자 방주네프(Van Gennep, A.)가 처음 사용했으며 그는 통과 의례를 작명 의례, 입문 의례, 혼례, 장례 네 가지로 분류했다. 작명 의례는 태어나서 사람마다 자신만의 이름을 갖게 되는 것을 기념하는 의식을 말한다. 작명 의례를 통해 사람들은 아기에게 소중하고 귀한 이름을 지어 주어 훌륭하게 자라기를 기원한다. 입문 의례는 한 지위에서 다른 지위로 넘어가는 것을 기념하는 의식을 말한다. 성년이 되었음을 축하하는 성년식이 입문 의례의 대표적인 예이다. 혼례는 미혼자가 기혼자가 됨을 기념하는 결혼식을 말한다. 즉 혼례는 한 사람이 인생의 배우자를 만나 결혼을 하여 평생을 함께할 것을 약속하는 의식이다. 장례는 사람이 죽었을 때 하는 의식을 말한다. 통과 의례 중 마지막 의식으로 일정한 격식과 절차를 거치게 되는데 한국인의 의례 중에서 가장 엄숙하고 정중한 의례이다.

⇩

통과 의례

1. 정의
   -
2. 방주네프(Van Gennep, A.)에 의한 통과 의례의 분류

   (1) 작명 의례
   - 태어나서 사람마다 자신만의 이름을 갖게 되는 것
   -

   (2) 입문 의례
   -

   (3) 혼례
   -

   (4) 장례
   - 사람이 죽었을 때 하는 의식

1. 다음을 읽고 '종교의 기원'에 대한 요약문을 쓰려고 합니다. 요약할 내용에 밑줄을 그어 보십시오.

종교의 기원

15세기 문예부흥과 16세기 종교개혁 이후 서구에서는 종교에 대한 객관적인 연구가 체계적으로 이루어지기 시작했다. 또한 18~19세기 인류학자들은 종교의 기원을 밝히고자 했다. 대표적인 종교 기원 이론들에는 주물을 숭배하는 '페티시즘(fetishism)', 영혼을 숭배하는 '애니미즘(animism)', 토템(totem)에서 종교의 기원을 찾는 '토테미즘(totemism)', 샤먼(Shaman)을 중심으로 하는 '샤머니즘(shamanism)'이 있다.

페티시즘은 숭배의 대상이 되는 물건인 '주물'을 숭배하는 것으로 프랑스 인류학자 샤를 드 브로스(Charles de Brosses)가 그의 저서 『주물 숭배 의식』에서 처음으로 사용했다. 그는 원시인들이 특별한 힘이 있다고 믿는 나무, 돌 같은 자연물이나 인간이 만든 물건을 숭배하는 것에서 종교가 시작되었다고 보았다. 그래서 만약 이런 물건을 가지면 질병과 악으로부터 벗어날 수 있는 주술적인 힘을 얻게 된다고 여겼다. 페티시즘에서 숭배의 대상이 되는 것들은 깃털이나 나뭇조각과 같은 사물이 될 수도 있고 특정 동물이 될 수도 있다.

애니미즘은 라틴어의 '아니마(Anima, 영혼)'에서 유래된 말로 영국 인류학자 에드워드 버넷 타일러(Edward Burnett Tylor)가 주장한 것이다. 그는 종교의 기원을 영혼 숭배에서 찾으려 했다. 영혼 숭배란 죽은 사람이나 자연에 영혼이 있다고 믿고 그 영혼을 숭배하여 제물을 바치거나 특별한 의식을 하는 것을 말한다. 즉 사람이 죽으면 몸과 영혼이 분리되어 영혼이 독립해서 활동한다고 보고, 이를 숭배하는 데에서 종교가 비롯되었다고 본 것이다. 이러한 애니미즘은 자연현상이나 자연물에까지 확대되어 생활 속 풍습에도 녹아들었다. 예를 들어 가뭄이 지속될 경우 하늘에 비를 내려 달라고 기우제를 지낸다거나 정월대보름에 뜬 둥근 달을 보면서 소원을 비는 것 등이 이에 속한다.

태양신 숭배

토테미즘이란 특정한 동물, 식물, 무생물이 자신들의 집단과 특별한 관계가 있다고 믿는 것이다. 원시인들은 어떤 자연물을 자기 집단의 상징으로 여

토템 폴(totem pole)

겨 그 자연물이 자신의 집단과 특별한 관계가 있다고 믿었다. 이러한 특별한 관계 때문에 그 자연물이 자기와 집단을 잘 지킬 수 있다고 생각해 이를 숭배의 대상으로 삼았다. 이와 같이 한 집단의 숭배 대상이 된 자연물을 '토템'이라고 하며 프랑스 사회학자 에밀 뒤르켕(Émile Durkheim)은 종교의 기원을 토템에 두고 있다. 그는 어떤 공동체의 이상이 토템과 같은 집단적인 표상으로 나타나고 그것이 사회의 통합과 결속을 유지시켜 주는 것에서 종교가 시작되었다고 설명하고 있다. 흔히 마을 입구에 세워져 있는 토템 폴에서 토테미즘의 흔적을 찾을 수 있으며 한국의 경우 단군신화에 나타나는 곰과 호랑이 이야기를 토테미즘으로 해석하기도 한다.

샤머니즘

샤머니즘은 독일 사회학자 호르스트 위르겐 헬레(Horst Jürgen Helle)가 『종교사회학』에서 종교의 기원으로 규정한 것이다. 샤머니즘이란 신이나 조상신과 같은 존재와 직접적으로 소통하는 샤먼(Shaman)에 의하여 점이나 예언, 병 치료 등을 하는 종교적 현상을 말한다. 샤머니즘은 식량의 수렵 단계에서 발달했다는 학설이 지배적이다. 즉, 동물 사냥을 시작하면서부터 여러 위험에 닥치게 되자 이를 극복하기 위해 어떤 초인간적인 존재에게 빌게 되면서부터 종교가 생겨났다는 게 샤머니즘을 종교의 기원으로 여기는 사람들의 주장이다. 샤머니즘의 중심인 샤먼은 무당이자 예언자이며 죽은 영혼의 대변자 등의 역할을 한다. 그래서 원시인들은 중요한 일이 생기면 무당에게 물어봐 하늘의 뜻을 미리 알고 위기를 극복하고자 했다.

이상과 같이 어떤 학자는 종교의 기원을 특정 사물을 숭배하는 것 혹은 영혼을 믿고 따르는 것에서 찾는가 하면 어떤 학자는 한 집단의 상징이 되는 토템 혹은 하늘의 뜻을 인간에게 전해 주는 샤먼에게서 찾기도 한다. 이러한 종교 기원설은 학문적으로 설득력이 크지는 않으나 원시 문화의 종교적 요소들을 문명 세계에 알리고, 종교를 연구하는 다양한 방법론 및 종교학적인 용어들을 정립하는 계기가 됐다는 점에서 의의가 있다.

2. 밑줄 그은 내용을 바탕으로 '종교의 기원'에 대해 요약문을 개조식으로 써 보십시오.

종교의 기원

1. 종교 기원에 대한 연구의 역사
   - 15~16세기 이후:
   - 18~19세기:
   - 대표적인 종교 기원 이론:

2. 종교 기원설
   (1) 페티시즘(fetishism)
   (2) 애니미즘(animism)
   (3) 토테미즘(totemism)
   (4) 샤머니즘(shamanism)

3. 종교 기원설의 의의
   -

생각 넓히기

여러분 나라의 페티시즘, 애니미즘, 토테미즘, 샤머니즘의 예를 찾아 소개해 보십시오.

Q

1. 이 사진은 어디일까요? 여기에 가 본 적이 있습니까?

2. 여러분이 한국에서 본 건축물 중 가장 인상적인 것은 무엇입니까?

제7과

건축과 문화

【읽기】 건축과 예술

- 어휘 익히기 건축 관련 어휘
- 문법 익히기 -건대
- 전략 익히기 도면 보면서 글의 내용 이해하기
- 읽기 석굴암에 대한 글 읽기

【쓰기】 문화유적지

- 어휘 익히기 문화유적지 관련 어휘
- 문법 익히기 -거니와
- 전략 익히기 답사 대상 상세하게 묘사하기
- 쓰기 답사 보고서 쓰기

07
읽기

건축과 예술

준비하기

1. 다음은 세계 여러 나라의 건축물입니다. 다음의 건축물들은 왜 유명한지 이야기해 보십시오.

〈그리스 파르테논 신전〉

〈이탈리아 밀라노 대성당〉

〈캄보디아 앙코르와트 사원〉

2. 다음은 경주에 있는 석굴암의 도면입니다. 도면을 보고 석굴암이 어떤 모습일지 추측해 보십시오.

어휘 익히기

1. 건축과 관련된 어휘입니다. 그림에 알맞은 어휘를 **보기**에서 찾아 써 보십시오.

보기					
담	벽	마루	지붕	천장	통로

(1)

① ______________________

② ______________________

(2)

① ______________________

② ______________________

(3)

① ______________________

② ______________________

2. 밑줄 친 부분의 의미를 가장 잘 설명한 것을 골라 보십시오.

(1) A: 경복궁은 언제 만들어졌어요?
B: 조선 시대인 1395년에 <u>창건되었는데</u> 전쟁으로 불에 타서 그 후에 다시 지어졌어요.

① 다시 세워졌다
② 처음 세워졌다

(2) A: 제주도의 여러 지역이 세계자연유산으로 <u>등재되었다면서요?</u>
B: 네. 제주도는 정말 아름다운 곳이에요.

① 등록되었다
② 추천받았다

(3) A: 담에 금이 가서 받침대를 만들어 놓았는데 받침대가 튼튼하지 않아 얼마나 <u>지탱할</u> 수 있을지 모르겠어요.
B: 곧 장마철이 시작될 텐데 지금이라도 공사를 해야 하지 않을까요?

① 많이 참다
② 오래 버티다

(4) A: 이번 살인 사건은 정말 끔찍하지 않아요? 어떻게 그렇게 끔찍하게 많은 사람을 죽일 수 있을까요?
B: 글쎄 말이에요. 이 사건은 세계에서도 <u>유례가 없는</u> 일이에요.

① 비슷한 예가 없다
② 더 심한 경우가 없다

(5) A: 국가의 정치가 안정되면 그것을 바탕으로 음악, 미술, 건축 등의 예술이 <u>꽃을 피우게</u> 되지요.
B: 아, 그래서 통일신라 시대에 그렇게 많은 불교예술 작품이 있었군요.

① 아름다워지다
② 가장 발전하다

(6) A: 이 건물은 정말 아름답지 않아요?
B: 네. 건물이 자연과 <u>조화를 이루어</u> 예전부터 자연의 한 부분이었던 것처럼 보여요.

① 서로 잘 어울리다
② 특성이 두드러지다

문법 익히기

-건대

말하는 사람이 뒤에서 자신의 생각이나 의견을 말하겠다는 것을 미리 알릴 때 사용한다. 그러므로 뒤의 내용은 말하는 사람의 생각이나 의견이다. '바라다, 부탁하다, 기대하다, 원하다' 등의 어휘와 함께 쓰이면 말하는 사람이 내용을 바라거나 부탁함을 나타낸다. 이때 뒤의 내용은 말하는 사람의 부탁이나 바람이다.

예 A: 이번 프로젝트가 언제쯤 마무리될까요?
B: 글쎄요. 제가 **생각하건대** 그 일은 쉽게 끝날 것 같지 않습니다.

연습 **'-건대'를 사용해서 보기에서 알맞은 것을 찾아 문장을 완성해 보십시오.**

보기

보다　바라다　당부하다　짐작하다　참조하다　되돌아보다

1. 다시 한 번 ________________ 시험 시간에 지각하지 마십시오.
2. 증인들의 의견을 ________________ 그 사람은 분명히 범인이 아닙니다.
3. 간절히 ________________ 이번 시험에는 꼭 합격해서 취업했으면 좋겠습니다.
4. 작년 한 해를 ________________ 잘한 일보다 잘 못한 일이 더 많은 것 같습니다.
5. 제가 이 그림을 ________________ 이것은 3년 전에 사라진 바로 그 그림이 분명합니다.
6. 이번에 발견된 증거로 ________________ 우리 팀 내부에서 누군가가 정보를 빼돌린 것 같습니다.

전략 익히기

도면 보면서 글의 내용 이해하기

건축이나 설계에 관련된 글에는 구조를 알 수 있는 평면도, 단면도, 배치도 등의 도면이 제시되는 경우가 많다. 이때 도면을 보면서 건축물에 대한 설명을 읽으면 건축물의 위치, 구조, 배치 등과 관련된 글의 내용을 좀 더 명확하고 쉽게 이해할 수 있다.

예

'경복궁'에 대한 글입니다. 배치도를 보면서 읽은 후 ①, ②, ③은 무엇을 하던 곳이었는지 찾아 써 보십시오.

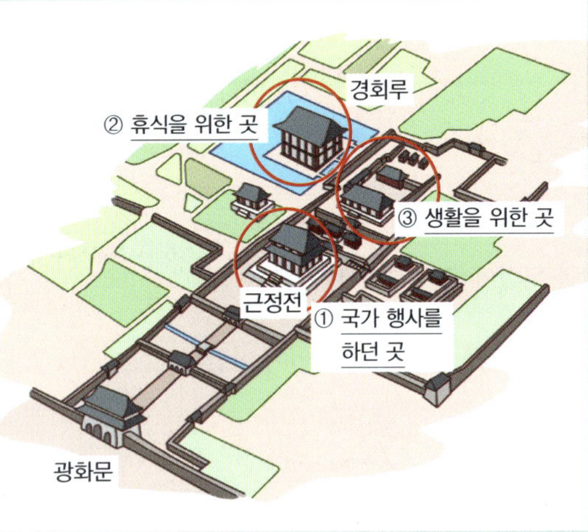

궁궐은 왕이나 왕의 가족이 살던 큰 건물을 말한다. 서울에는 조선 시대의 궁궐들이 남아 있는데, 이 궁궐들은 주위의 자연과 어울리도록 지은 것이 특징이다.

경복궁은 조선 시대 궁궐 중 가장 대표적인 곳으로 남북 방향으로 긴 네모 모양이다. 경복궁 남쪽 가운데에는 왕이 출입하던 '광화문'이라고 하는 큰 문이 있고 그 문으로 들어가면 '근정전'이라고 하는 건물이 정면에 보인다. '근정전'은 왕이 국가의 중요한 행사 등 나랏일을 하던 건물이다. 조선 시대 다른 궁궐의 기본 구조와 마찬가지로 왕이 나랏일을 하던 공간을 궁궐 안에 있는 건물들 중 제일 앞에 배치했다.

그리고 '근정전' 뒤에는 왕과 가족이 일상생활을 하는 공간을 배치했으며, 그 생활공간 서쪽으로 휴식 공간을 배치했다. 휴식을 위한 공간에는 아름다운 정원과 연못, 그리고 '경회루'라는 누각이 있다.

연습 **'한옥의 구조'에 대한 글입니다. 도면과 글을 연결해 보십시오.**

1.

이 한옥은 따뜻한 남부 지역에 많은 구조로 방, 마루, 방, 부엌이 옆으로 나란히 붙어 있다. 마루와 큰방 앞에는 문이 없는 작은 마루가 붙어 있는 경우가 많다. 이 한옥에는 창문과 문이 많기 때문에 여름에 바람이 잘 통해서 시원하다. •

2.

이 한옥은 중부 지역에 많은 구조로 안방을 중심으로 부엌과 방이 붙어 있고, 마루와 방이 붙어 있다. 방과 부엌, 방과 마루를 바로 옆에 배치해 이용자의 움직임을 최소화했다. 마루 옆에 있는 방 앞에는 작은 마루가 붙어 있기도 하다. 마루가 넓지 않고 창문이 많지 않다. •

3.

이 한옥은 겨울이 춥고 긴 북부 지역에 많은 구조로 방과 방이 겹쳐 있어서 바람을 막을 수 있다. 마루 대신에 정주간이라고 하는 곳이 있는데, 이곳은 아궁이가 있어 따뜻해서 가족이 함께 시간을 보내는 공간이다. 추운 날씨 때문에 화장실이나 소가 있는 외양간 등도 모두 집 건물 안에 배치되어 있다. •

① •

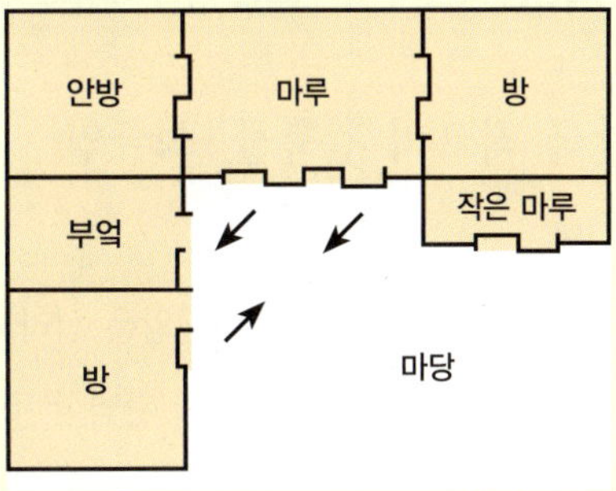

② •

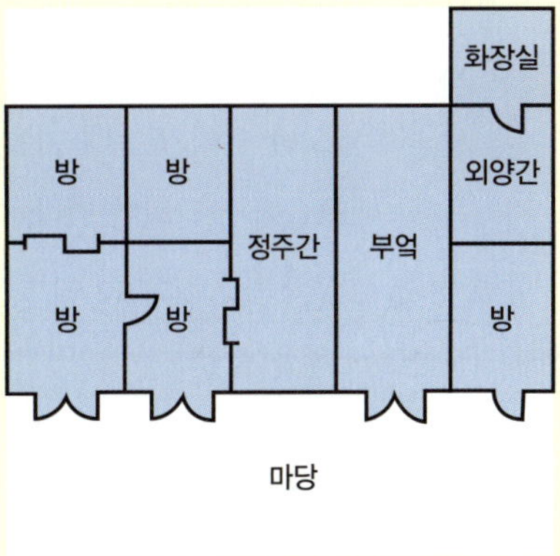

③ •

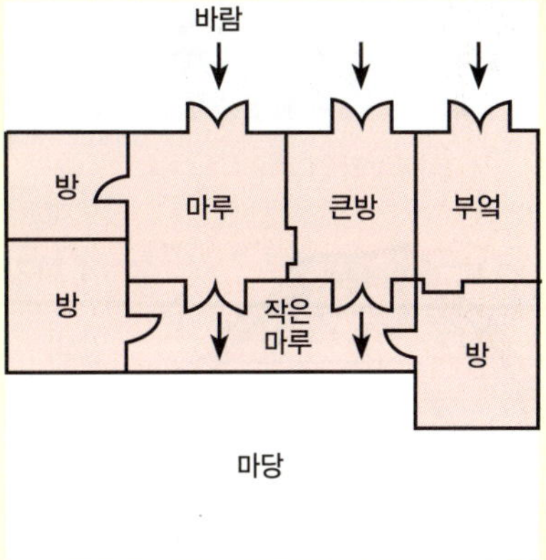

읽기 　　석굴암에 대한 글 읽기

1. 도면을 보면서 읽어 보십시오. 그리고 사진과 도면을 연결해 보십시오.

한국 최고의 건축물, 석굴암

경주 토함산에 위치한 석굴암은 신라 시대(B.C. 57~A.D. 935) 불교 석굴 사원인데 예술과 과학이 완벽한 조화를 이룬 것으로 평가받는다. 석굴암은 8세기에 세워졌는데 이 시기는 불교예술이 가장 화려하게 꽃을 피운 시기였다. 석굴암은 그런 신라 시대 불교예술의 수준을 보여 주는 최고의 작품일 뿐만 아니라 한국을 대표하는 건축물로 인정받아 1995년에 유네스코 세계문화유산에도 등재되었다.

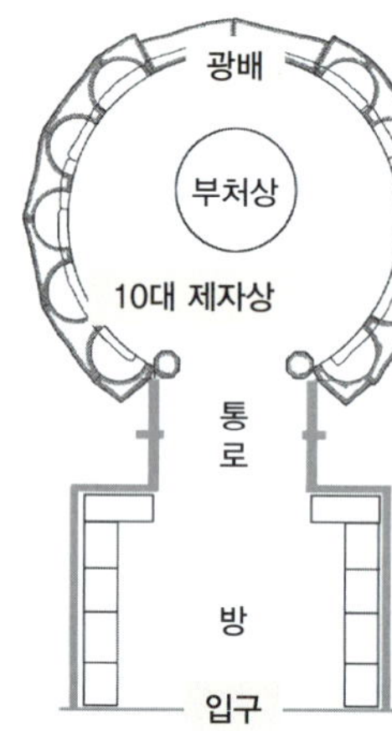

〈석굴암 평면도〉

석굴암은 네모난 방과 통로, 둥근 방으로 구성되어 있다. 입구로 들어가면 먼저 네모난 방이 있는데 이 방의 양쪽 벽에 네 개씩 세상을 지키는 신의 모습이 조각되어 있다. 이 네모난 방은 신라 사람들이 살던 땅을 상징하는 공간으로, 이 방에서 신라 사람들은 부처를 향해 기도하고 소원을 빌었다.

네모난 방을 지나 통로를 통해 안쪽으로 들어가면 둥근 방이 있다. 이 방은 부처가 계신 우주를 상징하는 공간이다. 방 가운데에는 높이 3.5m의 부드러운 미소를 띤 부처의 상이 동쪽을 향해 앉아 있다. 그리고 둥근 벽에는 부처의 10대 제자와 보살이 조각되어 있다. 부처의 머리 뒤 벽쪽에는 연꽃 모양으로 장식된 원형의 광배라는 것이 있다.

〈석굴암의 천장〉

〈석굴암의 천장 단면도〉

석굴암에서 가장 특별한 곳이 바로 이 둥근 방의 천장이다. 석굴암은 세계에서 유일한 인공 석굴이다. 중국이나 인도의 석굴은 자연에 있는 돌산을 파서 공간을 만든 것이다. 이와 달리 석굴암은 집을 짓듯이 화강암이라는 돌을 잘라 쌓아서 벽과 천장을 만들었다. 특히 석굴암의 천장은 돌을 납작하게 잘라 교차하여 쌓은 후 사이사이에 긴 돌들을 끼워 넣고 둥근 뚜껑을 덮어 마무리했다. 이 기법을 통해 무거운 화강암으로 이루어진 석굴의 천장이 무너지지 않게 할 수 있었다. 이것은 세계에서 유례가 없는 독창적인 기법이었다. 사이사이에 넣은 이 긴 돌은 무게를 지탱하는 역할을 하는 동시에 입체감을 주어 아름다움을 더한다. 이러한 이유로 석굴암은 과학과 예술이 조화를 이룬 건축물이라는 평가를 받고 있다.

〈부처 뒤의 광배〉

석굴암에 숨어 있는 과학은 이뿐만이 아니다. 석굴암의 내부는 정확하게 대칭을 이룬다. 그런데 유일하게 대칭을 이루지 않는 것이 있다. 그것은 부처의 머리 뒤에 있는 둥근 모양의 광배에 있는 연꽃 장식이다. 그런데 비대칭으로 보이는 이 광배가 네모난 방에서 부처를 바라보며 기도하는 사람들의 시각에서는 대칭으로 보인다. 또한 석굴은 습기가 생기는 문제가 있는데 석굴암은 바닥에 물이 흐르게 해서 석굴 내부의 습기가 바닥 쪽으로 모여들고 물방울로 변해 땅속으로 스며들게 했다.

이러한 기술을 통해 보건대 신라 사람들의 건축 기술은 1,200년이 지난 지금도 놀랄 만한 것이었다. 이렇듯 석굴암은 이상적인 불교 국가를 이루려고 했던 신라 사람들의 꿈을 과학과 예술로 완성한 건축물이라 할 수 있다.

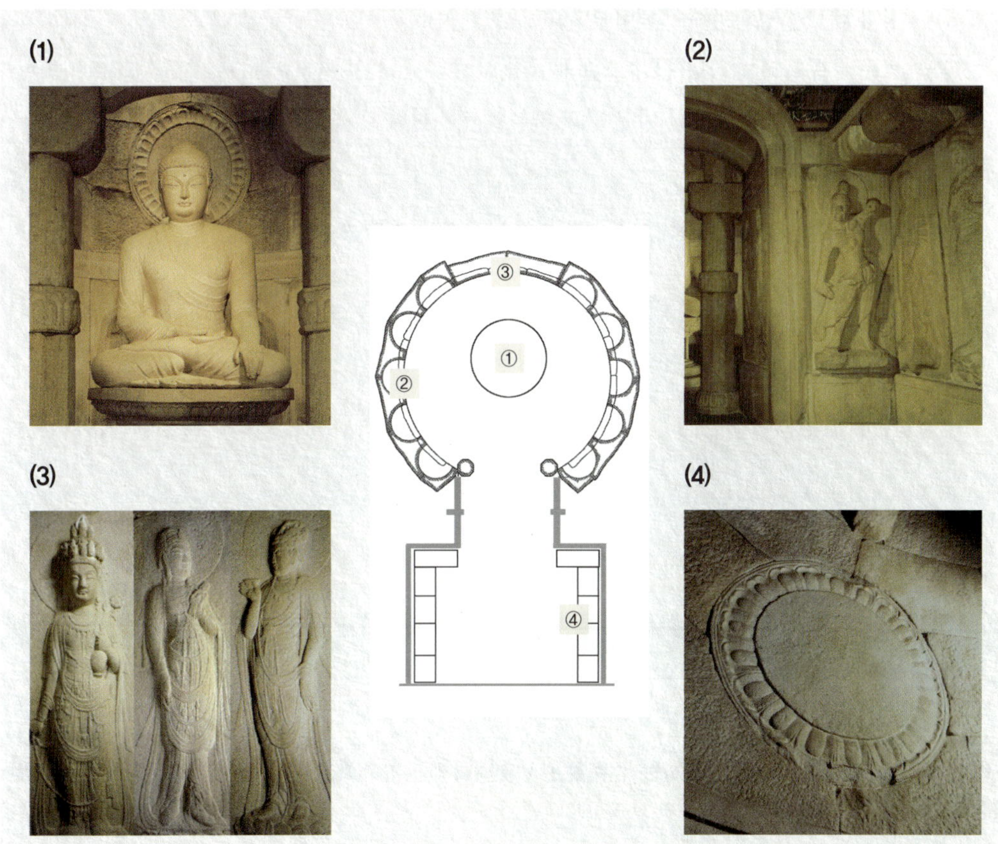

2. 글을 다시 읽고 물음에 답해 보십시오.

(1) 석굴암에 대한 설명으로 맞지 않는 것은 무엇입니까?

① 8세기 신라 시대에 지어졌다.

② 화강암으로 만든 인공 건축물이다.

③ 중국이나 인도의 석굴과 비슷한 방식으로 지어졌다.

(2) 석굴암에 있는 부처상에 대한 설명으로 맞는 것은 무엇입니까?

① 석굴암의 부처상은 동쪽을 향해 서 있다.

② 부처상은 우주를 상징하는 네모난 방에 있다.

③ 신라 사람들은 석굴암 부처상에 소원을 빌었다.

(3) 석굴암의 구조에 대한 설명으로 맞는 것은 무엇입니까?

① 둥근 방과 네모난 방으로 구성되어 있다.

② 둥근 방은 우주를 상징하며 천장 또한 둥글다.

③ 입구에서 제일 가까운 네모난 방은 땅과 하늘을 상징한다.

(4) 석굴암의 과학적인 건축 기술에 대한 설명으로 맞지 않는 것은 무엇입니까?

① 습기가 생기지 않도록 석굴암 밑에 물이 흐르게 했다.

② 석굴암의 구조는 광배를 제외하고 모두 대칭을 이루고 있다.

③ 석굴암의 천장은 화강암을 사용해 천장을 무너지지 않게 했다.

생각 넓히기

여러분 나라의 역사와 문화를 대표하는 건축물은 무엇입니까? 그 건축물을 소개하고 그것이 가지고 있는 특징에 대해서 이야기해 보십시오.

문화유적지

준비하기

1. 다음은 한국의 문화유적지에서 볼 수 있는 것입니다. 사진에 있는 것이 어떤 용도로 사용되었을지 추측해 이야기해 보십시오.

창덕궁 인정전 앞 '드무'

경복궁 영제교 위 '천록상'

숭례문 지붕 위 '잡상'

2. 다음은 한옥의 명칭입니다. 그림을 보고 여러분 나라의 전통 주택과 어떻게 다른지 이야기해 보십시오.

어휘 익히기

1. 문화유적지와 관련된 어휘입니다. 다음을 읽고 알맞은 어휘를 넣어 보십시오.

보기

견학하다 매장되다 복원하다 발굴되다 전시되다 훼손되다

(1)

서울시는 겨울 방학을 맞이하여 초등학생을 대상으로 문화유적지 답사를 계획하고 있다. 참가 학생들은 불국사, 석굴암 등 경주의 유적지를 ① ________________ 것이다. 그것을 통해 불교 역사를 직접 보고 배울 수 있다. 또한 국립경주박물관에 ② ________________ 유물을 보면서 신라의 역사를 한눈에 살펴볼 것이다.

(2)

경기도의 한 공사 현장에서 6만 년 전의 것으로 추정되는 구석기 유물이 ① ________________. 전문가들은 유물이 발견된 현장 규모로 봤을 때 땅속에 ② ________________ 구석기 시대 유물이 수만 점에 이를 것으로 보고 있다.

(3)

경복궁은 19세기 말 500여 동의 건물들이 들어선 아주 크고 웅장한 모습을 하고 있었다. 그러나 전쟁으로 많은 건물들이 ① ________________. 이에 정부는 1990년부터 경복궁의 옛 모습을 되찾기 위해 ② ________________ 사업을 추진하고 있다.

tip

● 답사 보고서에는 다음과 같은 내용이 들어가야 한다.

처음	중간	끝
• 답사 날짜 및 장소 • 답사 동기와 목적 • 답사 장소의 사전 정보	• 시간적·공간적 여정 • 답사 장소의 묘사 • 답사 장소의 특징	• 답사 평가 • 답사 장소에 대한 감상 • 답사를 통해 알게 된 점

문법 익히기

-거니와

앞의 사실을 인정하면서 뒤의 사실을 덧붙임을 나타낸다. 동사, 형용사와 결합하며 '-았/었거니와'의 형태로도 쓸 수 있다. 명사와 쓸 때는 '-(이)거니와'의 형태로 쓰인다.

예 A: 저 가수 진짜 춤 잘 추는 것 같아.

B: 맞아. 저 가수는 춤도 잘 **추거니와** 노래도 엄청 잘하더라.

연습 **다음을 연결하고 '-거니와'를 사용해서 대화를 완성해 보십시오.**

1. 아침도 못 먹었다	•	•	열까지 나다
2. 연기력은 물론이다	•	•	성격도 싹싹하다
3. 돈도 없다	•	•	점심까지 굶었다
4. 비도 오다	•	•	놀러 갈 시간도 없다
5. 머리도 아프다	•	•	패션 감각도 뛰어나다
6. 일도 잘했다	•	•	바람까지 세차게 불다

1. A: 바빠서 점심에 김밥을 먹었더니 배가 고프네. 넌 점심 먹었어?
   B: 아니. 난 아침도 ______________________.

2. A: 저 남자 배우 진짜 연기 잘하지 않아?
   B: 맞아. 연기력은 ______________________ 것 같아.

3. A: 이번 방학에 여행 가지 않을래?
   B: 나는 돈도 ______________________ 못 갈 것 같아.

4. A: 오늘 비 때문에 등산 못 가겠지?
   B: 응. 비도 ______________________ 등산은 힘들 것 같아.

5. A: 아까 두통약 먹었는데 아직도 머리가 아파?
   B: 응. 지금은 머리도 ______________________ 병원에 가 봐야겠어.

6. A: 지난달에 입사한 김민수 씨는 일도 잘하고 괜찮은 사람인 것 같아요.
   B: 맞아요. 학교 때도 일도 ______________________ 사람들이 모두 좋아했어요.

전략 익히기

답사 대상 상세하게 묘사하기

답사 보고서는 유적지나 현장을 직접 찾아가서 본 것과 느낀 점을 기록한 글이다. 답사 보고서를 쓸 때는 답사 장소를 독자가 상상할 수 있도록 그림을 그리듯 상세하게 묘사해야 한다.

① 답사 대상을 세밀하게 관찰하고 여기서 얻어 낸 정보를 기록한다.

② 전체적인 내용을 먼저 기술하고 나서 세부적인 내용을 기술한다.

③ 정확한 이해를 위해 크기, 거리 등 수치를 사용하거나 독자에게 친숙한 사물에 빗대어서 묘사하면 효과적이다.

예

소설 『토지』의 배경이 된 '지리산 최 참판 댁'에 대한 답사 보고서의 일부입니다. 사진을 보고 '별당'을 묘사해 보십시오.

1.

〈별당 전경〉

최 참판 댁의 안쪽에는 『토지』의 주인공인 서희가 머물렀던 별당이 있었다. 낮은 담으로 둘러싸인 이 별당은 여자의 공간이라서 그런지 아기자기하게 꾸며져 있었다. 별당은 마루를 중심으로 양 옆에 방이 있는 작고 소박한 한옥이었다. 그리고 별당 바로 앞에는 네모난 연못이 있었다.

2.

〈별당 지붕〉

별당의 마루에 걸터앉아 머리 위 지붕을 올려다보았다. 지붕의 처마가 마치 새가 날기 위해 날개를 편 듯 하늘로 솟아 있었다. 이는 별당 앞 경치를 지붕으로 가리지 않고 시원하게 보여 주기 위해 그렇게 만든 것 같았다.

3.

〈별당 앞 연못〉

별당 앞에는 연못이 있었다. 네모난 모양의 연못 한가운데에는 둥근 모양의 작은 섬이 있었다. 네모난 연못은 땅을, 둥근 섬은 하늘을 상징하는 거라고 안내인이 설명해 주었다. 둥근 섬에는 푸른 소나무가 심어져 있었다. 섬 주변에는 개화한 연꽃 사이로 물고기가 헤엄치고 있었다.

연습 **경주 불국사에 대한 답사 보고서의 일부입니다. 사진을 보고 '다보탑'을 묘사해 보십시오.**

1.

〈다보탑〉

불국사의 대웅전 앞에는 석가탑과 다보탑이 세워져 있었다. 대웅전을 바라봤을 때 석가탑은 왼쪽에, 다보탑은 오른쪽에 위치해 있었다. 단순한 형태의 석가탑과 달리 다보탑은 ______

2.

〈다보탑 하단〉

3.

〈다보탑 상단〉

쓰기 　　답사 보고서 쓰기

1. 서울에는 곳곳에 역사 유적이 많이 남아 있습니다. 서울에 있는 문화유적지 중 답사할 곳을 정하고 그곳을 선정한 이유를 이야기해 보십시오.

덕수궁 석조전, 창덕궁 후원, 종묘 정전, 경복궁 경회루, 보신각, 풍납토성

답사지	선정 이유
•	•
•	•
•	•
•	•
•	•

2. 답사 보고서 작성 계획을 세워 보십시오.

- 날짜: ______________________
- 장소: ______________________
- 동기: ______________________
- 목적: ______________________
- 사전 조사 내용: ______________________

  ____
- 꼭 봐야 할 것: ______________________

  ____

3. 답사 장소를 직접 탐방하고, 답사 보고서의 개요를 써 보십시오.

제목 ____________________

I. 들어가는 말(답사 날짜, 답사 장소, 답사 동기, 답사 목적, 교통편, 걸리는 시간 등)

____

II. 본문

1. 첫 번째 답사지:

____

2. 두 번째 답사지:

____

3. 세 번째 답사지:

____

III. 맺는말(답사지에 대한 감상과 평가)

____

____

4. 구상 개요를 보고 답사 보고서를 써 보십시오.

생각 넓히기

여러분 나라의 자연 유산 중에서 소개하고 싶은 곳이 있습니까? 그곳에 대해서 소개해 보십시오.

나라	자연 유산	특징
한국	제주 화산섬과 용암 동굴	자연 경관이 아름답고 다양한 희귀 생물과 멸종 위기의 동식물을 볼 수 있다.

Q

1. 기업이 살아남기 위해 어떤 전략이 필요하다고 생각합니까?

2. 여러분 나라는 실업 문제가 심각한 편입니까?

제8과
경영

【읽기】 기업의 경쟁력

어휘 익히기	기업 관련 어휘
문법 익히기	-(으)ㄴ/는 법이다
전략 익히기	미리 훑어 읽기
읽기	기업 경영의 경쟁력에 대한 글 읽기

【쓰기】 청년 실업

어휘 익히기	청년 실업 관련 어휘
문법 익히기	-(으)ㄴ 끝에
전략 익히기	논술형 시험 답안 쓰기
쓰기	청년 실업에 대한 시험 답안 쓰기

08
읽기

기업의 경쟁력

준비하기

1. 다음은 신문 기사의 제목입니다. 어떤 내용일지 이야기해 보십시오.

디자인만이 살 길이다!

기업의 힘, 세계적인 수준의 인재 양성!

새롭게 사고하라! 끊임없이 변화하라!

2. 디지털 카메라의 등장으로 어떤 필름 회사는 살아남았지만 어떤 회사는 망했습니다. 다음을 읽고 그 이유를 생각해 보십시오.

살아남은 A사	• 디지털 카메라를 선호하는 시대 상황의 변화를 정확하게 인식함 • 자신들이 할 수 있는 화장품, 의약품 등 새로운 사업에 뛰어들어 시장을 개척함 • 공격적인 경영 전략으로 전환하여 새로운 이미지로 신상품을 적극적으로 홍보함
망한 B사	• 시대 상황의 변화(남성 고객의 증가, 디지털 사진의 편리함 추구 등)를 인식하지 못함 • 뒤늦게 다른 사업에 뛰어들었으나 선발 주자를 따라가기에 역부족이었음 • 자신의 회사가 지닌 기존의 이미지를 지나치게 맹신해 자만에 빠짐

어휘 익히기

1. 기업과 관련된 어휘입니다. 보기 에서 알맞은 것을 골라 대화를 완성해 보십시오.

보기
남기다　　세우다　　개방하다　　뒤처지다　　떨어지다　　이겨 내다

(1) A: 뉴스에서 내년부터 경기가 나빠질 전망이라고 하던데요.
B: 그래요? 그럼 우리 회사도 불황을 ___________ 방법을 찾아야겠네요.

(2) A: 김 팀장, 이번에 새로 시작한 사업 전망은 어떨 것 같아요?
B: 저희가 뒤늦게 사업에 뛰어들어서 올해는 이윤을 ___________ 어렵겠습니다.

(3) A: 이정수 선수는 매일 다른 사람보다 일찍 나와 연습을 하는 것 같죠?
B: 네. 경쟁에서 ___________ 않으려고 날마다 열심히 연습하고 있어요.

(4) A: 새로운 시장을 개척하기 위해서는 어떻게 해야 할까요?
B: 다른 기업보다 먼저 소비자의 심리를 정확히 파악해서 전략을 ___________ 필요가 있습니다.

(5) A: 김 기자, 한국도 이제 다른 나라의 쌀이 들어올 수 있도록 시장을 열어야 하는 시점이 된 것 같죠?
B: 네. 국제화 시대가 되면서 어쩔 수 없이 시장을 ___________ 할 때가 된 것 같습니다.

(6) A: 요즘 일본으로 여행가는 사람들이 많아졌대요. 왜 갑자기 늘어난 걸까요?
B: 일본 엔화 환율이 하락해서 그럴 거예요. 작년에 비해 엔화 가치가 10%나 ___________.

2. 다음을 읽고 제시된 의미에 해당하는 어휘를 찾아 쓰십시오.

(1)

그 기업은 휴대 전화 시장의 변화에 신속하게 대처하지 못해 경쟁에서 살아남지 못하고 결국 낙오되고 말았다.

의미	해당하는 어휘
① 대책을 세워 행하다	
② 뒤떨어지다, 뒤처지다	

(2)

추운 날씨에 몸을 움직이지 않으면 근육이 경직되어 쉽게 다칠 수 있다. 따라서 가벼운 스트레칭으로 몸을 유연하게 만들어야 한다.

의미	해당하는 어휘
① 굳어서 뻣뻣하게 되다	
② 부드럽고 연하다	

(3)

게임 시장이 커짐에 따라 게임 관련 기업들은 시장을 선점하기 위해 기술 개발을 서두르고 있다. 기술 개발이 가속화되면서 경쟁은 더 치열해질 것이다.

의미	해당하는 어휘
① 다른 사람보다 먼저 차지하다	
② 속도를 더하게 되다	

문법 익히기

-(으)ㄴ/는 법이다

어떤 동작이나 상태가 당연함을 나타낸다. 즉 자연적인 법칙이나 보통 그렇게 되는 일이라는 것을 말할 때 사용한다.

예 A: 지난 학기에는 장학금을 받았는데 이번 학기엔 성적이 잘 안 나왔어요.
B: 이번에 아르바이트를 많이 했잖아요. 늦게까지 아르바이트를 하다 보면 피곤하고 힘들어서 공부에는 **소홀해지는 법이지요.**

연습 **다음 상황을 읽고 이에 맞는 것을 보기에서 골라 '-(으)ㄴ/는 법이다'를 사용해서 써 보십시오.**

보기

작은 고추가 맵다	비 온 뒤에 땅이 굳어진다	사공이 많으면 배가 산으로 간다
꼬리가 길면 밟힌다	입에 쓴 약이 병에는 좋다	하늘이 무너져도 솟아날 구멍이 있다

1. 김민호 선수는 키나 체격은 작지만 운동을 잘해서 금메달을 땄다.
→ ______________________________.

2. 수잔 씨는 인터넷에 연예인을 비방하는 댓글을 몰래 계속 쓰다가 잡혔다.
→ ______________________________.

3. 왕카이 씨와 장소이 씨는 지난번에 크게 싸운 후 화해하고 더 친해졌다.
→ ______________________________.

4. 마이클 씨는 친구들이 하는 쓴소리를 잘 받아들인다. 그 말이 도움이 된다고 생각하기 때문이다.
→ ______________________________.

5. 가오리 씨는 회사를 그만둔 뒤 다시 일자리를 찾고 있지만 쉽지 않다. 그래도 노력하면 방법이 있을 거라고 생각한다.
→ ______________________________.

6. 사람마다 의견이 달라서 졸업 여행을 어디로 갈지 결정하지 못하고 있는데, 이러다가 엉뚱한 곳으로 결정될 것 같다.
→ ______________________________.

전략 익히기

미리 훑어 읽기

글을 모두 읽기 전에 글의 몇 문장만을 미리 훑어 읽고 내용과 주제를 예측할 수 있다. 글의 일부를 읽고 내용을 예측하기 위해서는 다음과 같은 방법을 사용하면 좋다.

① 첫 단락과 마지막 단락 전체를 읽은 후 내용을 파악한다.
② 중간 단락의 첫 문장을 읽은 후 그 단락에 나올 내용을 예측한다.
③ 미리 훑어 읽기를 마친 후 글을 처음부터 끝까지 모두 읽으면서 미리 훑어 읽기를 했을 때 예측한 내용과 글의 내용이 일치하는지 확인한다.

이렇게 글을 한 번 훑어 읽은 후 다시 정독하면 내용을 더 정확하게 파악할 수 있다.

예

'호감의 법칙'에 대한 글입니다. 글을 미리 훑어 읽으면서 내용을 예측해 보십시오.

1 물건을 판매하는 전략 중에 호감의 법칙이라는 것이 있다. 이 법칙은 친한 사람, 가까운 사람이 어떤 것을 사 달라고 부탁하면 거절하기가 쉽지 않다는 것이다. 그래서 모르는 사람이 보험에 가입해 달라거나 비싼 물건을 사 달라고 하면 거절했을 것을 가까운 사람이 부탁하면 거절하기가 난처해 부탁을 들어주게 된다는 것이다.

2 이 전략을 활용해 미국의 한 부엌 용품 회사가 많은 판매 수익을 올리고 있다. 이 회사는 한 주부에게 자신의 집에 친구들을 초대해 부엌 용품 판매 홍보 행사를 하게 한다. 그리고 참석한 모든 사람들에게는 작은 부엌 용품을 선물로 준 후 판매원이 여러 부엌 용품의 사용법과 장점을 설명한다. 친구를 초대한 집 주인은 행사가 진행되는 동안 한쪽에서 간식을 준비하면서 편안한 분위기를 만들어 준다. 그리고 이 행사의 매출금 중 일부를 받게 된다. 참석한 친구들은 이 사실을 알면서도 집 주인인 친구가 자신들을 위해 맛있는 간식을 준비해 주는 것에 감사해하게 된다. 이런 편안한 분위기에서 친구들은 부엌 용품을 산다.

3 이 행사에서 회사는 호감의 법칙을 활용한다. 참석한 친구들은 부엌 용품이 그리 나쁘지 않다고 생각하면 그것을 산다. 친구 입장을 생각해서, 친구가 자신들을 위해 수고한 것이 고마워서 구입하는 것이다. 실제로는 낯선 판매원에게 물건을 사지

만 이들이 느끼기에는 친구를 위해 물건을 사는 것이다. 즉 친구에 대한 애정, 따뜻한 대접을 상품 판매로 연결시킨 것이다.

4 그런데 흥미로운 것은 물건을 산 사람들이 친구와의 관계 때문에 물건을 사게 된 것에 대해 그리 불쾌하게 느끼지 않는다는 점이다. 일반적으로 이들은 그것이 전혀 문제가 되지 않는다고 생각하거나 달리 방법이 없지 않느냐는 반응을 보인다고 한다. 실제로는 낯선 사람에게 물건을 샀지만 친구를 통해 물건을 샀다고 착각하는 것이다.

1. 1단락과 4단락을 미리 훑어 읽고 알게 된 내용을 써 보십시오.

단락	읽은 후 알게 된 내용
1	판매 전략 중 가까운 사람이 물건을 사 달라고 하면 들어주게 되는 것을 호감의 법칙이라고 한다.
4	사람들은 물건을 사게 된 것에 대해 불쾌해하지 않는다. 낯선 사람에게 산 게 아니라 친구를 통해 샀다고 착각하기 때문이다.

2. 2단락과 3단락을 미리 훑어 읽고 예측한 내용과, 글을 다시 읽고 확인한 내용을 써 보십시오.

단락	첫 문장 읽고 예측한 내용	읽은 후 확인한 내용
2	호감의 법칙을 활용해 미국의 부엌 용품 회사가 판매 수익을 올렸다.	한 주부에게 친구들을 초대하게 해 그 집에서 부엌 용품 판매 행사를 한다.
3	행사에서 호감의 법칙을 활용했다.	이 판매 행사에서 사람들은 낯선 판매 직원에게 물건을 샀지만 친구의 입장 때문에, 친구의 수고에 고마워서 물건을 산 것이라고 생각한다.

연습 '변해 버린 이스터 섬'에 대한 글입니다. 글을 미리 훑어 읽으면서 내용을 예측해 보십시오.

1 칠레 서쪽 남태평양에 있는 이스터(Easter) 섬은 찬란한 문화를 간직한 곳이다. 이곳에는 높이가 10m나 되는 거대 석상, 모아이(Moai)가 있다. 이 곳 사람들은 석상들을 무슨 목적으로 만들었으며 이것을 도대체 어떻게 운반했을까? 이 석상들은 이 섬에 살았던 부족들이 종교적인 의미로 900년경에 만들어 놓은 것이다. 그리고 큰 나무들을 이용해 석상을 운반해서 세웠다.

이스터 섬의 모아이 석상

2 1722년 네덜란드 탐험가 로헤베인(J. Roggeveen)이 처음 이 섬을 발견했을 때 이곳에는 나무다운 나무 한 그루도 없었고 동물은 작은 곤충밖에 없었다. 그러니까 이 큰 석상들을 일으켜 세우고 운반할 나무도, 가축도 없는 쓸모없는 땅이었던 것이다.

3 고고학자들에 따르면, 예전에 이곳은 자원이 풍부한 곳이었다고 한다. 그 증거가 바로 이 섬에서 발견된 수많은 돌고래 뼈와 화석이다. 이 섬에서 발견된 화석을 보면 직경 2m, 높이 25m나 되는 야자수가 많았음을 알 수 있다. 원주민들은 이 야자수로 배를 만들어 바다에 나가 돌고래를 잡았고, 거대 석상도 운반했다. 다시 말하면 그 당시 이곳은 풍부한 식량 자원을 가진, 자연의 혜택을 최대한 누리는 지상낙원이었다.

4 이런 곳이 쓸모없는 땅으로 변한 것은 원주민들의 무분별한 벌목 때문이었다. 원주민들은 인구가 증가하면서 더 많은 식량이 필요했고, 그래서 더 많은 야자수를 잘라 바다에 나가서 많은 식량을 구해야 했다. 그리고 석상을 세워 풍요를 빌었다. 하지만 야자수로 배를 만들고 석상을 운반할 나무를 만들다 보니 야자수는 점점 사라지게 되었다. 그 결과 야자수와 다른 나무들, 동물과 새들도 빠르게 없어졌다. 황폐화되어 버린 것이다.

5 이처럼 변해 버린 이스터 섬의 역사는 우리에게 인간의 환경 파괴가 몰고 올 결과를 보여 주고 있다. 자연을 훼손하면서도 이를 복구하려는 대책을 마련하지 않는다면 이 같은 날이 우리에게도 오지 않으리라고 누가 장담할 수 있겠는가. 인류는 도전 정신으로 문명을 창조했으나 욕심과 자연에 대한 오만으로 결국 멸망하게 된다는 교훈을 이스터 섬이 말해 주는 것이다.

1. 1단락과 5단락을 읽고 알게 된 내용을 써 보십시오.

단락	읽은 후 알게 된 내용
1	
5	

2. 2~4단락을 미리 훑어 읽고 예측한 내용과, 글을 다시 읽고 확인한 내용을 써 보십시오.

단락	첫 문장 읽고 예측한 내용	읽은 후 확인한 내용
2		
3		
4		

읽기

기업 경영의 경쟁력에 대한 글 읽기

1. 글을 미리 훑어 읽으면서 내용을 예측해 보십시오.

기업 경영의 경쟁력

1 인류의 역사는 변화와 경쟁의 연속이었다. 역사와 함께 수없이 많은 변화를 겪으면서 융성해진 나라도 있지만 아예 망해 버린 나라도 있다. 이는 바로 경쟁력이 있느냐 없느냐의 문제이다. 기업 경영도 다를 바가 없다. 기업도 살아남고 발전하려면 경쟁력을 키워야 한다. 그렇다면 치열한 경쟁시대에 낙오되지 않기 위해 기업들은 과연 어떻게 변해야 할까.

2 첫째, 정보화사회에 대응할 수 있는 인재를 양성해야 된다. 기업의 성패는 얼마나 정확한 정보를 수집해 어떻게 활용하느냐에 좌우된다. 필요한 정보를 수집해 적재적소에 잘 활용하면 하나 더하기 하나가 둘이 아니라 천, 만, 십만의 이윤을 창출한다. 따라서 정보를 능숙하게 활용할 수 있는 인재, 수집한 정보 중 필요한 정보를 정확하게 판단할 수 있는 인재들이 기업에 얼마나 있느냐가 기업의 경쟁력이 되는 것이다. 정보를 잘 활용하는 우수한 인재가 많은 기업은 그렇지 못한 기업보다 세계 경제 흐름을 정확하게 파악해 능동적으로 세계 시장을 공략할 수 있다. 그러므로 기업은 우선적으로 정보에 능숙한 인재를 키워 경쟁력을 갖춰야 한다.

3 둘째, 기업은 경영 전략을 새로운 시대 흐름에 맞게 수정해야 한다. 의식주 해결이 중요했던 때에는 기업이 싸고 좋은 물건을 빨리 만들어 내면 되었지만 21세기에는 이 같은 양적인 극대화만을 추구하는 전략으로는 충분치 않다. 기업들은 양적인 규모를 키우는 대신 새로운 시장을 만들어 내고 그 시장에서 요구하는 독창적인 상품을 내놓아야 한다. 그런데 기업이 변화하는 시장의 요구에 맞게 독창적인 상품을 만들었다고 해서 그 시장을 오랫동안 선점할 수 있는 것은 아니다. 21세기에는 선발 주자를 추격하거나 후발 주자의 공격을 방어하는 전략만으로 시장을 독점할 수 없다. 21세기에 경쟁에서 승리하려면 시장을 선점해 독점적인 우위를 차지한 후 추격자가 따라오면 또다시 새로운 시장을 창출해 이동해 나가는 전략이 필요하다. 따라서 기업들은 21세기의 빠른 변화에 발맞춰 새로운 시장을 찾아서 일시적으로 독점하고, 다시 새 시장을 찾는 역동적인 경영 전략을 추구해야 한다.

4 마지막으로, 치열한 경쟁에서 살아남기 위해 기업은 유연한 조직으로 바뀌어야 한다. 기업은 이전의 수직적이고 경직된 조직에서 벗어나 수평적이고 유연한 조직으로 변화해야 한다. 아무리 뛰어난

기술을 가지고 있어도 시대의 변화에 유연하게 대처하지 못하면 뒤처질 수밖에 없는 법이다. 유연한 조직을 만들기 위해서는 의사 결정의 권한을 소수의 상급자가 갖는 게 아니라, 다수의 하부 조직이 각자의 담당 업무에 따라 갖도록 하여 분권화시켜야 한다. 분권화가 되면 의사 결정이 빠르게 이루어질 수 있어서 시장의 요구에 맞게 새로운 정보와 기술의 혁신을 속도감 있게 이룰 수 있다. 즉 요구에 맞는 신속하고 능동적인 대처가 경쟁력이 되는 것이다.

5 빠르게 변화하는 세계 시장의 소용돌이 속에서 살아남기 위해 기업은 세계 경제 흐름을 정확하게 파악해 변화와 성장을 반복해야 한다. 정보화 시대에 대응하는 인재를 양성해야 하고 시대의 흐름에 맞는 경영 전략을 세워야 하며 유연성 있는 조직으로 바뀌어야 한다. 그래야만 21세기의 새로운 흐름에서 기업이 살아남을 수 있다.

(1) 1단락과 5단락을 미리 훑어 읽고 알게 된 내용을 써 보십시오.

단락	읽은 후 알게 된 내용
1	
5	

(2) 2~4단락을 미리 훑어 읽고 예측한 내용과 글을 다시 읽고 확인한 내용을 써 보십시오.

단락	첫 문장 읽고 예측한 내용	읽은 후 확인한 내용
2		
3		
4		

2. 글을 다시 읽고 물음에 답해 보십시오.

(1) 기업이 21세기에 경쟁력을 갖추기 위해 해야 할 일이 아닌 것은 무엇입니까?

① 독창적인 제품을 만들어야 한다.
② 상품을 대량으로 생산해야 한다.
③ 지속적으로 새로운 시장을 개척해야 한다.

(2) 글의 내용과 같으면 ○, 다르면 ×표 해 보십시오.

① 국가나 민족, 기업 모두 경쟁력이 없으면 망한다. ( )
② 다양한 정보를 많이 수집하는 것이 정보화 시대에 제일 중요하다. ( )
③ 수평적이고 유연한 조직은 오히려 경쟁을 부추길 위험이 있다. ( )

(3) 21세기에 맞는 바람직한 기업은 어떤 기업입니까?

① 다른 기업이 만든 획기적인 상품을 모방해서 비슷한 새로운 상품을 개발했다.
② 새로운 휴대 전화로 매출이 증가했으나, 또 다른 신기술을 활용한 휴대 전화를 개발했다.
③ 독창적인 디자인의 옷을 만들어 시장을 선점했고, 이후 그 시장을 지키는 데에만 관심이 있다.

생각 넓히기

여러분이 알고 있는 성공한 기업이 있습니까? 그 기업이 성공한 이유는 무엇이라고 생각합니까? 성공한 기업에 대해 소개해 보십시오.

성공한 기업	이유

청년 실업

준비하기

1. 다음은 취업 관련 신문 기사의 제목입니다. 한국의 취업 실태에 대해 이야기해 보십시오.

2. 다음은 한국의 청년 실업이 증가하는 원인입니다. 어떤 내용인지 이야기해 보십시오.

- 경기 침체로 일자리가 줄었다.
- 기술 개발과 자동화로 일자리가 감소했다.
- 기업이 신규 채용보다는 경력 사원 채용을 선호한다.
- 기업에서 비용을 절감하기 위해 비정규직 직원을 늘린다.
- 산업 현장에 필요한 인재를 대학에서 교육하지 못하고 있다.
- 직업 교육 과정이 부족해서 청년들이 실무 경험을 쌓을 기회가 부족하다.
- 대학을 졸업한 청년들은 월급이 많고 안정적인 대기업이나 공기업만 희망한다.
- 산업 구조가 건설, 제조업보다 IT, 정보, 통신 산업의 비중이 높아져 일자리가 줄었다.

어휘 익히기

1. 청년 실업과 관련된 어휘입니다. 보기 에서 알맞은 것을 골라 대화를 완성해 보십시오.

보기

고용 해고 구직자 경력직 최저 임금 취업 준비생

(1) A: 청년들이 원하는 곳에 취직하기 위해 졸업 후 평균 13개월을 준비한대요.
B: 1년 넘게요? 그러면 ________________은/는 그 기간에 뭘 준비하는 거예요?

(2) A: 일자리를 구하려는 ________________은/는 많은데 일자리가 없어 큰일이에요.
B: 글쎄 말이에요. 특히 대학 졸업생들이 취직하기가 많이 어렵나 봐요.

(3) A: 기업에서 사람들을 더 많이 채용해야 청년들의 일자리를 늘릴 수 있지 않아요?
B: 그렇기는 한데 경기도 안 좋은 상황에서 기업들이 ________________을/를 늘리는 건 부담스러울 거예요.

(4) A: 이화무역에서 직원을 뽑는다고 하던데 지원해 보지그래요?
B: 저도 알아봤는데 무역 업무에 경험이 있는 ________________만 뽑는대요. 저는 지원 자격이 안 돼요.

(5) A: 우리 회사가 상황이 어려워져서 직원 수를 줄인다고 하던데요.
B: 저도 들었어요. 그런데 아무리 회사가 어려워도 ________________을/를 통해 어려움을 극복하겠다는 건 너무하지 않나요?

(6) A: 교수님, ________________이/가 오르면 경제에 어떤 영향을 주나요?
B: 장기적으로는 소비 증가로 이어질 수 있겠지만 당장은 사업주들이 인건비를 줄이기 위해 근로자를 줄일 수도 있어 일자리가 줄 수도 있습니다.

문법 익히기

-(으)ㄴ 끝에

어떤 행위를 오랫동안 하며 노력하고 고생해서 좋은 결과를 얻었음을 나타낸다.

예 A: 다시 한 번 생각해 보면 어때요?

B: 아니요. 오랫동안 **생각한 끝에** 내린 결정이라서 다시 생각해도 마찬가지일 거예요.

연습 **다음을 연결하고 '(으)ㄴ 끝에'를 사용해서 대화를 완성해 보십시오.**

1.	실험을 거치다	•	•	지원했다
2.	이야기를 나누다	•	•	드디어 만났다
3.	여러 번 설득하다	•	•	신제품을 발명했다
4.	오랫동안 망설이다	•	•	전 재산을 환원하기로 했다
5.	몇 시간을 기다리다	•	•	서로의 마음을 이해하게 됐다
6.	몇 년 동안 고민하다	•	•	유학을 가도 좋다는 허락을 받았다

1. A: 박사님은 어떻게 그렇게 획기적인 신제품을 발명할 수 있었습니까?
   B: 수많은 실험을 ______________________.

2. A: 싸운 후에 말도 안 하던 두 사람이 어떻게 화해하게 된 거예요?
   B: 오랫동안 이야기를 ______________________.

3. A: 유학 오기 쉽지 않았을 텐데 부모님은 반대하지 않으셨어요?
   B: 부모님을 여러 번 ______________________.

4. A: 안 한다고 하더니 그 회사에 지원했어요?
   B: 네. 경력이 없어서 오랫동안 ______________________.

5. A: 그 사람을 만나서 취재했다면서요?
   B: 네. 그 사람 집 앞에서 몇 시간을 ______________________.

6. A: 그 재력가가 엄청난 재산을 기부하기로 했다던데 예전부터 그런 계획이 있었대요?
   B: 네. 몇 년 동안 ______________________.

전략 익히기

논술형 시험 답안 쓰기

논술형 시험 문제는 '○에 대해서 논하시오', '○에 대한 자신의 생각을 서술하시오'와 같은 문제이다. 논술형 시험 문제에 대한 답안은 수업에서 배운 내용을 참고로 자신의 생각과 근거를 논리적으로 써야 한다. 답안을 작성할 때는 다음에 유의한다.

① 문제를 잘 읽고 요구하는 것을 명확하게 파악한다.
② 처음-중간-끝에 쓸 내용을 구상한 후 자신의 입장과 근거를 정리한다.
③ 수업 시간에 배운 개념어나 용어를 사용해서 답안을 작성한다.

예

'기업의 경쟁력'에 대한 내용입니다. 시험 문제를 읽고 답안 작성 준비를 한 후 완성해 보십시오.

시험 문제	※ 기업의 경쟁력을 키우기 위한 방법과 그 이유에 대해 논하십시오.	
문제 분석	핵심어: 기업의 경쟁력 ① 방법 ② 이유	인재 양성 역동적 전략 조직의 유연성

개요		
개요	처음	문제 제기: 기업이 경쟁력을 키워야 하는 이유 주제: 기업이 경쟁력을 키우기 위한 방법과 이유
	중간	기업이 경쟁력을 키우기 위한 방법과 이유 ① 인재 양성: 정확한 정보 수집과 활용할 수 있는 인재 필요 ② 경영 전략 수정: 역동적인 전략으로 시장 독점 ③ 조직 구조의 유연성 확보: 신속하고 능동적인 대처 필요
	끝	요약 및 정리

21세기 글로벌 경쟁 사회에서 경기 침체가 지속되면서 기업들은 최대의 위기를 맞고 있다. 기업의 위기는 근로자의 고용 불안으로 이어질 뿐만 아니라 국가 경제에도 큰 타격을 준다. 이러한 위기 상황에서 기업이 살아남고 발전하려면 기업 자체가 경쟁력을 키워야 한다.

기업이 경쟁력을 키우기 위해서는 첫째, 정보화 사회에 대응할 수 있는 인재를 양성해야 된다. 기업의 발전은 얼마나 정확한 정보를 수집해 어떻게 활용하느냐에 좌우된다. 따라서 정보를 능숙하게 수집해 활용할 수 있는 인재들이 기업에 얼마나 있느냐가 기업의 경쟁력이 된다. 둘째, 경영 전략을 새로운 시대 흐름에 맞게 수정해야 한다. 기업들은 빠른 변화에 맞게 새로운 시장을 찾고 일시적으로 독점하고 다시 새 시장을 찾는 역동적인 경영 전략을 추구해야 한다. 셋째, 유연한 조직으로 바뀌어야 한다. 아무리 뛰어난 기술을 가지고 있어도 유연하게 대처하지 못하면 시대에 뒤처질 수밖에 없다. 새로운 요구에 맞는 신속하고 능동적인 대처가 경쟁력이 되는 것이다.

요약하자면 기업은 살아남기 위해 정보화 시대에 대응하는 인재를 양성해야 하고 시대의 흐름에 맞는 경영 전략을 세워야 하며 유연성 있는 조직으로 바뀌어야 한다. 그래야만 21세기의 새로운 흐름에 맞춰 살아남을 수 있게 된다.

연습 **'청년 실업과 기업의 경력직 선호'에 대한 내용입니다. 시험 문제를 읽고 답안 작성 준비를 한 후 완성해 보십시오.**

시험 문제	※ 기업이 경력직을 선호하는 이유와 문제점에 대해 자신의 의견을 서술하십시오.
문제 분석	핵심어: 경력직 선호 ① 이유 ② 문제점 ③ 의견 (직원 교육 비용 절감 정부의 지원)

개요		
	처음	문제 제기: 기업의 경력직 선호 현상과 그로 인한 청년 실업 문제 주제: 경력직 선호의 이유와 극복 방법
	중간	1. 기업의 경력직 선호의 이유 ① 직원 교육비 절감 ② 생산성을 높이기 위함 2. 기업의 경력직 선호의 문제 3. 청년 실업 해결을 위한 경력직 선호 경향 극복 방안 ① 정부의 보조금 지원 ② 관련 업무 교육 기회 제공
	끝	요약 및 정리

과목		날짜	년 월 일	담당 교수	
학번		성명		점수	

쓰기 — 청년 실업에 대한 시험 답안 쓰기

1. 한국 청년 실업의 문제는 어떻게 해결할 수 있습니까? 가장 효과적인 방법은 무엇인지 이야기해 보십시오.

- ☐ 정부는 공공 부문의 일자리를 확대한다.
- ☐ 대기업과 중소기업의 임금 차이를 줄인다.
- ☐ 정부가 신규 채용을 확대하는 기업을 지원한다.
- ☐ 대학 교육을 대체할 수 있는 직업 교육 기관을 확대한다.
- ☐ 많은 일자리를 창출할 수 있는 서비스 산업을 활성화한다.
- ☐ 청년들에게 인턴 제도 등의 경험을 쌓을 수 있는 기회를 제공한다.
- ☐ 기타 ____________________

2. '한국 청년 실업의 원인과 대책에 대해 논하시오.' 라는 시험 문제에 답안을 쓰려고 합니다. 답안 작성 계획을 세우고 개요를 작성해 보십시오.

시험 문제	※ 한국의 청년 실업의 원인과 대책에 대해 논하시오.
문제 분석	

개요		
	처음	
	중간	
	끝	

3. 구상 개요를 보고 시험 답안을 써 보십시오.

과목		날짜	년 월 일	담당 교수	
학번		성명		점수	

tip

- **논술형 시험 답안 작성하기**

1. 주어와 서술어를 분명하게 쓴다.
2. 문장은 짧고 의미가 분명하게 쓴다.
3. 불필요한 수식어를 쓰지 않는다.
4. 한 문장에 주장 하나만 쓴다.
5. 처음 – 중간 – 끝으로 나누어 쓴다.
6. 내용에 따라 단락을 나누어 쓴다.
7. 한 단락에는 하나의 중심 생각만 쓴다.
8. 구체적인 근거 자료와 수치를 제시하는 게 좋다.
9. 중간 부분은 주제 문장을 단락의 처음에 두는 게 좋다.
10. 마지막 부분에서는 내용을 요약, 정리하고 자신의 주장을 강조한다.

생각 넓히기

여러분 나라의 청년 실업률은 어느 정도입니까? 청년 실업률의 증가 또는 감소 원인은 무엇입니까? 한국의 상황과 비교해서 이야기해 보십시오.

Q

1. 여러분은 신문, 잡지, TV 중에서 어떤 것을 자주 이용합니까?

2. 대중매체는 어떤 윤리를 가져야 한다고 생각합니까?

제9과
대중매체와 사회

【읽기】 사진과 윤리

어휘 익히기	**사진과 윤리 관련 어휘**
문법 익히기	**-고 말다**
전략 익히기	**SQ3R 활용해 읽기**
읽기	**사진과 윤리에 대한 글 읽기**

【쓰기】 방송 심의

어휘 익히기	**방송 심의 관련 어휘**
문법 익히기	**-는 한**
전략 익히기	**고쳐 쓰기**
쓰기	**방송 심의에 대한 사례 조사 보고서 쓰기**

09 읽기

사진과 윤리

준비하기

1. 다음은 요정을 만난 소녀를 찍은 사진으로, 오랫동안 진실성에 대한 논란이 있었습니다. 이 사진이 실제로 일어난 일을 찍은 사진이라고 생각합니까? 왜 그렇게 생각합니까? 이야기해 보십시오.

1920년 열한 살 소녀 프랜시스 앨리스 그리피스(Frances Alice Griffiths)가 직접 찍었다고 주장한 사진 '아이리스에게 꽃을 주는 요정'(1920)

2. 다음을 읽고 사진작가의 태도에 대해서 여러분은 어떻게 생각하는지 이야기해 보십시오.

특종인가? 구조인가?

뉴욕 지하철 승강장에서 두 남성이 언쟁을 벌였다. 이 언쟁 끝에 한 남성이 다른 남성을 철로로 밀어 숨지게 했다. 이 사건을 다룬 신문에는 숨진 남성이 열차를 바라보며 플랫폼으로 올라오려는 긴박한 순간을 그대로 담은 사진이 실렸다. 그 사진을 찍은 사진작가는 사진을 찍는 순간 숨진 남성을 구하지 않고 사진만 찍었다는 비난을 격렬히 받게 되었다.

어휘 익히기

1. 사진과 윤리에 관련된 어휘입니다. 다음을 읽고 밑줄 친 어휘의 의미를 추측해 보십시오.

(1)

액세서리 회사인 '예쁜 주얼리'는 인기 있는 드라마의 한 장면을 작가의 허락 없이 광고에 사용하여 ①저작권 침해로 고소를 당했다. 또한 그 드라마에 출연한 배우의 사진도 승낙 없이 마구 사용하여 ②초상권을 침해했다.

어휘	추측한 의미
① 저작권	
② 초상권	

(2)

아무리 드라마라고 해도 역사적인 사실을 실제와 다르게 ①왜곡하는 것은 잘못된 일이다. 또한 거짓된 내용을 사실인 것처럼 ②조작할 경우 자라나는 아이들에게 잘못된 역사관을 심어 줄 수 있다.

어휘	추측한 의미
① 왜곡하다	
② 조작하다	

(3)

오늘 아침 신문들은 모두 어젯밤에 있었던 지진 피해를 중요한 뉴스로 ①보도했다. 그중 한 신문이 피해자의 모습이 그대로 나온 사진을 실어 충격을 주었다. 이에 독자들은 신문에 어느 정도까지 사실적인 내용을 실어야 하는가에 대해 ②논쟁했다.

어휘	추측한 의미
① 보도하다	
② 논쟁하다	

2. 다음을 읽고 진하게 표시된 어휘와 연결 지을 수 있는 것을 골라 보십시오.

(1) A: 민수야, 네가 잘못한 것 같아. 수진이한테 가서 먼저 사과해.
B: 넌 왜 내 말도 안 들어 보고 수진이 **편을** (먹어, 들어)?

(2) A: 우리 어디 가서 점심 먹을까?
B: 너무 배고프니까 제일 먼저 **눈에** (띄는, 붙이는) 식당으로 들어가자.

(3) A: 김 선생님, 이번 발표에서는 무엇을 중요하게 보실 겁니까?
B: 저는 이번에 내용의 독창성에 가장 **중점을** (보고, 두고) 평가할 겁니다.

(4) A: 나 성당은 처음이야. 성당에서는 기도를 어떻게 해야 돼?
B: 여기에서 **무릎을** (꿇고, 세우고) 하면 돼. 내가 먼저 할 테니까 보고 따라해 봐.

(5) A: 다음 달부터 모든 공공장소에서 흡연이 금지된다면서요?
B: 네. 오랫동안 그 문제에 대해서 **논란이** (끊이지, 벌어지지) 않았는데 이제야 관련법이 만들어졌대요.

(6) A: 이진호 씨는 항상 밝은 얼굴로 누구에게나 친절한 것 같아.
B: 맞아. 그런데 가끔 여자들에게 너무 친절해서 **오해를** (드러내는, 불러일으키는) 경우도 있나 보더라.

문법 익히기

-고 말다

어떤 일이 의도하지 않은 상태에서 일어났음을 표현하는 말이다. 이때 원하지 않은 일이 발생한 것에 대해 안타까운 마음을 나타낸다. 동사와 함께 쓰인다.

예 A: 수진 씨, 오늘 또 지각했네요.

B: 선생님, 죄송해요. 오늘은 늦지 않으려고 택시를 탔는데 길이 막혀서 또 **지각하고 말았어요**.

연습 **'-고 말다'를 사용해서 보기에서 알맞은 것을 찾아 대화를 완성해 보십시오.**

보기

내다　　쏟다　　자다　　놓치다　　떨어지다　　잃어버리다

1. A: 어, 지갑이 없어진 것 같아. 어디다 뒀지?
   B: 계속 손에 들고 다니더니 결국은 지갑을 ________________.

2. A: 오늘 부산으로 여행 간다고 하지 않았어?
   B: 가려고 했는데 늦잠을 자는 바람에 기차를 ________________.

3. A: 옷에 커피 묻었어요.
   B: 네. 좀 전에 전화를 받다가 그만 옷에 커피를 ________________.

4. A: 숙제 다 했어?
   B: 아니. 어젯밤에 너무 피곤해서 잠깐 쉬려고 누웠는데 아침까지 ________________.

5. A: 무슨 일 있어? 얼굴이 안 좋네.
   B: 친구가 요즘 약속 시간에 자꾸 늦는 거야. 오늘도 그러길래 참을 수 없어서 친구에게 화를 ________________.

6. A: 마이클 씨, 취직 시험 본 건 어떻게 됐어요?
   B: 이번에 꼭 붙었어야 하는데 시험에 ________________. 면접 볼 때 너무 긴장해서 준비한 말을 제대로 못했거든요.

전략 익히기 SQ3R 활용해 읽기

SQ3R 전략은 훑어 읽고(Survey) 질문하고(Question) 다시 읽고(Reading) 회상하고(Recite) 검토하며(Review) 읽는 것을 말한다.

훑어 읽기(S)	→	질문하기(Q)	→	읽기(R)	→	회상하기(R)	→	검토하기(R)
• 그림, 소제목 보며 훑어 읽기 • 글의 주제 찾기		• 알고자 하는 내용에 대한 질문 만들기		• 글을 자세히 읽기 • 질문에 대한 답 찾기		• 책을 보지 않고 내용 회상하기 • 다시 정리하기		• 다시 읽기 • 내용 최종 확인하기

예

'혈액형과 성격'에 대한 글입니다. SQ3R 전략을 활용해 읽어 보십시오.

소심한 A형, 독특한 AB형과 같이 사람들은 ABO 혈액형에 따라 성격이 다르다고 생각한다. 그러나 이는 과학적 근거가 없기 때문에 믿을 수 없다는 주장이 많다.

혈액형의 필요성

혈액형은 수혈 또는 장기 이식을 할 때 반드시 맞추어야 하는 것이기 때문에 의학적으로 매우 중요하다. 혈액형을 맞추어 수혈함으로써 부작용 없이 환자를 치료할 수 있게 되었다.

혈액형과 성격의 상관관계에 대한 과학적 근거

한 학자가 대중매체를 통해 혈액형에 따라 성격이 결정된다고 발표했다. 그러나 이것은 과학적으로 증명된 사실은 아니다. 실제로 장기 이식으로 혈액형이 달라지는 경우가 있었는데 이때 성격이 바뀌지는 않았다.

⇩

(S)	〈훑어 읽으며 주제 찾기〉	혈액형과 성격
(Q)	〈질문 만들기〉	(1) 혈액형이 어떤 분야에서 활용되나? (2) 혈액형을 아는 것이 왜 필요한가? (3) 혈액형과 성격의 상관관계에는 과학적 근거가 있나?
(R)	〈글을 읽으며 답 찾기〉	(1) 의학 분야에서 중요하게 활용됨 (2) 과학적 근거가 없음
(R)	〈내용 회상하며 다시 정리하기〉	(1) 혈액형은 의학 분야에서 주로 활용된다. (2) 혈액형과 성격의 상관관계에는 과학적 근거가 없다.
(R)	〈검토하기〉	(다시 읽고 내용을 다시 확인함)

연습 '사람이 만든 별, 인공위성'에 대한 글입니다. SQ3R 전략을 사용해 읽어 보십시오.

인공위성의 정의와 역사

인공위성은 특수한 목적을 가지고 지구 주변을 인공적으로 돌게 만든 장치이다. 최초의 인공위성은 1957년 러시아에서 만든 '스푸트니크(Sputnik)'이다. 이후 미국도 인공위성 개발에 참여하여 러시아와 함께 우주 개발 경쟁을 시작했다.

인공위성의 종류

인공위성은 지금까지 여러 가지 목적으로 5천여 개가 발사됐다고 한다. 이러한 인공위성은 날씨를 알려 주는 기상 위성, 다른 나라의 방송을 볼 수 있게 해 주는 통신 위성, 위치를 알려 주는 항행 위성, 우주를 관측하기 위한 천문 위성 등 다양한 분야에서 활용되고 있다.

인공위성의 수명

발사된 인공위성은 끝없이 지구 주변을 도는 것이 아니라 3개월에서 15년 정도가 되면 수명이 끝난다. 보통 수명을 다한 인공위성은 지구로 다시 떨어지거나 우주 쓰레기가 되어 우주 공간을 떠돈다. 그런데 때때로 이러한 우주 쓰레기가 다른 인공위성과 충돌해 문제를 일으키기도 한다. 그래서 최근에는 이러한 문제를 해결하기 위해 청소 위성을 개발해 우주로 발사하겠다는 계획을 발표하기도 했다.

⇩

(S)	〈훑어 읽으며 주제 찾기〉	
(Q)	〈질문 만들기〉	(1) 인공위성이란 무엇인가? (2) (3) (4)
(R)	〈글을 읽으며 답 찾기〉	(1) (2) 인공위성은 1957년 러시아에 의해서 처음 개발됨 (3) (4)
(R)	〈내용 회상하며 다시 정리하기〉	(1) (2) (3) (4)
(R)	〈검토하기〉	

읽기 사진과 윤리에 대한 글 읽기

1. SQ3R 전략에 따라 읽어 보십시오. 그리고 표에 써 보십시오.

사진과 윤리

사진은 대상을 있는 그대로 카메라에 담아 기록하는 것으로 오랫동안 인식되어 왔다. 그러나 요즘에는 디지털 기술의 발달로 사진을 변형하거나 조작하는 것이 가능해졌다. 뿐만 아니라 스마트폰의 보급으로 언제 어디서나 편리하게 사진을 찍을 수 있는 환경이 되어 사진의 활용도가 점차 확대되었다. 이러한 변화로 사진은 사람들 사이에서 논란의 중심에 서기도 했다. 그중 가장 눈에 띄는 것이 보도 관련 사진을 찍는 사진작가의 윤리 문제이다.

사실 기록에 중점을 둔 사진의 윤리

〈굶주려 죽어 가는 소녀를 노려보는 독수리〉 (케빈 카터, 수단, 1993)

현대 사회에서 가장 많이 활용되는 정보 중 하나인 사진에서 인권의 문제는 매우 중요하다. 특히 뉴스나 신문 등에 이용하기 위해 보도 사진을 찍거나 다큐멘터리 사진을 찍는 작가들은 사실을 기록해야 한다는 것과 인권을 지켜 주어야 한다는 윤리 문제 사이에서 고민을 할 때가 있다. 다큐멘터리 사진작가 케빈 카터(Kevin Carter)는 1993년 아프리카 수단에서 기아와 관련된 촬영 도중 굶주린 소녀를 발견하고 사진을 찍게 되었다. 케빈은 이 사진으로 사진작가에게 주는 가장 명예로운 상을 받게 되었다. 그러나 그는 지켜보는 독수리에게서 소녀를 구해 주지 않고 소녀의 죽음을 방치했다는 이유로 많은 비난을 받았다. 그는 비난을 견디지 못하고 끝내 자살을 하고 말았다. 이 사건은 사실을 전달해야 하는 사진작가가 눈앞에 놓인 상황에 얼마만큼의 거리를 두고 관여해야 하는지에 대해서 생각하게 했다.

표현의 자유에 중점을 둔 사진의 윤리

사진은 작가의 의도와 다르게 활용되어 사람들에게 오해를 불러일으키는 경우도 있다. 사진작가 아바스(Abbas)는 1997년 가톨릭교회에서 주최한 행사에 참여하여 무릎을 꿇고 기도하는 세 여성의 사진을 허락 없이 찍었다. 그런데 이 사진이 3년 후 작가의 원래 의도와 다르게 '신은 왜 여자를 싫어할까?'라는 제

〈세계 청년의 날〉 (아바스, 파리, 1997)

목으로 신문에 실리게 되자 논란이 일었다. 이 사진에 찍힌 사람들 중 두 명이 자신들의 사생활이 침해당했다면서 사진작가와 신문사를 상대로 고소한 것이다. 그러나 법원은 표현의 자유를 허용해야 한다는 이유로 사진작가의 편을 들어 주었다. 그러나 그 이후 사진작가들은 표현의 자유와 사생활 존중 사이에서 어디에 더 중점을 두어야 하는지에 대한 고민을 하게 되었다.

진정성에 중점을 둔 사진의 윤리

〈파리 시청 앞의 키스〉
(로베르 두아노, 파리, 1950)

제2차 세계대전 직후 한 잡지사는 사진작가인 로베르 두아노(Robert Doisneau)에게 파리의 실제 연인들의 사진을 찍어 달라고 요청했다. 그는 젊은 연인의 격정적인 사랑의 감정을 나타낸 〈파리 시청 앞의 키스〉라는 작품을 잡지에 게재했다. 이 사진을 본 전 세계의 많은 대중은 열광했고 파리를 낭만의 도시로 인식했다. 그런데 약 50년이 지난 후 이 사진이 실제 연인을 찍은 게 아니고 연극학과 학생들에 의해 연출된 사진이었다는 사실이 드러났다. 사진작가는 보이는 그대로가 아닌 원하는 삶의 풍경을 담아내고자 그렇게 했다고 해명했으나 사진작가의 진정성에 대한 논란은 끊이지 않았다.

지금까지 살펴본 사진작가의 윤리는 결국 어떤 사진을 어떻게 찍어야 하고 어떻게 활용해야 하는가에 대한 문제와 관련이 있다. 그러나 사진은 상황이나 시대에 따라 다양하게 해석될 수 있기 때문에 사회적 논란은 계속될 수밖에 없다.

(S)	〈훑어 읽으며 주제 찾기〉	
(Q)	〈질문 만들기〉	(1) (2) (3)
(R)	〈글을 읽으며 답 찾기〉	(1) (2) (3)
(R)	〈내용 회상하며 다시 정리하기〉	(1) (2) (3)
(R)	〈검토하기〉	

2. 글을 다시 읽고 물음에 답해 보십시오.

(1) 첫 번째 사진에 대한 설명으로 맞지 않는 것은 무엇입니까?

① 사진작가는 사실 기록에 중점을 두고 사진을 찍었다.

② 사진작가는 이 사진으로 작품성을 인정받아 상을 받았다.

③ 사진 속 소녀는 굶어 죽어 가는 독수리의 죽음을 모른 척했다.

(2) 두 번째 사진이 논쟁거리가 된 이유는 무엇입니까?

① 사진 내용을 조작했기 때문에

② 표현의 자유를 무시했기 때문에

③ 개인의 사생활을 침해했기 때문에

(3) 세 번째 사진에 대한 설명으로 맞는 것은 무엇입니까?

① 사진이 발표된 후 사람들에게 매우 인기를 끌었다.

② 사진작가는 사진에 대한 진실을 끝까지 해명하지 못했다.

③ 사진 속 연인이 사진작가에게 사진을 찍어 달라고 요청했다.

(4) 사진이 사회적 논란을 피할 수 없는 이유는 무엇입니까? 본문에서 찾아 써 보십시오.

___

생각 넓히기

여러분이 알고 있는 사진이나 예술 작품 중에 논란이 되고 있는 것이 있습니까? 어떤 작품인지, 왜 논란이 되고 있는지 이야기해 보십시오.

작품 내용	논란의 이유
뮤직비디오 속 귀신	영상 속 귀신이 조작된 것이라는 논란이 있음

방송 심의

준비하기

1. 다음은 방송 부적격 판정을 받은 내용에 대한 뉴스 기사입니다. 방송 심의에 걸린 이유를 찾아보고 이에 대해 어떻게 생각하는지 이야기해 보십시오.

가수 A 씨, 신곡 4곡 방송 부적격 판정 '욕설, 비속어' 사용 이유

가수 B 씨 신곡 뮤직비디오 주인공, 안전벨트를 매지 않아 방송 부적격 판정

SBC 드라마 선정성 논란으로 시청 등급 조정 요청 받아

예능 프로그램 우승자 시상품에 대한 구체적인 소개로 경고 조치 받아

한글 파괴 논란, 드라마 '세상 어디에도 없는 차칸 남자' 지적 받아

2. 다음에서 올바른 방송 심의를 하기 위해 필요한 것은 무엇이라고 생각하는지 골라 보고 그 이유를 이야기해 보십시오.

- ☐ 방송국마다 자체 심의를 강화해야 한다.
- ☐ 방송 심의 규정을 구체적으로 자세하게 만든다.
- ☐ 방송 심의의 대상 프로그램을 제한을 두고 방영해야 한다.
- ☐ 방송 출연자들에게 방송 윤리에 대한 교육을 철저히 시킨다.
- ☐ 방송 심의 규정 제정 시 시청자의 의견을 적극 반영해야 한다.

어휘 익히기

1. 방송 심의와 관련된 어휘입니다. 보기 에서 알맞은 것을 골라 대화를 완성해 보십시오.

보기

규정　　공정성　　폭력성　　방송 윤리　　언어 순화　　연령 제한

(1) A: TV에서 아이들과 같이 보기에 민망한 장면들이 나와서 같이 보다가 당황할 때가 있어요.
B: 그렇죠. 그래서 프로그램마다 ________________ 을/를 하기 위해 시청이 가능한 나이를 화면에 표시하는 거예요.

(2) A: 요즘 뉴스에서 살인 사건이나 폭행 장면을 너무 사실 그대로 보여 주는 것 같아요.
B: 맞아요. 아무리 뉴스 보도라고 해도 ________________ 이/가 짙은 장면들은 가려서 방송해야지요.

(3) A: 전문가 입장에서 요즘 방송의 문제점이 무엇이라고 생각하십니까?
B: ________________ 에 앞장서야 할 방송에서 유행어와 외국어를 너무 생각 없이 함부로 사용한다는 게 가장 큰 문제라고 생각합니다.

(4) A: 이화일보 사장이 최근 편파적인 기사를 실은 것에 대해 사과를 했다지요?
B: 네. 이화일보는 다시는 이런 일 없이 언론의 ________________ 을/를 회복하기 위해 노력할 것이라고 밝혔습니다.

(5) A: 올림픽에서 1위를 한 선수의 금메달 수상이 취소됐다면서요?
B: 네. 그 선수가 경기 때 금지 약물을 복용한 것이 밝혀졌대요. 그래서 올림픽의 ________________ 을/를 위반했기 때문에 메달이 취소된 거래요.

(6) A: 얼마 전에 뉴스에서 기자가 일반 시민인 것처럼 하고 인터뷰를 했다고 하더라고요.
B: 저도 그 뉴스 봤어요. 방송 매체에서 지켜야 할 ________________ 을/를 위반하고 조작된 방송을 한 방송사는 반드시 제재를 받아야 될 것 같아요.

문법 익히기

-는 한

뒤에 나오는 행위나 상태에 대한 전제 혹은 조건이 됨을 나타낸다. 동사 뒤에서만 사용이 가능하다.

예 A: 저는 언제쯤 돈을 모아서 집을 장만할 수 있을까요?
B: 지금처럼 그렇게 돈을 함부로 **쓰는 한** 집 사기는 힘들 거예요.

연습 **'-는 한'을 사용해서 보기 에서 알맞은 것을 찾아 문장을 완성해 보십시오.**

보기

불황이 지속되다	실수를 하지 않다	꿈을 포기하지 않다
내 눈으로 직접 보지 않다	다른 사람이 도와주지 않다	그 사람이 먼저 사과하지 않다

1. ______________________________ 그 일을 도저히 믿을 수 없다.
2. ______________________________ 이번 대회에서 1등을 할 것이다.
3. ______________________________ 언젠가는 그 꿈이 이루어질 것이다.
4. ______________________________ 절대로 그 사람을 용서하지 않을 것이다.
5. ______________________________ 당분간 신입 사원을 모집하지는 않을 것이다.
6. ______________________________ 혼자서는 내일까지 이 일을 도저히 끝낼 수 없다.

tip 글을 쓰고 나서 틀린 글자나 문법에 맞지 않는 부분을 수정해야 한다. 이때 사용하는 부호를 '교정 부호'라고 한다. 일반적으로 사용되는 교정 부호는 다음과 같다.

부호	교정 내용	보기
	글자를 바꿀 때	물건이 가득 싸였다. (→ 쌓)
	글자를 뺄 때	엉터리이였다.
⌒	붙여 쓸 때	9년 전 부터 시작되었다.
V	띄어 쓸 때	아름다운 파도소리
	글자를 넣을 때	우리는 실천해야 한다. (사랑을)
	줄을 바꿀 때	"누구세요?"철수가 문을 열며 말했다.
	왼쪽으로 한 칸 옮길 때	서로 돕자.
	오른쪽으로 한 칸 옮길 때	푸른 하늘 은하수
	앞과 뒤의 순서를 바꿀 때	집을 일찍 나섰다.

전략 익히기 고쳐 쓰기

글의 완성도를 높이기 위해서는 초고를 쓴 후 고쳐 쓰기를 해야 한다. 고쳐 쓰기는 작성한 글을 다시 읽으면서 형식이나 내용, 문법의 잘못된 표현들을 다듬는 작업을 말한다. 고쳐 쓰기를 할 때에는 다음과 같은 사항에 유의해야 한다.

① 구상 개요대로 처음 – 중간 – 끝에 맞춰 작성되었는지 확인해야 한다.
② 불필요한 내용은 삭제하고, 보충해야 할 내용이 있으면 보충하며, 문장 간의 연결이 부자연스러운 부분은 재구성해야 한다.
③ 문장은 문법에 맞는지, 어휘는 다양하고 적절하게 사용됐는지, 철자에는 오류가 없는지 확인해야 한다.

예

'유기견 증가 문제'에 대한 보고서의 일부입니다. 밑줄 친 부분을 맞게 고쳐 써 보십시오.

본문	수정 내용
Ⅱ. 유기견 증가의 문제점 길에서 떠돌아다니는 유기견 문제는 이제 개인의 문제가 아니라 사회적인 문제가 되고 있다. 첫 번째로 유기견의 증가는 사람들에게 큰 위험 요소이다. (실제로) 북한산 일대에 버려진 개들이 5~6마리씩 떼를 짓어(지) 다니면서 등산객들을 위협하기도 한다. 이러한 유기견들은 난폭성을 지닌 야생 동물이 되어 주변 사람들을 불안에 떨게 한다. ~~이처럼 사람에게 길들여지지 않은 야생성을 지닌 들개는 등산객들과 인근 마을 주민들에게 공포의 대상이 되어 버린 것이다.~~ 둘째로(두 번째) 전염병이 확산될 위험이 높다. 이처럼 타인에게 위협을 가할뿐더러 전염병 확산의 위험까지 있는 유기견 문제는 더 이상 방치할 문제가 아니다. 야생에 오래 방치된 유기견들은 집에서 주인의 보살핌을 받는 반려동물과는 달리 돌봐주는 사람이 없기 때문에 위생이 불량하고 건강 상태가 나빠 전염병에 쉽게 걸린다. 전염병에 걸린 유기견은 주변의 동물은 물론이고 사람에게까지 병을 옮길 위험이 있어 주의가 필요하다. ~~그리고~~(만약) 사람이 전염병에 걸린 유기견에게 물린다면 생명이 위험해질 수도 있기 때문이다.	• 실제로(추가) • 짓어→지어(철자 오류) • 이처럼~것이다(중복된 내용→삭제) • 둘째→두 번째(어휘 오류) • 이처럼~아니다(문장 위치 부자연, 글 제일 뒤로 위치 변경→재구성) • 돌봐주는→돌봐 주는(띄어쓰기 오류) • 전염병에~필요하다(줄 이음) • 그리고→만약(접속사 오류)

연습 **'가짜 뉴스 문제'에 대한 보고서의 일부입니다. 밑줄 친 부분을 맞게 고쳐 써 보십시오.**

본문	수정 내용
Ⅱ. 가짜 뉴스의 해결 방안 가짜 뉴스는 사회의 신뢰를 없애고 배포한 사람들에게 부당한 이득을 얻게 하기 때문에 이에 대한 해결 방안을 마련하는 것이 정말로 시급하다. 첫째, 우리 사회에게 악영향을 미치는 가짜 뉴스 문제를 해결하기 위해서는 가짜 뉴스를 제작하거나 배포하는 자들에 대한 법적인 규칙이 필요하다. 가짜 뉴스는 정치적인 목적으로 상대방을 비방하거나 허위 사실을 유포할 수도 있고 경제적인 목적으로 광고 효과를 노릴 수도 있기 때문이다. 물론 법적으로 언논을 규제할 시 언론 통제로 보일 수 있으므로 이에 대한 우려가 없는 것은 아니다. 그리고 가짜 뉴스로 인해 발생하게될 여러 문제점들을 생각한다면 법적인 규제가 필요한 것이다. 소셜 미디어(SNS) 기업의 노력도 중요하다. 소셜 미디어는 누구나 쉽게 글을 올릴 수 있는 공간이기 때문에 가짜 뉴스가 소셜 미디어를 통해 확산되고 있다. 하루에도 수많은 콘텐츠들이 소셜 미디어에 올라가고 이러한 콘텐츠는 구독을 통해 널리 확산되고 있다. 그러나 소셜 미디어 이용자들이 수많은 콘텐츠 중 어떤 것이 사실인지 검증하기 쉽지 않다는 게 문제이다. 실제로 몇몇 소셜 미디어 기업에서는 가짜 뉴스를 가려낼 전문 기자를 채용하거나 콘텐츠를 검증할 프로그램을 개발하는 등의 노력을 하고 있다. 그리고 소셜 미디어 기업은 자체적으로 가짜 뉴스를 걸러 내는 방지 정책을 마련하여 자사가 제공하는 서비스의 신뢰도를 높이는 노력을 해야 한다. 이와 같이 가짜 뉴스를 퇴치하여 올바른 미디어 환경을 조성하기 위해서는 국가와 기업이 협력하여 이 문제를 적극적으로 해결하겠다는 의지를 가지고 국가는 법적으로, 기업은 이에 대응하기 위한 방안을 마련하는 것으로 문제점들을 개선해 나가야 한다.	

쓰기 방송 심의에 대한 사례 조사 보고서 쓰기

1. 다음은 방송 심의에서 문제가 된 사례들입니다. 왜 이런 문제가 생겼다고 생각하는지 이야기해 보십시오.

A 방송국	사례	B 방송국
저런 선정적인 옷을 입은 모습은 방송할 수 없어!		짧은 바지, 민소매 셔츠는 아무런 문제가 되지 않아~
방송에서 비속어 사용은 절대 용납 안 돼!	 	출연자 목소리를 무음 처리하고 자막에 'X'로 표시했으니까 괜찮아~

2. '방송 심의'에 대한 연구 보고서를 쓰려고 합니다. 불명확한 심의 기준으로 인해 방송 심의에 걸린 구체적인 다른 사례를 조사해 보고 해결 방안을 작성해 보십시오.

사례	
해결 방안	

3. 조사 결과를 바탕으로 연구 보고서의 구상 개요를 써 보십시오.

처음	
중간	
끝	

4. 구상 개요를 보고 연구 보고서를 써 보십시오.

5. 다음에 맞게 글을 작성했는지 확인해 보고 고쳐 써 보십시오.

구분	평가 내용	확인
형식	문장이 논리적으로 연결되어 있는가? 단락이 잘 나뉘어 있는가? '처음-중간-끝'이 명확하게 구분되어 있는가?	
내용	주제를 잘 뒷받침하는 자료를 근거로 들었는가? 내용상 보충할 부분은 없는가? 내용상 불필요한 부분은 없는가?	
표현	주어와 서술어의 호응이 맞는가? 맞춤법 오류는 없는가? 문장을 문법에 맞게 작성했고, 다양하고 적절한 어휘를 사용했는가?	

생각 넓히기

여러분 나라에서는 어떤 내용이 방송 심의에 걸립니까? 여러분 나라의 방송 심의에 대해 조사해서 소개해 보십시오.

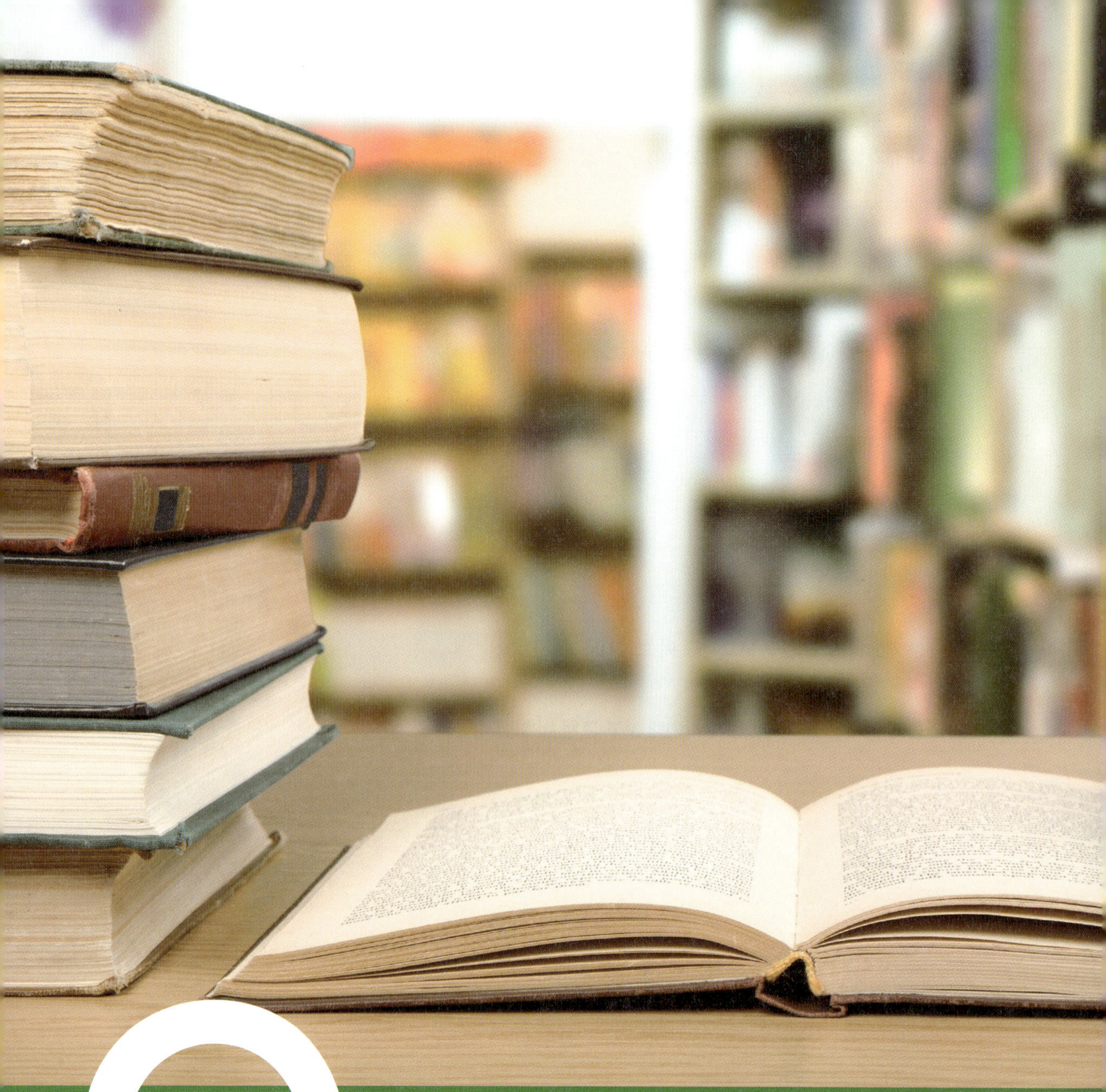

Q

1. 시, 소설, 수필 중에서 여러분이 좋아하는 것은 무엇입니까?

2. 여러분이 읽은 소설 중 가장 기억에 남는 소설은 무엇입니까?

제10과
문학

【읽기】 소설의 이해

어휘 익히기 소설 관련 어휘
문법 익히기 (이)니 (이)니
전략 익히기 대명사 의미 파악하며 읽기
읽기 소설 「닮은 방들」 읽기

【쓰기】 소설의 비평

어휘 익히기 소설의 비평 관련 어휘
문법 익히기 -기 짝이 없다
전략 익히기 소설 비평하기
쓰기 소설의 비평문 쓰기

10
읽기

소설의 이해

준비하기

1. 다음은 여러 가족이 모여 사는 아파트의 모습입니다. 그림을 보고 집의 내부가 어떤지, 이 아파트에 사는 사람들의 생활이 어떨 것 같은지 이야기해 보십시오.

2. 현대 도시 사회에서는 아파트와 같은 공동 주택의 형태가 늘어나고 있습니다. 그 이유가 무엇이라고 생각합니까? 그리고 공동 주택 형태가 갖는 장점과 단점에 대해서도 이야기해 보십시오.

어휘 익히기

1. 소설과 관련된 어휘입니다. 다음을 읽고 밑줄 친 어휘의 의미로 알맞은 것을 찾아 연결해 보십시오.

소설가 박완서(1931~2011)는 대중적으로 인기가 있었고 그의 책을 읽은 (1)독자들로부터 많은 사랑을 받았다. 뿐만 아니라 박완서의 작품은 문학 작품으로서의 가치가 높아 (2)문학성이 뛰어나다는 평가를 받았다. 1970년에 (3)장편소설『나목(裸木)』으로 (4)등단하여 정식으로 작가로서 창작 활동을 시작했다. 그 이후 평범한 사람들의 일상을 (5)소재로 하는 소설 작품을 많이 남겼다. 소설 외에도 신문에 (6)연재한 수필을 묶어 수필집을 내기도 했다. 40세의 늦은 나이에 작가가 된 박완서는 책을 내지 않은 해가 없을 정도로 왕성한 작품 활동을 해 다수의 작품을 남겼다.

(1) 독자	•	• 책을 읽는 사람
(2) 문학성	•	• 글의 내용을 이루는 재료
(3) 장편소설	•	• 문학계에 작가로 처음 등장하다
(4) 등단하다	•	• 문학 작품으로서의 가치나 예술성
(5) 소재	•	• 구성이 복잡하고 등장인물도 다양한 긴 소설
(6) 연재하다	•	• 신문이나 잡지에 글이나 만화 등을 계속 이어서 싣다

2. 밑줄 친 부분의 의미를 가장 잘 설명한 것을 골라 보십시오.

(1) 나는 옆집 여자와 함께 우리 아파트에 사는 다른 사람 집에 마실을 갔다.

① 놀러 갔다
② 쉬러 갔다

(2) 내 친구는 20번 넘게 여기저기 이사를 다녀서 이사라면 진저리를 친다.

① 무서워서 몸을 마구 떤다
② 매우 지겨워하고 싫어한다

(3) 동생은 내가 가지고 있는 물건이 항상 자기 것보다 더 좋다며 샘을 냈다.

① 욕심을 냈다
② 짜증을 냈다

(4) 신선한 야채며 생선에 여러 재료로 저녁상을 봐 놓고 나서 남편이 오기를 기다렸다.

① 저녁 식사를 끝내 놓다
② 저녁 식사를 차려 놓다

(5) 나는 임신한 것도 아닌데 때때로 애기가 서는 것처럼 내가 만든 음식에 메스꺼움을 느꼈다.

① 아기가 걷다
② 아기를 가지다

(6) 남편은 동치미에 떠 있는 꽃 모양으로 도려낸 당근 조각을 못마땅해하며 내 음식 솜씨에 대해 트집을 부려 나를 기분 나쁘게 만들었다.

① 괜히 불평하다
② 억지로 칭찬하다

memo

문법 익히기

(이)니 (이)니

한 부류로 묶을 수 있거나 서술어와 연관된 여러 사물을 같은 자격으로 이어 주면서 예를 들 때 혹은 나열할 때 쓴다. 명사와 함께 쓰인다.

예 A: 수진아, 너희 집 갈 때 과일 좀 사 갖고 갈까?
B: 아니야. 어제 시장에 가서 **사과니 감이니** 잔뜩 사 왔어. 그냥 와.

연습 **'(이)니 (이)니'를 사용해서 보기 에서 알맞은 것을 찾아 대화를 완성해 보십시오.**

보기

산/바다	공부/운동	종교/철학
외모/성격	진품/모조품	수영복/모자

1. A: 바다에 가기 전에 우리 필요한 것 좀 사러 가자.
   B: 그래. 나도 ________________ 살 게 많았는데 잘됐다.

2. A: 민수야, 공부하기 싫으면 나가서 운동이라도 좀 하고 와.
   B: ________________ 지금은 다 귀찮아서 아무것도 하기 싫어요.

3. A: 수진 씨, 소개팅한 사람이 마음에 들었다면서요? 어디가 그렇게 좋았어요?
   B: 키도 크고 저랑 성격도 잘 맞았어요. ________________ 모두 좋았어요.

4. A: 선배님, 지난 학기에 '종교와 철학'이라는 과목 들으셨죠? 어떠셨어요?
   B: 너무 어려웠어. 지금도 ________________ 하는 말만 들어도 머리가 아프다.

5. A: 이번 휴가가 길던데 어디에 가면 좋을까?
   B: 사람들이 ________________ 말들 많이 하지만 나는 집에서 쉬는 게 최고더라.

6. A: 김경자 화백의 그림에 대해 논란이 끊이지 않는다면서요?
   B: 네. 최근 이화미술관에 전시되어 있는 그림에 대해 평론가들 사이에서 ________________ 하는 말들이 많더라고요.

전략 익히기

대명사 의미 파악하며 읽기

글에서 똑같은 명사를 반복해 쓰지 않기 위해서 사용하는 것이 바로 대명사이다. 이때 '이것', '그것', '그 사람', '저곳' 등의 대명사를 사용하여 앞에 나온 명사나 문장을 가리킨다. 글을 읽을 때 대명사가 가리키는 것이 무엇인지 글의 문맥 안에서 정확히 파악하면 글을 빨리 잘 이해할 수 있다.

예

피천득의 수필 『인연』의 일부입니다. 밑줄 친 대명사의 의미가 무엇인지 확인하며 읽어 보십시오.

지난 4월, 춘천에 가려고 하다가 못 가고 말았다. 나는 성심여자대학에 가 보고 싶었다. ①그 학교에, 어느 가을 학기, 매주 한 번씩 출강한 일이 있었다. (중략)

수십 년 전, 내가 열일곱 되던 봄, 나는 처음 동경에 간 일이 있다. 어떤 분의 소개로 사회교육가 M 선생 댁에 유숙을 하게 되었다. 시바크에 있는 ②그 집에는 주인 내외와 어린 딸, 세 식구가 살고 있었다.

눈이 예쁘고 웃는 얼굴을 하는 아사코는 처음부터 나를 오빠같이 따랐다. 아침에 낳았다고 아사코라는 이름을 지어 주었다고 했다. 그 집 뜰에는 큰 나무들이 있었고, 일년초 꽃도 많았다. 내가 간 이튿날 아침, 아사코는 스위이트 피이(sweet pea)를 따다가 화병에 담아, 내가 쓰게 된 책상 위에 놓아 주었다. ③그 꽃은 아사코같이 어리고 귀여운 꽃이라고 생각했다.

성심여학원 소학교 1학년인 아사코는 어느 토요일 오후, 나와 같이 저희 학교에까지 산보를 갔었다. 아사코는 ④자기 신장을 열고, 교실에서 신는 하얀 운동화를 보여 주었다.

*출처: 피천득, 『인연』, 샘터사, 1996, 147-148쪽

⇩

대명사	가리키는 말
① 그 학교	성심여자대학에
② 그 집	사회교육가 M 선생 댁에는
③ 그 꽃	스위이트 피이는
④ 자기	아사코

연습 **김영하의 소설 『살인자의 기억법』의 일부입니다. 밑줄 친 대명사의 의미가 무엇인지 확인하며 읽어 보십시오.**

벽 하나가 메모지로 덮였다. 붙이면 붙는 색색의 메모지들인데 어디에서 났는지는 모르겠지만 집 안에 ①그것들이 흔하다. 은희가 내 기억력에 도움이 되라고 사다주는 것인지도 모르겠다. ②이런 것을 부르는 이름이 있는 것 같은데 잘 기억이 안 난다. 북쪽 벽 하나가 메모지로 가득 차더니 이제는 서쪽 벽도 덕지덕지다. 그런데 별 소용이 없다. 의미를 모르는 메모지, 왜 붙였는지를 모르는 메모지가 대부분이다. '은희에게 반드시 말할 것' 같은 메모가 ③그렇다. 뭘 말하려던 것일까. ④그들 사이에 아무 연관이 없어 보인다. 저기, 의사가 써준 말도 적혀 있다.

"기차 레일이 끊어지는데도 ⑤그것을 모르고 화물차가 계속 달려온다고 생각해 보세요. 어떻게 되겠습니까? 레일이 끊어진 지점에 기차와 화물이 계속 쌓이겠죠? 어르신 머릿속에서 진행되고 있는 일입니다."

*출처: 김영하, 『살인자의 기억법』, (주)문학동네, 2013, 45쪽

⇩

대명사	가리키는 말
① 그것들	
② 이런 것	
③ 그렇다	
④ 그들	
⑤ 그것	

읽기

소설 「닮은 방들」 읽기

1. 대명사의 의미를 파악하며 소설의 일부를 읽은 후 대명사가 무엇을 지시하는지 표에 써 보십시오.

「닮은 방들」

나는 예쁜 앞치마를 두르고 식구들을 위해 밥도 짓고 반찬도 만들었다. 앞집 여자–철이 엄마가 내 요리 선생이었다. ①그녀는 내가 만든 반찬을 냠냠 간을 보고 나서 식초도 찔끔 쳐 주고, 고춧가루도 솔솔 뿌려 주고 했다. ②그네가 너무 맛있어 하면 나는 아낌없이 한 접시 나눠주었다. 그녀는 그녀대로 빈 접시를 보내는 법 없이 뭐든지 꼭 담아 보냈다. 우린 시장도 같이 봤다. 아파트 지하실은 슈퍼마켓이어서 별의별 것이 다 있었다. 그러나 그녀나 내가 별의별 것을 다 살 수 있는 것은 아니었다. 그렇다고 그만 일로 비참해할 우리가 아니었다. 우리는 고급의 편식가처럼 오만한 얼굴을 하고 콩나물이니 두부니 꽁치니를 샀다. 나는 쉽게 이런 것들의 요리법을 익혔다. 가끔 오시는 어머니는 내가 만든 이런 반찬을 해서 진지를 많이 잡수시고 흡족해하시고 나서는 꼭 철이 엄마를 고마워하셨다.

남들까지 내 음식 솜씨를 칭찬해 줄 만큼 살림에 익숙해질 무렵부터 나는 때때로 애기라도 서는 것처럼 발작적으로 내가 만든 음식에 메스꺼움을 느꼈다. ③그것은 어떤 특정한 음식에 대한 식상이라기보다는 철이 엄마의 음식 솜씨에 대한 혐오감이랄 수도 있었다. 나는 인제 혼자서도 음식을 잘 만들 수 있었으나 철이 엄마의 음식 솜씨의 영향력을 벗어난 음식을 만들 수는 없었다. 이를테면 우리는 철이네와 똑같은 음식을 먹고 있는 셈이었다. 남편의 저녁상을 봐 놓고 나서 앞집에서도 똑같은 저녁상이 그 집 남편을 기다린다고 생각하면 비참해졌다. 가끔 남편까지 내 음식솜씨에 대해 악의에 찬 트집을 부려 내 비참함을 아주 결정적인 것으로 만들어 놓기 일쑤였다. 가령 동치미에 떠 있는 꽃 모양으로 도려낸 당근조각을 젓가락으로 끄집어 내 가지고는 "제발 맛대가리도 없는 것 가지고 요리학원식 잔재주 좀 작작 부리라구……" 하면서 마치 헤엄치는 파리라도 건져낸 듯이 진저리를 쳤다. 그리고 나는 아직도 남편이 집으로 돌아오는 저녁시간을 끔찍해 하고 있었다. 여긴 내 집이고 차임벨 대신 콩알만한 렌즈가 달려 있어 방문객의 얼굴을 확인할 수 있게 되어 있었다.

나는 내 눈을 애꾸를 만들어 가지고 이 렌즈에다 대고 천정에 달라붙은 20와트 형광등 불빛 밑에 서 있는 내 남편을 확인하는 일이 끔찍하다. 하루의 피로 때문인지 백색 형광등 때문인지 남편의 얼굴은 무섭도록 창백하고 냉혹하다. 어느 호주머니엔가 목을 조를 밧줄을 숨긴 얼굴이다. 번번이 나는 ④그를 어머니가 겁내던 아파트 살인범으로 알아보고 화닥닥 놀라고 나서야 남편임을 알아차린다. 문을 열어주고 옷을 걸고 하면서도 어느 만큼은 당초의 무서움증과 혐오감이 남아 있다.

나는 철이 엄마에게 노이로제라는 것에 대해 물었다. 그러면 그녀는 내 증세 같은 건 물어보지도 않고 ⑤자기도 노이로제고 누구도 그렇고, 또 누구도 그렇고 하며 그녀가 아는 여편네들을 모조리 꼽았다. 그녀는 아파트에 사는 많은 여편네들을 알고 있었고, 그만큼 여러 노이로제의 유형을 알고 있었다. 나는 그녀를 따라 몇 군데 마실도 가 봤다. 비슷한 여편네들이 비슷한 형편의 살림을 하고 있었다. 우리 방과 철이네 방이 닮은 것만큼 우리의 상하좌우의 방들은 닮아 있었다. 물론 어느 집은 딴 집이 안 가진 세탁기가 있고 어느 집은 딴 집보다 먼저 피아노를 들여놓고 그 정도의 차이는 있었으나, 그 정도의 우월감조차 오래 누리지를 못했다. 곧 누가 ⑥그것을 흉내 내고 말기 때문이다.

사람들이 체중을 줄이기 위해 다이어트를 하듯이 이곳 아파트의 여자들은 남의 흉내를 내기 위해 순전히 남을 닮기 위해 다이어트를 했다. 나는 이런 닮음에의 실증으로 진저리를 쳐 가면서도 철이네만 있고 우린 없는 세탁기를 위해 콩나물과 꽁치와 화학조미료와 철이 엄마식 요리법만 가지고 밥상을 차리고, 철이 엄마는 내가 살림날 때 올케한테서 선물로 받은 미제 전기프라이팬을 노골적으로 샘을 내더니, 오로지 그녀의 요리법 하나만 믿고 형편없는 장보기를 하고 있었다.

이렇게 나나 철이 엄마나 딴 방 여자들이나 남보다 잘 살기 위해, 그러나 결과적으론 겨우 남과 닮기 위해 하루하루를 잃어버렸다. 내 남편이 18평짜리 아파트를 위해 7년의 세월과 부드러움과 따뜻함을 상실했듯이.

*출처: 박완서, 「닮은 방들」, 『기나긴 하루』, (주)문학동네, 2012, 235~239쪽

대명사	가리키는 말
① 그녀	앞집 여자인 철이 엄마
② 그네	
③ 그것	
④ 그	
⑤ 자기	
⑥ 그것	

2. 글을 다시 읽고 물음에 답해 보십시오.

(1) 등장인물의 성격을 잘못 설명한 것은 무엇입니까?

① 남편: 아내의 요리 솜씨가 점점 좋아지는 것에 만족하는 인물
② 앞집 여자: 똑같은 모습의 삶을 사는 아파트 주민의 전형적인 인물
③ 나: 아파트 생활을 하면서 점차 획일화되는 일상에 위협을 느끼는 인물

(2) 글의 내용과 일치하는 것은 무엇입니까?

① 나는 앞집에 사는 철이 엄마에게 항상 고마움을 느낀다.
② 아파트에 사는 여자들은 서로를 흉내 내며 닮아 가는 중이다.
③ 철이 엄마는 내 병에 대해서 진지하게 고민하고 조언해 줬다.

(3) 다음은 이 글에 나오는 구절입니다. 여기에서 공통적으로 나타나는 현대인의 모습은 무엇입니까?

- 우리는 철이네와 똑같은 음식을 먹고 있는 셈이었다.
- 우리 방과 철이네 방이 닮은 것만큼 우리의 상하좌우의 방들은 닮아 있었다.

① 개성적인 모습　　② 획일화된 모습　　③ 보수적인 모습

(4) 아파트에서 생활하면서 주인공인 '나'에게 나타나는 증상이 아닌 것은 무엇입니까?

① 자신이 만든 음식을 보는 순간 메스꺼움을 느꼈다.
② 남편이 살인범으로 보이는 노이로제 증상이 나타났다.
③ 다른 집에 사는 여자들의 음식 솜씨에 혐오감이 일어났다.

생각 넓히기

주거 문화가 바뀌면서 그 속에 사는 현대인들의 모습도 달라지고 있습니다. 주거 문화처럼 현대인들의 모습이 바뀐 것에는 어떤 것들이 있습니까? 구체적인 내용과 함께 이야기해 보십시오.

현대에 바뀐 모습	구체적인 내용
1인 가구의 증가로 혼자 식사하는 사람들이 늘어남	혼자 식사할 수 있는 식당이 늘고 간편 식품이나 즉석 식품이 다양해짐

소설의 비평

준비하기

1. 여러분은 『인어공주』 이야기를 알고 있습니까? 『인어공주』는 어떤 내용입니까? 그림을 보고 이야기해 보십시오.

2. 『인어공주』는 다양한 관점에서 이해할 수 있습니다. 다음 관점에서 『인어공주』에 대해 이야기해 보십시오.

관점	『인어공주』
작가 중심	작가 안데르센(Hans Christian Andersen)은 어떤 삶을 살았고, 작가의 삶은 이야기에 어떻게 표현되는가?
작품 중심	주인공 인어공주의 사랑을 어떻게 평가하는가?
시대적인 배경 중심	작품이 쓰인 1837년이 귀족 중심의 사회였다는 것을 고려하면 바다와 육지라는 공간은 어떻게 해석할 수 있는가?
독자 중심	작품은 독자에게 어떤 영향을 주는가?

어휘 익히기

1. 소설의 비평과 관련된 어휘입니다. 보기에서 알맞은 것을 골라 대화를 완성해 보십시오.

보기					
관점	복선	서평	표절	글쓴이	문제의식

(1) A: 이 글 좀 읽어 보세요. 주제도 명확하고 글의 구성이나 표현도 좋은데요.
B: 저도 읽어 봤는데 ______________의 생각이 잘 정리되어 있더라고요.

(2) A: 이 정도면 거의 베껴 썼다고 해야 하지 않아요? 내용이 거의 같잖아요.
B: 네, 그런 것 같군요. ______________을/를 하다니 정말 실망인데요.

(3) A: 이 작품의 주제는 사랑하는 임을 떠나보내는 한 남자의 사랑에 대한 것이죠?
B: 그렇지요. 그런데 감상하는 사람의 ______________에 따라 다르게 해석할 수도 있어요. '사랑하는 임'은 사랑하는 사람으로도 조국으로도 해석할 수 있어요.

(4) A: 이 소설의 작가는 남녀 차별이 여성만의 문제라고 생각하는 것 같아요.
B: 네. 그런데 남녀 차별 문제는 여성만의 문제가 아니지요. 근본적인 원인을 제대로 파악해야 하는데 ______________이/가 부족한 것 같아요.

(5) A: 이 책을 다 읽기는 읽었는데 작가가 도대체 무엇을 말하려고 하는지 모르겠어요.
B: 그럼 그 책에 대해 전문가가 쓴 ______________을/를 좀 읽어 보세요. 책 내용을 자세히 분석한 후에 그 책을 평가하기 때문에 이해하는 데 도움이 될 거예요.

(6) A: 이 소설 앞부분에서 하얀 꽃이 떨어지는 부분이 있잖아요. 끝까지 읽어 보니까 그 부분이 여자 주인공의 죽음을 암시하는 거였네요
B: 네, 그게 바로 ______________이에요. 그 부분을 읽으면서 여자 주인공이 죽을 거라는 걸 짐작하게 하는 거죠.

문법 익히기

-기 짝이 없다

형용사와 같이 쓰여 비교할 수 없이 정도가 매우 심함을 나타낸다.

예 A: 마이클 씨가 오늘 고향으로 돌아갔는데 인사했어요?
B: 오늘 갔어요? 인사도 안 하고 가다니 **서운하기 짝이 없네요.**

연습 **'-기 짝이 없다'를 사용해서 보기 에서 알맞은 것을 골라 대화를 완성해 보십시오.**

보기

무례하다 유치하다 안타깝다 불편하다 한심하다 뻔뻔스럽다

1. A: 그 가방은 왜 그렇게 가방끈이 짧아요?
B: 글쎄 말이에요. 끈이 너무 짧아서 들고 다닐 때 ________________.

2. A: 엄마, 아침에 늦게 일어나서 시험 시간에 늦었어요.
B: 시험인데 그렇게 늦잠을 자다니 정말 ________________.

3. A: 이게 고등학교 때 남자 친구한테서 받았다고 했던 그 편지예요?
B: 네, 맞아요. 그때는 몰랐는데 지금 읽어 보니까 ________________.

4. A: 결혼한 딸이 형편이 안 좋은가 봐요.
B: 네, 사업이 잘 안 돼서요. 아이들 데리고 고생하는 딸을 보니까 ________________.

5. A: 저 학생 좀 보세요. 어른이 들어오는데도 다리를 꼬고 앉아서 인사도 하지 않죠?
B: 정말 ________________.

6. A: 저 정치인은 지난번에 음주 운전으로 문제가 됐던 사람 아니에요? 그런데 이번에는 기업에서 돈까지 받았다면서요?
B: 그런데도 이번에 또 출마한대요. 정말 ________________.

전략 익히기

소설 비평하기

소설의 비평은 주관적 감상과 객관적 평가를 포함해서 쓴다. 비평을 정확하게 하기 위해서는 소설의 전체적인 구성과 내용, 주제를 정확히 파악해야 한다. 소설을 비평할 때는 다음과 같은 순서로 한다.

① 소설을 다각도로 살펴보고 비평의 관점을 정한다.
② 그 관점에 맞춰 내용을 해석한다.
② 해석을 바탕으로 작품을 평가하고 자신의 감상을 쓴다.

예

박완서의 『닮은 방들』의 일부입니다. 다음을 읽고 비평의 관점에 맞춰 비평해 보십시오.

나는 때때로 애기라도 서는 것처럼 발작적으로 내가 만든 음식에 메스꺼움을 느꼈다. 그것은 어떤 특정한 음식에 대한 식상이라기보다는 철이 엄마의 음식 솜씨에 대한 혐오감이랄 수도 있었다. 나는 인제 혼자서도 음식을 잘 만들 수 있었으나 철이 엄마의 음식 솜씨의 영향력을 벗어난 음식을 만들 수는 없었다. 이를테면 우리는 철이네와 똑같은 음식을 먹고 있는 셈이었다. 남편의 저녁상을 봐 놓고 나서 앞집에서도 똑같은 저녁상이 그 집 남편을 기다린다고 생각하면 비참해졌다. (중략) 나는 내 눈을 애꾸를 만들어 가지고 이 렌즈에다 대고 천정에 달라붙은 20와트 형광등 불빛 밑에 서 있는 내 남편을 확인하는 일이 끔찍하다. 하루의 피로 때문인지 백색 형광등 때문인지 남편의 얼굴은 무섭도록 창백하고 냉혹하다. 어느 호주머니엔가 목을 조를 밧줄을 숨긴 얼굴이다.

*출처: 박완서, 「닮은 방들」, 『기나긴 하루』, (주)문학동네, 2012, 236쪽

⇩

비평의 관점

- ☐ 작가는 어떤 삶을 살았고 작가의 삶은 이 이야기에 어떻게 표현되는가?
- ☑ 주인공은 아파트로 이사 후 어떻게 변화했는가?
- ☐ 작품이 쓰인 1974년이 산업화로 인해 공동 주택이 들어서기 시작한 때였다는 것을 고려하면 단독주택과 아파트라는 공간은 어떻게 해석할 수 있는가?
- ☐ 작품은 독자에게 어떤 영향을 주는가?

비평

아파트로 이사한 후 아파트 생활에 익숙해지면서 주인공은 점차 변해 간다. 철이 엄마에게 음식을 배우며 즐거워하던 주인공은 철이 엄마와 똑같은 음식을 만들고 있는 자신에 대해 혐오감을 느낀다. 이것은 닮아 가는 것, 획일화되어 가는 것에 대한 거부감이다. 심지어 이런 거부감은 남편에게까지 이어진다. 남편을 낯설고 냉혹하기 짝이 없는 존재로 느끼게 된다. 편리함을 기대했던 아파트라는 공간에서 주인공은 더 이상 편하지도 않고 행복하지도 않다. 주변 사람들과 점점 닮아 가면서 어디에도 자신의 존재는 없다. 획일화로 상징되는 아파트라는 공간에서 주인공은 정상적인 생활, 정상적인 관계를 가질 수 없게 된다.

작가는 주인공이 남들과 똑같은 공간 속에서 점차 무너져 가는 모습을 섬세하게 보여 주고 있다. 이런 주인공의 모습에서 우리 자신의 모습을 발견하게 된다. 나의 기준이 아닌 다른 사람들의 기준에 맞추어 획일화되어 살아가고 있는 우리의 모습이다.

연습 **박완서의 『닮은 방들』의 일부입니다. 다음을 읽고 비평의 관점에 맞춰 비평해 보십시오.**

그런데 처음 갖는 집을 아파트로 하느냐 단독주택으로 하느냐엔 올케와 어머니와의 의견이 대립했다. 올케는 아파트 편이었다. 첫째, 난방에 신경을 쓸 필요가 없으니 구공탄을 가는 구질구질한 일을 면할 수 있고, 부엌 등 모든 시설이 편리하니 식모가 필요 없고, 잠그고 외출할 수 있고, 이웃과 완전히 차단된 독립성이 보장돼 있고 등등이 아파트를 편드는 이유였다. 그러나 어머니는 그 독립성이라는 걸 겁내고 있었다. 아파트에서 가끔 일어나는 살인사건 같은 걸 다 이 냉정하고 철저한 독립성에 그 까닭을 두고 있었다. 어머니의 이론대로라면 이 나라에선 살인사건은 아파트에서만 일어나는 것으로 봐야 할 판이었다. (중략) 그 여자네 살림살이는 어찌나 알뜰하고 아기자기한지 꼭 동화 속에 나오는 방 같았다. 나는 꼭 그 여자네 방처럼 꾸미고 싶었다. 나는 꽤나 수줍어하면서도 가구나 실내장식에 대해 도와달라고 부탁했다. 그 여자는 조금도 염려 말라고, 이 아래 상가에 가구점이랑 커튼센터랑 없는 게 없다고 일러줬다.

*출처: 박완서, 「닮은 방들」, 『기나긴 하루』, (주)문학동네, 2012, 231, 234쪽

⇩

비평의 관점

☐ 작가는 어떤 삶을 살았고 작가의 삶은 이 이야기에 어떻게 표현되는가?
☐ 주인공은 아파트로 이사 후 어떻게 변화하는가?
☑ 작품이 쓰인 1974년이 산업화로 인해 공동 주택이 들어서기 시작한 때였다는 것을 고려하면 단독주택과 아파트라는 공간은 어떻게 해석할 수 있는가?
☐ 작품은 독자에게 어떤 영향을 주는가?

⇩

1. 소설의 비평문을 쓰려고 합니다. 계획을 세워 보십시오.

(1) 어떤 소설의 비평문을 쓰려고 합니까?

제목	
작가	
출판년도	
주제	

(2) 그 소설을 선택한 이유는 무엇입니까?

선택 이유	

2. 비평의 관점을 정하고 비평의 관점에 맞춰 비평해 보십시오.

비평의 관점	□ 작가 중심: 작가는 어떤 삶을 살았고 작가의 삶은 이 이야기에 어떻게 표현되는가? □ 시대적 배경 중심: 작품이 쓰인 시대를 고려하면 작품은 어떻게 해석되는가? □ 독자 중심: 작품은 독자에게 어떤 영향을 주는가? □ 작품 중심: ____________
분석, 평가, 감상	

3. 구상 개요를 써 보십시오.

<table>
<tr><td rowspan="1">처음</td><td>소개 및 관점</td></tr>
<tr><td rowspan="3">중간</td><td>줄거리</td></tr>
<tr><td>분석</td></tr>
<tr><td>평가 및 감상</td></tr>
<tr><td>끝</td><td>요약 및 정리</td></tr>
</table>

4. 구상 개요를 보고 소설의 비평문을 써 보십시오.

생각 넓히기

여러분 나라의 소설 중 추천하고 싶은 소설이 있습니까? 그 소설의 제목, 작가, 내용, 주제 등을 이야기해 보십시오.

부록

- 정답
- 찾아보기

정답

제1과 재능과 교육

읽기 인간의 지능

어휘 익히기

1. (1) ① (2) ① (3) ① (4) ② (5) ① (6) ①

2. (1) 풍부해서 (2) 나타내더니 (3) 짓게 (4) 세운 (5) 따라 하면서 (6) 뛰어나거든요

문법 익히기 –느/(으)니만큼

1. 준비했으니만큼 2. 기니만큼 3. 열리느니만큼 4. 걸리느니만큼 5. 내세웠으니만큼 6. 많으니만큼

전략 익히기 여백에 중심 내용 쓰기

연습

감성 지수란?

감성 지수(EQ, Emotional Quotient)는 지능 지수(IQ)에 대비되는 말로 감정을 통제, 조절하고 타인과 원만한 관계를 유지하는 능력을 수치로 나타낸 것이다. 이런 이유로 감성 지수는 '마음의 지능 지수'라고도 불린다.

감성 지수는 감정을 통제·조절하고 타인과 원만한 관계를 유지하는 능력을 수치로 나타낸 것이다.

감성 지수가 나타내는 것

지능 지수가 높다는 것은 그 사람의 지적 능력인 지능이 높다는 것을 의미하지만 감성 지수가 높다는 것은 자신과 다른 사람의 감정을 잘 이해하고 감정을 통제하는 능력이 뛰어나다는 것을 나타낸다. 그러므로 감성 지수가 높은 사람은 갈등 상황에서 그 상황을 분석하고 자신의 처지를 정확하게 인식할 수 있다. 또한 감정적으로 대응하는 것을 자제하고 다른 사람을 잘 이해하고 공감할 수 있다.

감성 지수가 높다는 것은 자신과 다른 사람의 감정을 잘 이해하고 감정을 통제하는 능력이 뛰어나다는 것을 나타낸다.

감성 지수의 중요성

감성 지수는 지능 지수처럼 정형화된 테스트가 개발되지는 않았지만 이와 관련된 많은 연구들이 진행되었다. 연구들에 따르면 또래와 어울리지 못하는 아이의 경우 학교를 중퇴할 확률이 그렇지 않은 아이보다 8배나 높다고 한다. 이처럼 감성 지수가 부족하면 살아가면서 부딪치는 난관을 극복하는 데 어려움을 겪게 되고 이에 따라 개인적인 성취감도 낮아질 수밖에 없는 것이다. 이와 같이 타인과 어울려 인생을 살아가기 위해서는 감성 지수가 중요하므로 유아기부터 감성 지수를 키우는 감정 교육을 실시해야 한다.

감성 지수가 부족하면 인생의 난관을 극복하는 데 어려움이 생기고 개인적인 성취감도 낮아질 수 있으므로 유아기부터 감성 지수를 키우는 교육을 해야 한다.

읽기

다중 지능 이론에 대한 글 읽기

1.

다중 지능 이론

다중 지능 이론이란?

'다중 지능(MI, Multiple Intelligence)'이란 미국 하버드대학교의 하워드 가드너(Howard Gardner) 교수가 세운 이론이다. 이 이론은 기존의 지능 평가 방식인 '지능 지수(IQ, Intelligence Quotient)'의 문제점을 지적하며 인간의 지능이 여러 가지 분야로 이루어진다고 주장하고 있다. 즉 지능 지수가 지능 검사를 통해 얻은 '지능 지수' 한 가지만으로 인간의 지능을 본 것과는 달리 다중 지능 이론에서는 인간의 지능이 언어, 논리 수학, 음악, 공간, 신체 운동, 인간관계, 자기 성찰, 자연 친화와 같이 모두 여덟 가지 지능으로 분화되어 있다고 보고 이에 따라 각 개인의 강점과 약점도 다르다고 본 것이다.

다중 지능 이론은 인간의 지능이 여덟 개의 지능으로 이루어져 있다고 본다.

여덟 가지 지능의 특징

다중 지능 이론에서 말하는 여덟 가지의 지능은 어떤 특징을 지니며 어떤 면에서 인간의 사고와 행동에 영향을 미치는 것인지 알아보자.

먼저 언어 지능이 높은 사람은 말을 잘하며 같은 글을 써도 읽는 이에게 감동을 주는 글을 잘 쓴다. 언어 지능이 뛰어나면 토론 시간에 두각을 나타내거나 유머를 잘 사용한다.

언어 지능이 높은 사람은 말을 잘하고 감동을 주는 글을 쓴다.

논리 수학 지능이 높은 사람은 숫자에 강하고, 차량 번호나 전화번호 등을 잘 기억한다. 논리적 과정에 대한 문제들을 보통 사람보다 훨씬 빠른 속도로 해결하는 능력을 갖고 있어서 문제를 해결할 때 주먹구구식이 아닌 체계적이고 과학적인 방법을 동원한다.

논리 수학 지능이 높은 사람은 수에 강하고 수와 관련된 것들을 잘 기억한다.

음악 지능이 뛰어난 사람은 리듬, 음정, 음색을 이해하고 창작할 수 있으며, 그 변화를 인식할 줄 안다. 그래서 한 번 들은 리듬을 쉽게 따라 부를 수 있고 음정과 박자에 민감하여 듣고 잘 맞춘다. 악기 연주를 좋아하고 작곡하는 것을 좋아하는 사람들이 이에 속한다.

음악 지능이 높은 사람은 음을 잘 이해하고 변화를 잘 인식한다.

공간 지능이 높은 사람은 방향을 잘 찾아내는 능력이 있어서 처음 방문한 곳도 다시 잘 찾아갈 수 있다. 또 도형이나 그림, 지도와 같은 것을 잘 파악하는 능력이 있으며 자신의 생각을 시각적으로 표현하는 디자인, 그림 그리기, 만들기 등을 좋아한다.

공간 지능이 뛰어난 사람은 방향 감각이 뛰어나고 시각적으로 표현하는 것을 좋아한다.

신체 운동 지능이 높은 사람은 민첩성, 운동 감각, 균형 감각 등이 뛰어나다. 율동을 쉽게 따라 하거나 무용, 연극 등을 잘한다. 또 손으로 무언가를 다루는 능력이 있어 손재주가 뛰어나다는 말을 많이 듣는다. 신체 운동 지능이 높으면 자동차 운전은 물론 스케이트나 자전거를 다른 사람보다 쉽게 배운다.

신체 운동 지능이 높은 사람은 운동 감각, 균형 감각 등이 뛰어나다.

인간관계 지능이 높은 사람은 다른 사람들과 잘 교류하며 그들의 행동을 해석하는 능력이 뛰어나다. 다른 사람들의 기분, 감정, 생각 등을 잘 느끼고 얼굴 표정, 음성, 몸짓 등에 대한 감수성이 풍부하다. 주변에 친구가 많고 여러 사람이 모여 있을 때에도 중심이 되는 경우가 많다.

인간관계 지능이 높은 사람은 다른 사람들과 잘 어울리고 다른 사람을 잘 이해한다.

자기 성찰 지능이 높은 사람은 자기 자신을 이해하고 느끼는 능력이 뛰어나다. 즉 자신이 누구인지, 자신은 어떤 감정을 가졌는지, 왜 이렇게 행동하는지 등 자신에 대해 잘 안다. 이 지능은 사회적으로 성공한 사람들에게서 높게 나타난다.

자기 성찰 지능이 높은 사람은 자신을 잘 이해한다.

자연 친화 지능이 높은 사람은 자연을 좋아하고, 동물이나 식물 채집을 좋아하며 이를 구별하고 분류하는 능력이 뛰어나다. 식물의 모양이나 크기 등에 관심이 많고, 이들을 종류대로 잘 분류하는 능력이 뛰어나다.

자연 친화 지능이 높으면 동물이나 식물을 잘 구별하고 분류할 수 있다.

다중 지능 이론의 교육적 의의

지능은 한 가지가 아닌 여러 복합적인 요인에 의해 결정된다. 따라서 부모와 교사는 아이의 한 가지 면만 보는 것이 아니라 다양한 능력의 강점과 약점을 인정해 아이가 소질을 보이는 강점은 더 잘할 수 있도록 격려하고 약점은 보완하도록 도와주어야 한다. 예를 들어, 신체 운동 지능은 높으나 인간관계 지능이 낮은 경우, 운동 지능을 발휘할 수 있도록 훈련을 시키는 동시에 사회성을 기르기 위해서 운동을 통해 친구들과 사귈 기회를 제공해 주어야 하는 것이다. 이렇게 다중 지능 이론은 모든 사람이 각자 자기만의 소질 및 능력이 있다는 전제하에 뛰어난 영역은 더욱 계발하고 부족한 영역은 신장시킬 수 있도록 한다는 데 그 교육적 의의가 있다고 볼 수 있다.

다중 지능 이론은 모든 사람은 각자 자신만의 소질과 능력이 있다고 보아 이를 통해 뛰어난 능력을 더 계발하고 부족한 능력은 더 키울 수 있도록 했다는 데 교육적 의의가 있다.

2. (1)

① 언어 지능	스키를 배우자마자 잘 탈 수 있다
② 음악 지능	한 번 들은 노래를 따라 부를 수 있다
③ 공간 지능	처음 간 곳에서도 길을 잘 찾을 수 있다
④ 신체 운동 지능	자신이 어떤 사람인지 스스로 잘 알고 있다
⑤ 자기 성찰 지능	재미있는 말을 잘하고 글쓰기도 잘하는 편이다

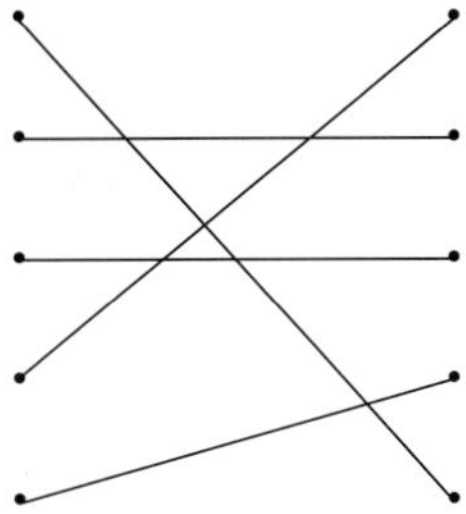

(2) ②

(3) ②

(4) 모든 사람이 각자 자기만의 소질 및 능력이 있으므로 뛰어난 영역은 더욱 계발하고 부족한 영역은 신장시킬 수 있도록 해야 한다.

쓰기 조기 교육

어휘 익히기

1. (1) 사교육비 (2) 취학 (3) 교육열 (4) 잠재력 (5) 공교육 (6) 인성 교육

문법 익히기 –(ㄴ/는)다니(까)

1. 결석하지 않겠다니 2. 맡긴다니 3. 돌아온다니 4. 있다니 5. 올라간다니 6. 방문한다니

전략 익히기 설문지 작성하기

연습

한국 초등학생들의 사교육 현황

안녕하십니까? 저희는 한국에 유학 중인 외국인 학생입니다. 저희는 초등학생들의 사교육 현황에 대해 조사하고자 합니다. 다음 질문을 잘 읽고 성실하게 답변해 주시기 바랍니다. 이 설문의 결과는 연구의 목적으로만 사용될 것입니다. 감사합니다.

초등학생 자녀의 학년: _____학년

1. 초등학생 자녀에게 사교육을 시키고 있습니까?

(1) 네 (2) 아니요

['네'라고 답한 사람은 3번으로, '아니요'라고 답한 사람은 2번으로 가십시오.]

2. 사교육을 시키지 않는 이유는 무엇입니까?

(1) 아이가 싫다고 해서 (2) 시키고 싶지만 경제적인 여유가 없어서

(3) 필요하지 않다고 생각해서 (4) 기타 ( )

3. 자녀에게 어떤 사교육을 시키고 있습니까? 모두 고르십시오.

(1) 영어 (2) 수학 (3) 국어 (4) 운동 (5) 악기 (6) 기타 ( )

4. 자녀의 사교육 시간은 얼마나 됩니까?

(1) 주 1~4시간 미만 (2) 주 4~6시간 미만 (3) 주 6~10시간 미만 (4) 10시간 이상

5. 사교육을 위해 한 달에 얼마를 지출하고 있습니까?

(1) 10만 원 미만 (2) 10~20만 원 미만 (3) 20~30만 원 미만 (4) 30만 원 이상

답변해 주셔서 감사합니다.

쓰기

영어 조기 교육의 현황에 대한 조사 보고서 쓰기

2. 예시

안녕하십니까? 저희는 한국에 유학 중인 외국인 학생입니다. 저희는 한국의 영어 조기 교육이 과연 어떻게 이루어지고 있는지 그 현황에 대해 조사하고자 합니다. 다음 질문을 잘 읽고 성실하게 답변해 주시기 바랍니다. 이 설문의 결과는 연구의 목적으로만 사용될 것입니다. 감사합니다.

자녀의 나이: _____세

1. 현재 자녀에게 영어 교육을 시키고 있습니까?

(1) 네 (2) 아니요

['네'라고 답한 사람은 4번으로, '아니요'라고 답한 사람은 2번, 3번으로 가십시오.]

2. 영어 교육을 시키고 있지 않다면 그 이유는 무엇입니까?

(1) 경제적 여유가 없다.

(2) 아직 이르다고 생각한다.

(3) 조기 교육은 효과가 없다고 생각한다.

(4) 입학 후 학교에서 배우는 것으로 충분하다.

(5) 기타 ( )

3. 영어 교육을 언제부터 시킬 생각입니까?

(1) 0~2세 미만 (2) 2~4세 미만 (3) 4~6세 미만 (4) 6~7세 미만 (5) 7세 이상

4. 영어 교육을 언제부터 시작하셨습니까?

(1) 0세~2세 미만 (2) 2~4세 미만 (3) 4~6세 미만 (4) 6~7세 미만 (5) 7세 이상

5. 어떤 방법으로 영어 교육을 시키고 있습니까?

(1) 학원 (2) 학습지 (3) 매스미디어 (4) 부모가 교육 (5) 기타 ( )

6. 주당 얼마나 영어 교육을 시키고 있습니까?

(1) 1시간 미만 (2) 1~2시간 미만 (3) 2~3시간 미만

(4) 3시간 이상 (5) 기타 ( )

7. 영어 조기 교육을 위해 한 달에 얼마를 지출하고 있습니까?

(1) 10만 원 미만 (2) 10~20만 원 미만 (3) 20~30만 원 미만 (4) 30만 원 이상

8. 자녀에게 영어 교육을 시키는 목적은 무엇입니까?

(1) 다른 아이들보다 뒤처질까 봐 (2) 입학 후 학업 성적을 위해서

(3) 미래에 도움이 될 것 같아서 (4) 기타 ( )

답변해 주셔서 감사합니다.

4. 예시

영어 조기 교육의 현황

1. 머리말

국가 간의 교류가 확대되면서 외국어 교육, 특히 영어 교육의 필요성은 그 어느 때보다도 더 절실히 요구되고 있다. 한국에서도 최근 많은 부모들이 영어 조기 교육의 필요성을 느끼고 어린 아이들에게 영어를 가르치기 위해 많은 투자를 하고 있다. 많은 비용을 투자하고 있는 만큼 효과를 거두어야 할 것이지만, 실제로는 그다지 높은 효과를 거두지 못하고 있는 것이 현실이다.

따라서 이번 보고서에서는 영어 조기 교육의 효과를 살펴보기에 앞서 현재 한국에서 영어 조기 교육이 어느 정도 이루어지고 있으며, 어떻게 이루어지고 있는지 그 현황을 파악해 보고자 한다. 설문 조사는 4월 10일부터 19일까지 열흘 동안 서울에 거주하는 1세에서 7세 사이의 자녀를 둔 60명의 부모를 대상으로 실시했다.

II. 설문 조사 결과 및 분석

설문 조사 결과에 따르면 응답자 60명 중 73%에 해당하는 44명이 자녀들에게 영어 교육을 시키고 있다고 대답했다. 또한 현재 영어 교육을 시키지 않고 있는 부모들 중에서도 아직은 이르다고 생각하는 사람이 8명, 시키고 싶지만 경제적 여유가 없다고 답한 사람도 4명이나 돼, 영어 조기교육이 필요하다고 생각하는 사람이 총 93.3%에 이르렀다. 이를 통해 대부분의 부모들이 영어 조기교육이 필요하다고 생각하는 것을 알 수 있었다.

현재 영어 교육을 시키지 않고 있는 학부모의 경우, 언제부터 영어 교육을 시키려고 하느냐는 질문에 16명 중 12명이 4~6세 미만이라고 답했다. 영어 교육을 시키고 있는 학부모들의 경우, 영어 교육을 시작한 시기를 묻는 질문에 6~7세 미만이라고 답한 응답자는 10%, 7세 이상이라고 답한 응답자는 7%에 그쳤다. 이에 반해 4~6세 미만이라고 답한 응답자가 53%, 2~4세 미만이라고 답한 응답자가 27%나 돼 6세 이전에 영어 교육을 시킨 학부모가 전체의 80%나 됐다. 부모들이 예상보다 이른 시기에 영어 교육을 시키고 있으며 그렇게 해야 한다고 생각한다는 것을 알 수 있었다.

영어 교육을 시키는 방법을 묻는 질문에는 학습지가 44%로 가장 많았으며, 그다음으로는 학원이 27%, 매스미디어가 13%였다. 그 외에도 부모가 직접 교육시킨다는 답변도 13%나 되었다. 조사 결과를 보면, 아직까지는 집에서 부담 없이 시킬 수 있는 학습지 교육을 선호한다는 것을 알 수 있었다.

영어 교육을 시키는 시간은 하루에 1~2시간이 70%로 대다수를 차지했고, 2~3시간도 20%나 되었다. 뿐만 아니라 취학 전 아이들에게는 무리이다 싶은 3시간 이상도 3%나 있었다. 영어 교육을 위해 한 달에 지출하는 비용을 묻는 질문에 10~20만 원이 가장 높은 비율인 34%를 차지했으나, 30만 원 이상을 지출한다는 부모도 23%나 되었다. 이를 보면 영어 교육으로 인한 경제적 부담이 적지 않을 것으로 보인다.

이 외에도 영어 조기 교육을 시키는 이유에 대해서도 조사했다. 초등학교 입학 후 학업 성적을 위해 시킨다는 답변이 44%로 가장 높았지만, 다른 아이들보다 뒤처질까 봐라는 답변도 무려 33%나 나왔다. 이는 부모들이 영어 조기 교육의 필요성에 대해서 구체적으로 느낀다기보다는 남들이 다 한다니 조바심을 내는 경우도 많다는 것을 알 수 있었다.

III. 맺음말

위의 설문 조사 결과를 종합해 볼 때 많은 부모들이 영어 조기 교육을 이미 시키고 있고 대부분 조기 교육의 필요성을 느끼고 있었다. 6세 이전에는 영어 교육을 시작해야 한다고 생각하고 있으며, 학습지나 학원 등의 방법을 통해서 하루에 1~2시간, 많게는 2~3시간씩 공부를 시키는 것으로 나타났다. 이에 따라 지출되는 비용도 적지 않아 경제적인 부담도 있을 것으로 예상된다. 하지만 영어 교육의 목적을 묻는 질문에 대한 답변에서도 볼 수 있듯이 확고한 인식과 지식이 부족하다는 것을 알 수 있었다.

영어 교육의 필요성은 누구나 인정하는 것이고 적절한 교육은 아이의 호기심을 자극하여 긍정적인 효과를 얻을 수 있다. 하지만 무조건적인 교육은 부모와 자녀에게 모두 부담이 될 수 있으니 다시 한 번 그 필요성과 방법에 대해 생각해 보길 바란다.

제2과 환경

읽기 지구 온난화와 기상 이변

어휘 익히기

1. (1)

	추측한 의미
① 기상 이변	여름에 눈이 오거나 겨울에 갑자기 폭설이 내리다가 금방 날씨가 따뜻해지는 것처럼 날씨가 이상하게 변하는 것
② 지구 온난화	지구가 따뜻해지는 것

(2)

	추측한 의미
① 가뭄	(오랫동안) 비가 오지 않는 것
② 집중 호우	갑자기 많은 비가 쏟아지는 것

(3)

	추측한 의미
① 오존층	지상 15~30km에 있는 대기층
② 보호막 역할	자외선으로부터 동식물을 지켜 주는 역할

2. (1) 흡수하는 (2) 배출한 (3) 상승했대요/상승했어요 (4) 캐냈어요 (5) 파괴하고 (6) 확산돼서/확산되면서

문법 익히기

–(ㄴ/는)다손 치더라도

1. 설령 이 화장품이 피부 노화에 효과가 있다손 치더라도 피부가 노화되는 것을 막을 수는 없다.

2. 회사 일이 아무리 눈코 뜰 새 없이 바쁘다손 치더라도 친한 친구의 결혼식에는 꼭 가려고 한다.

3. 설령 지금 사실대로 이야기하지 않는다손 치더라도 언젠가는 다른 사람들이 모두 알게 될 것이다.

4. 설사 내일부터 아르바이트를 시작해서 학비를 번다손 치더라도 학비 전액을 마련하기는 힘들 것 같다.

5. 손이 발이 되도록 싹싹 빈다손 치더라도 이번 일의 피해가 너무 커서 사람들한테 용서받기는 힘들 것 같다.

6. 아무리 비싸고 좋은 보험에 가입한다손 치더라도 모든 질병을 보험으로 다 보장받기는 힘들 거라고 생각한다.

전략 익히기

전문 용어나 개념어의 설명 찾으며 읽기

연습

전문 용어/개념어	설명한 내용
쇼핑의 과학	• 정의: 쇼핑 패턴과 매장 설계에 관한 법칙.
부딪침의 효과	• 정의: 다른 사람과 부딪치는 것을 꺼려 하는 마음이 관심 있는 물건을 구경하려는 생각까지 사라지게 하는 것. • 사례: 손님들이 많이 오가는 백화점 현관 앞의 넥타이 가게에 구경하러 들어오려던 사람들이 통행하는 다른 사람과 부딪칠까 봐 멈칫멈칫하다가 결국 밖으로 나가 버린다.

읽기

지구 온난화의 영향과 대책에 대한 글 읽기

1. (1)

전문 용어/개념어	설명한 내용
온실가스	오존층에 있는 가스 중 이산화탄소(CO_2), 수증기, 메탄(CH_4)이 태양열이 지표면에서 반사되어 지구 밖으로 빠져나가는 것을 막는 역할을 하는 가스
온실 효과	온실 안에 있는 것같이 온실가스가 막을 형성해 지구의 온도를 적절하게 유지해 주는 것
화석 연료	땅속에 묻혀 있는 자원 중 석탄, 석유, 천연가스 같이 연료로 사용될 수 있는 자원

2. (1) ③ (2) ① (3) ②
(4) ① × ② ○ ③ ○ ④ ○ ⑤ ×

쓰기 환경 보호 활동

어휘 익히기

1. (1) 재활용　(2) 폐수　(3) 폐기물　(4) 멸종　(5) 유기농　(6) 소음 공해

문법 익히기 　은/는 고사하고

1. 일등은 고사하고　2. 해외여행은 고사하고　3. 식사는 고사하고　4. 원금은 고사하고
5. 상여금은 고사하고　6. 샤워는 고사하고

전략 익히기 　목차 만들기

연습

목차
Ⅰ. 서론 Ⅱ. 저출산 문제의 원인 1. 경제적 여건 2. 결혼에 대한 인식 변화 3. 여성의 사회 진출률 증가 Ⅲ. 저출산 현상이 미치는 영향 1. 단기적 측면에서의 영향 2. 장기적 측면에서의 영향 Ⅳ. 저출산 문제의 해결 방안 1. 개인적 측면 2. 사회적 측면 3. 국가적 측면 Ⅴ. 결론 참고문헌

쓰기 환경 보호 활동에 대한 조사 보고서 쓰기

3. 예시

목차
Ⅰ. 서론 Ⅱ. 정부 주도적 환경 보호 활동 1. 정책적 성격의 활동 2. 캠페인 활동 Ⅲ. 소집단 자율적 환경 보호 활동 1. 환경 보호 단체 활동 2. 회사, 학교 단위의 활동 Ⅳ. 개인적 차원의 환경 보호 활동 1. 적극적인 활동 2. 소극적인 활동 Ⅴ. 결론

4. 예시

한국의 환경 보호 활동

Ⅰ. 서론

환경 문제는 이제 일부 지역에 국한된 것이거나 미래의 이야기가 아니라 현실 생활에서 매일 직면하는 문제가 되었다. 막연하게 자연을 보호하자고 구호를 외치는 것은 더 이상 설득력을 갖지 못하며 실제적인 환경 문제들에 대해 구체적인 대응 방법을 생각하고 실천해야 할 때가 된 것이다. 이에 실생활에서 가능한 실천법을 찾기 위해 지금까지 알려진 환경 보호를 위한 방법들에 대해 구체적으로 알아보았다.

조사는 10월 10일부터 20일까지 온라인과 오프라인으로 조사를 실시하였다. 온라인으로는 먼저 지금까지 정부가 주도한 환경 보호 활동에 대해 다룬 신문, 뉴스, 보고서 등을 조사했다. 또한 오프라인으로는 활발하게 환경 운동을 벌이고 있는 환경 운동 단체의 회원을 만나 조사하고 교내 환경 지킴이 동아리 회원들을 만나 경험담을 듣기도 했다. 개인적 차원의 일들에 대해서는 주위의 친구들이나 동료들을 인터뷰했다.

조사한 결과, 환경 보호 활동의 방법으로는 '정부 주도적 환경 보호 활동', '소집단 자율적 환경 보호 활동', '개인적 차원의 환경 보호 활동'의 세 가지가 있었다. 각각의 구체적인 실례를 살펴보면 다음과 같다.

II. 정부 주도적 환경 보호 활동

첫 번째로 환경 보호 활동에 관한 보고서나 신문 기사나 뉴스 등을 조사한 결과, 정부가 주도적으로 환경 보호를 벌이는 활동이 있었다. 정부 주도적 환경 보호 활동으로는 정책적 성격을 띠는 활동과 캠페인을 벌이는 활동이 있다.

1. 정책적 성격의 활동

환경 보호 활동 중 정책적 성격의 환경 보호 활동은 국가가 주도하는 것이기 때문에 법적인 제재가 있을 수 있고 정책적 성격을 띠고 있는 경우가 많았다. 예를 들어 환경 관련법을 제정하거나 세계적 환경 대책에 대응하여 대책을 세우는 것, 기업의 환경 경영을 지원하여 환경 경영을 유도하고 환경 자원의 보전을 위한 정책을 마련하고 실시하는 것 등이 정책적인 것에 포함된다.

한국에서 이루어지는 정부 주도적 환경 보호의 대표적인 예로는 '쓰레기 분리수거'가 있다. 쓰레기 분리수거를 제대로 하지 않았을 경우 벌금을 부과하는데 이는 이러한 활동이 정부의 주도하에 이루어지는 것이므로 만약 개인이 이를 어겼을 경우 법적인 제재를 가하는 것이다.

2. 캠페인 활동

또 다른 정부 주도적인 활동으로는 캠페인의 성격을 띤 경우가 있었다. 캠페인은 사회적인 문제들을 해결하기 위해 시행하는 것으로, 환경 문제는 개인의 의지와 노력만으로는 해결하기 어렵고 사회 구성원 모두의 의지와 노력이 있어야 해결할 수 있는 공동 문제이기 때문에 이러한 캠페인을 활용하고 있었다.

한국에서는 정부가 주도적으로 '자전거 타기', '나무 심기', '자동차 10부제'와 같은 캠페인 활동을 벌이고 있다. 특히 이러한 활동들을 활성화시키기 위해 TV나 라디오, 신문과 같은 매체를 활용해 많은 사람들에게 효과적으로 설득적인 메시지를 전달하려는 노력을 하고 있다.

III. 소집단 자율적 환경 보호 활동

두 번째로는 환경 보호 단체에서 진행하는 것과 회사나 학교 또는 지역 사회나 동호회 단위로 진행하는 것이 있다.

1. 환경 보호 단체 활동

환경 보호 단체 활동은 정부 주도적 환경 보호 활동에 비해 자율적이었다. 특히 환경 보호 단체들은 매우 강력한 영향력을 발휘하기도 했다.

환경 보호 단체들은 일반적으로 환경 보호를 위한 활동으로 환경 관련 신문을 발간하고, 환경 교육을 실시하는 등 교육적 활동과 함께 사회 전반에서 일어나는 환경문제를 감시하기도 한다. 한 예로 한국의 환경 보호 단체들을 안전한 밥상을 지키기 위해 기업의 유전자조작식품(GMO)의 위해성 평가 감시 활동을 펼치고 있으며 유전자조작식품의 완전 표시제 도입과 유전자조작식품의 재배 중단을 위한 활동을 전개하고 있다.

2. 회사, 학교 단위의 활동

환경 보호 단체와는 달리 학교나 회사 같은 소집단에서 이루어지는 환경 보호 활동은 구체적인 실천법적 성격이 강해서 그 효과가 단기간에 나타나고 일상생활에 변화를 가져오는 경우가 많았다.

실제로 한국의 기업 중에는 사무실에서 냉난방 온도를 조절하거나 여름에 복장을 간소화하여 환경오염의 주범인 이산화탄소의 배출을 줄이는 데 동참하고 있다. 또한 학교에서도 개인용 수저 사용을 권장하거나 일회용 컵 대신에 텀블러를 사용하는 경우 할인을 해 주는 등 환경보호 활동을 펼치고 있다.

Ⅳ. 개인적 차원의 환경 보호 활동

세 번째로는 환경 보호 단체와 환경 지킴이 동아리 회원들의 인터뷰 내용을 활용한 유형으로 일상생활에서 개인이 실천할 수 있는 방법들이 있었다. 이는 환경 보호 활동을 실천하고자 하는 개인의 의지에 따라 적극적으로 실천하는 활동과 소극적으로 실천하는 활동으로 구분할 수 있다.

1. 적극적인 활동

개인적 차원에서 이루어지는 환경 보호 활동은 자신의 결심과 의지로 해야 하는 자율적인 실천 방법이라는 점이 특징이다. 따라서 적극적으로 환경 보호 활동에 참여하는 사람들은 본인의 의지가 강하여 특별한 법적 규제가 없어도 환경 보호에 적극적으로 나서는 경향이 있었다.

구체적으로 적극적으로 실천하는 사람들은 '자동차 이용 줄이기', '사용하지 않는 전자제품의 플러그 뽑기', '재활용품 이용을 통해 쓰레기 양 줄이기' 등과 같은 개인적 차원의 환경 보호 활동을 열심히 실천하여 교통비, 전기세 등을 절약하고 있다.

2. 소극적인 활동

적극적으로 실천하는 사람들과 달리 의지가 약한 사람은 법의 테두리에서 벗어나지 않는 정도로만 환경 보호를 실천하는 경향이 있었다.

예를 들어 소극적으로 실천하는 사람들은 국가에서 실시하는 '쓰레기 분리수거하기', '자동차 10부제 실천하기' 등과 같이 법적 규제를 받는 한도 내에서 벌금을 부과 받지 않기 위해 환경 보호를 실천한다.

Ⅴ. 결론

지금까지 조사한 내용을 정리하면 먼저 정부 주도적 환경 보호 활동은 정책적 성격을 가지고 있어 법적인 제재를 받는 경우와 캠페인을 활용하는 경우였다. 그리고 소집단 자율적 환경 보호 활동은 환경 보호 단체나 회사, 학교와 같은 집단에서 이루어지는데, 실천법적 성격이 강해서 효과가 단기간에 나타나고 일상생활에 변화를 가져오는 경우가 많았다. 또한 개인적 차원의 환경 보호 활동은 일상생활에서 누구나 쉽게 개인적으로 실시할 수 있는 것들로 개인의 실천 의지에 따라 적극적인 활동과 소극적인 활동이 있었다. 이상과 같은 환경 보호 활동들은 일상생활과 밀접한 관계를 지닌 것이었고 특히 국가나 기업의 정책들조차도 실생활과 관계된 부분들이 없지 않다는 것을 알 수 있었다.

이렇게 볼 때 어느 방법이 더 중요하다고 단언할 수는 없다. 다만 상호 보조를 맞춰 효과를 극대화하는 것이 최선이며 앞으로 환경 보호와 환경 문제 해결을 위한 길이라고 하겠다.

제3과 심리

읽기 설득과 심리

어휘 익히기

1. (1) ① (2) ② (3) ② (4) ① (5) ② (6) ①

2. (1) 돌연 (2) 겨를 (3) 다만 (4) 선뜻 (5) 권위 (6) 시식

문법 익히기

–기 십상이다

1. 탈이 나기 십상이지.
2. 두고두고 후회하기 십상이지.
3. 감기에 걸리기 십상이야.
4. 손해 보기 십상이야.
5. 차질이 생기기 십상이죠.
6. 면역력이 떨어지기 십상입니다.

전략 익히기

KWL 활용해 읽기

연습

알고 있는 것 (Know)	알고 싶은 것 (Want-to-know)	알게 된 것 (Learned)
• 광고는 지나치게 많다. • 광고는 소비자의 생각을 알아야 한다.	• 광고 심리학이란 정확히 무엇을 말하는가? • 어떤 광고가 소비자 심리를 활용했나? • 소비자의 심리를 활용한 광고의 효과가 큰가?	• 소비자가 설득될 수 있는 심리를 활용할 수 있다. 예를 들면 소비자의 기대를 만족시킬 수 있는 내용으로 광고를 만들어 소비를 하게 만드는 것이다. • 소비자의 심리를 이용한 광고의 효과는 매우 크다.

읽기

설득의 법칙과 심리에 대한 글 읽기

1. (1)

알고 있는 것 (Know)	알고 싶은 것 (Want-to-know)
• 광고나 홈쇼핑 등을 보다가 설득을 당해 충동구매할 때가 있다. 이것은 심리를 이용한 설득의 법칙이다.	• 상호성의 법칙, 희귀성의 법칙, 권위의 법칙이 무엇인가? • 상호성의 법칙, 희귀성의 법칙, 권위의 법칙을 통해 어떻게 설득이 되는가?

(2)

알게 된 것 (Learned)
• 상호성의 법칙은 사람들이 다른 사람으로부터 호의를 받았을 때 이를 무시하거나 거절하기 힘들다는 심리에 근거하여 설득하는 방법이다. • 사람들이 호의를 받으면 그것을 그대로 갚아야 한다는 의무감을 갖기 때문에 호의를 베푼 사람의 부탁을 쉽게 거절하지 못한다. 이처럼 설득하는 방법이 상호성의 법칙이다. • 희귀성의 법칙은 갖기 힘든 것을 더 갖고 싶어 하는 사람들의 심리를 이용한 법칙이다. • 갑자기 희귀해진 물건이나 상황이 발생하면 사람들은 그것을 더 원하게 되는데 이를 활용한 법칙이 희귀성의 법칙이다. • 권위의 법칙은 불확실한 상황에서 믿을 수 있는 전문가나 권위 있는 누군가의 의견을 따르게 되는데 이를 활용한 법칙이다. • 신뢰할 수 있는 전문가, 권위 있는 사람을 이용해 다른 사람을 설득하는 것이 권위의 법칙이다.

2. (1) ② (2) ① (3) ① (4) ③

쓰기 기억

어휘 익히기

1. (1) 생생하게 (2) 지울 (3) 되살아날 (4) 망각하지 (5) 깜박하는 (6) 떠오르지

문법 익히기

–다가도

1. 나는 이상하게 술에 취했을 때 버스를 타면 내내 졸다가도 내려야 할 정류장이 가까워지면 깬다.

2. 대중의 인기란 물거품 같아서 인기가 많다가도 한순간에 사라진다.

3. 아이들은 종잡을 수가 없어서 조용히 있다가도 금세 뛰어다니곤 한다.

4. 요즘 날씨는 변덕스러워서 햇볕이 쨍쨍 내리쬐다가도 갑자기 소나기가 쏟아지곤 한다.

5. 그 여배우는 감정 연기가 뛰어나서 다른 연기자들과 웃고 이야기하다가도 슬픈 장면에서는 눈물을 뚝뚝 흘린다.

6. 그 권투 선수는 경기에서 몇 번이나 쓰러졌다가도 오뚝이처럼 다시 일어났다.

전략 익히기

설명문의 머리말 쓰기

연습

게임 중독은 게임에 몰두하여 일상생활을 영위하지 못할 정도로 과도하게 게임에 빠져 있는 상태를 말한다. 최근 신문 보도에 따르면 게임 중독으로 대학 병원을 찾는 환자들이 매년 10% 이상 증가하고 있다. 또 게임 중독으로 인한 사건, 사고가 끊이지 않고 있다. 예를 들어 5일 동안 쉬지 않고 게임만 하다가 호흡 곤란으로 30대 남성이 사망한 사건이나 게임에 중독된 부모가 갓 태어난 아기를 돌보지 않아 죽게 만든 사건 등이 이에 해당한다. 그런데 문제는 게임에 중독된 사람들은 자신이 중독되었다고 생각하지 못한다는 점이다. 이들은 단순히 자기가 다른 사람보다 게임을 더 좋아하는 것뿐이라고 생각한다. 그러면 과연 게임에 중독되었을 때 구체적으로 어떤 증상이 나타날까? 본 보고서에서는 게임 중독의 증상을 초기 증상과 초기 이후 증상으로 나누어 자세히 살펴보고자 한다.

5. 예시

인간의 기억: 감각 기억, 단기 기억, 장기 기억

Ⅰ. 머리말

심리학자들은 '기억'이란 저장한 정보를 밖으로 꺼내는 것이라고 정의한다. 즉 저장한 정보를 지속적으로 유지하고 있다가 필요할 때 인출하는 것을 말한다. 그러면 우리가 보거나 들은 여러 정보들 중에서 어떤 정보는 저장이 돼 기억으로 남고, 어떤 정보는 자동적으로 사라져 버리는 것일까? 정보들은 어떤 과정을 거쳐 우리의 뇌에 저장되는 것일까? 예전에는 기억했던 일들을 지금은 기억하지 못하는 이유는 무엇일까? 입력된 정보를 저장하는 기억 장치를 감각 기억, 단기 기억, 장기 기억 세 가지로 나눠 차례대로 알아보고자 한다.

Ⅱ. 감각 기억

감각 기억은 보거나 들은 정보들을 아주 짧은 시간 동안 그대로 저장하는 기억의 과정이다. 이 기억으로 저장할 수 있는 정보의 양은 무한대이기는 하나 특별히 주의를 기울이지 않으면 바로 머릿속에서 사라진다. 일반적으로 감각 기억은 영상 기억(iconic memory)과 잔향 기억(echoic memory)으로 구분된다. 영상 기억은 시각적 자극을 순간적으로 기억하는 과정을, 잔향 기억은 청각적 자극을 순간적으로 기억하는 과정을 뜻한다. 사람에 따라 다르기는 하나 대체로 영상 기억은 1초 이내, 잔향 기억은 그보다 약간 더 오래 지속되는 것으로 알려져 있다.

그런데 감각 기억에서 사라지지 않고 저장되는 정보는 대부분 관심이 있어 주의를 기울인 정보나 자신과 관련된 정보이다. 예를 들어 처음 만난 사람이 외모가 출중하다거나 재미있는 사람이었다거나 그 사람의 외모가 자신의 가족이나 가까운 사람과 닮았다거나 하면 그 사람에 대한 정보는 사라지지 않고 남게 된다.

Ⅲ. 단기 기억

단기 기억은 일차적 기억이라고도 하는데 이것은 감각 기억을 통해 투입된 정보가 단기간 저장되는 기억을 말한다. 감각 기억의 정보 중 단기 기억으로 넘어간 정보는 머릿속에 약 20초 정도 머무르게 된다. 그렇지만 머물러 있다가도 특별한 자극이 없으면 바로 없어진다. 예를 들어 114에서 전화번호를 안내 받은 그 순간에는 전화번호를 기억했지만 전화를 끊고 나면 바로 잊어버린 경우라든지, 처음 만난 사람에게서 명함을 받은 후 명함에 있는 이름을 분명히 봤지만 악수를 나눈 후 이름이 기억나지 않는다든지, 수업에서 선생님이 강조한 핵심 내용을 바로 암기하지 않으면 잠시 후에 기억하지 못하는 것이 이에 해당

된다.

단기 기억은 저장되는 시간도 짧고 처리할 수 있는 용량도 그리 많지 않다. 예를 들어, '곰, 기린, 사자, 매미, 파리, 호랑이, 토끼, 노루, 개구리, 늑대'를 한 번 읽게 하고 기억나는 순서대로 종이에 적어 보게 하면 대부분은 거의 다 적지 못한다. 이것은 인간의 단기 기억은 일곱 묶음 내외의 용량을 가지고 있어서 일곱 묶음 이하는 잘 처리하지만, 일곱 묶음 이상, 특히 아홉 묶음 이상이 되면 처리가 힘들어지기 때문이다. 이러한 한계를 기억의 범위라고 한다.

Ⅳ. 장기 기억

장기 기억은 이차적 기억으로 단기 기억의 과정을 거쳐 비교적 오랫동안 저장되는 기억의 과정을 말한다. 즉 단기 기억의 어떤 정보는 오랫동안 기억에 남는데, 이것이 바로 장기 기억이 된 것이다. 잊지 않도록 반복하는 '시연'이나 이미 기억하고 있는 개념과 연관 지어 기억하는 '부호화'라는 과정을 거치면 장기 기억으로 남는다. 예를 들어 전화번호를 안내받은 후 누를 번호를 반복해서 중얼거리면 전화번호를 잊지 않게 된다든지, 시험공부를 할 때 반복적으로 여러 번 공부하면 기억이 잘 난다든지 하는 것이 시연에 해당한다. 또 오랜만에 만난 친구의 이름이 기억나지 않을 때, 그 친구와 친했던 다른 친구들 중 자신이 잘 기억하고 있는 사람과 연관 지으면 더 쉽게 이름이 떠오른다. 새 정보들을 오래된 정보나 친숙한 정보와 묶어서 저장하면 후에 인출할 때 훨씬 수월하게 찾아낼 수 있는데 이것이 바로 부호화 과정이다.

장기 기억에 저장된 정보는 긴 기간 유지되며, 그 용량도 무제한이다. 우리는 장기 기억 속에 자신에게 필요한 상식, 전문 용어, 친한 사람들의 얼굴, 이름, 노래, 대화 내용 등을 저장해 놓고 필요할 때마다 인출해서 사용한다.

Ⅴ. 맺음말

기억은 획득한 경험 내용을 저장하고 보존한 후 필요한 상황에서 이를 재생하여 인출하는 과정이다. 본 보고서에서는 감각 기관을 통해 자극을 받은 후 기억이 지속되는 시간 순서대로 감각 기억, 단기 기억, 장기 기억에 대해서 알아보았다. 감각 기억은 특별한 자극이 없으면 순간적으로 사라지는 것이고 단기 기억은 20초가량 머무르다가 사라지는 일차적인 기억이며, 장기 기억은 오랫동안 잊어버리지 않고 기억하는 이차적인 기억을 말한다.

제4과 인간의 성장과 발달

읽기 청소년 문제

어휘 익히기

1. (1)

	추측한 의미
① 반항하다	다른 사람에게 대들거나 반대하다.
② 탈선하다	말이나 행동이 나쁜 방향으로 빗나가다.

(2)

	추측한 의미
① 충동적이다	마음속에서 어떤 욕구 같은 것이 갑자기 일어나다.
② 불안하다	마음이 편하지 않다.

(3)

	추측한 의미
① 예민하다	무엇인가를 느끼는 능력이 빠르고 뛰어나다.
② 흥분하다	어떤 자극을 받아 격한 감정을 드러내다.

2. (1) 조절하라고 (2) 변덕스러운 (3) 설레요 (4) 왕성한 (5) 억제하는 (6) 엉뚱한

문법 익히기

–게끔

1. 보이게끔 2. 일어서게끔 3. 잡게끔 4. 일깨우게끔 5. 익히게끔 6. 되돌아보게끔

전략 익히기

표시하며 읽기

연습

2~6세에 해당하는 기간을 '유아기'라고 하는데, 유아기에는 신체적으로 운동 능력이 발달하게 되며 인지적으로는 자아중심적인 사고를 갖게 되고 언어적으로도 크게 발달하는 특징이 있다. 이 시기의 아이들은 유치원에서 교사, 친구들과 지내면서 사회적인 관계를 처음 맺게 되어 다른 사람들과의 관계를 통해

자아의식을 형성한다.

유아기의 특징을 구체적으로 살펴보면, 먼저 ①신체적으로는 꾸준한 성장을 통해 운동 능력이 발달한다. (예를 들어 팔과 다리가 길어지고 이전에는 잘할 수 없던 혼자서 옷 입기, 수저 사용하기, 가위질하기, 자전거 타기 등과 같은 활동을 잘할 수 있게 된다.)

②인지적으로는 자아중심적인 특징을 가지게 되어 타인의 생각과 감정, 관점 등이 자기와 동일하다고 생각한다. (예를 들어 유아기의 아동들은 숨바꼭질을 하며 몸을 숨길 때 몸은 다 보이는데 얼굴만 가린 채로 숨는다.) 이런 현상은 자신이 술래를 볼 수 없으면 술래도 자신을 볼 수 없다고 생각하는 자아중심적인 사고에서 비롯된 것이다.

또한 ③언어적으로는 이전 시기에 비해 언어가 폭발적으로 발달한다는 특징이 있다. (아는 어휘의 수가 증가하여 문장의 길이가 길고 복잡해지며 문법에 맞게 표현하기 시작해 점차 완벽한 문장을 만들 수 있게 된다.) 이렇게 발달한 언어를 통해 사회적으로 다른 사람들과 상호작용하게 되며 의사소통 활동을 본격적으로 하게 된다.

읽기

청소년기 반항적 특징의 원인에 대한 글 읽기

1.

단락	핵심어	중요한 내용
1	청소년기, 풋풋함, 이유 없는 반항	청소년기의 아이들은 충동적이고 반항적이며 감정 조절이 안 되는 경향을 보인다.
2	성 호르몬, 공격적, 불안감	신체적인 변화가 나타나게 하는 동시에 감정적으로는 충동적이고 공격적인 성향을 갖게 한다.
3	세로토닌, 기분 변화, 신경전달물질의 분비량	감정을 조절하는 신경전달물질이 이 시기에는 적게 분비되어 청소년들의 감정 기복을 크게 만든다.
4	전두엽, 이성적, 감정 조절	감정을 담당하는 부분은 청소년기에 거의 완성되나 이성을 관장하는 부분은 미완성인 상태여서 어떤 문제가 발생하면 이성적으로 판단하기에 앞서 감정적인 부분이 먼저 반응한다.
5	호르몬의 분비량, 뇌 발달의 정도, 과도기	청소년기는 그 나이 때면 누구나 겪는 일종의 과도기이므로 반항적인 성향도 자연스러운 현상으로 바라봐야 한다.

2. (1) ③ (2) ① (3) ③

(4) 갑자기 충동적인 행동을 하거나 감정이 폭발하는 것과 같이 종잡을 수 없을 만큼 변화무쌍한 행동을 하는 것

쓰기 20대 행복 지수

어휘 익히기

1. (1) 가득한 (2) 화목하게 (3) 이르게 (4) 겪으면서 (5) 불우하게 (6) 닥치는지

문법 익히기

–(으)ㄹ지라도

1. 마음에 들지 않더라도 2. 어떤 어려움이 닥칠지라도 3. 정신없이 바쁠지라도 4. 손가락질을 할지라도
5. 우승하지 못했을지라도 6. 경영자로 올지라도

전략 익히기

설문 조사 결과 기술하기

연습

한국인의 연령대별 행복 지수를 조사한 결과, 전체적으로 나이가 들수록 자신이 불행하다고 생각하는 사람이 늘어나는 것으로 나타났다. 구체적으로 살펴보면, 20대에 91.3점으로 행복 지수가 가장 높았으나 30대, 40대로 가면서 점점 낮아지는 것을 알 수 있다. 그리고 50대가 되면 85.5점으로 소폭 상승했다가 60대에는 75점, 70대에는 67점으로 급격하게 떨어졌다.

이는 20대에는 대학 진학과 사회 진출로 미래에 대한 기대감이 커서 행복 지수가 높은 것으로 생각된다. 반면에 30대와 40대에는 미래에 대한 기대감은 20대와 크게 차이가 나지 않으나 사회생활을 하면서 자신의 미래가 원하는 대로 실현될 가능성이 낮다는 것을 느끼게 되고 이로 인해 행복 지수가 낮아진 것으로 보인다. 또한 이 시기는 자녀 교육에 열중하는 시기라서 자신만을 위한 시간이 없기 때문에 행복감을 느끼지 못하는 것으로 나타났다.

50대는 자녀가 대부분 대학교에 진학했거나 사회에 진출해서 자신만의 시간이 많아지는 시기이다. 시간도 여유가 있고 정신적으로 여유가 생기면서 행복 지수가 소폭 상승한 것으로 보인다. 그러나 60대와 70대에는 행복 지수가 급격하게 떨어졌다. 이는 사회와 자녀로부터 소외감을 느끼기 때문인 것으로 보인다. 이와 더불어 사회적으로 노인을 공경하는 문화가 사라져 무시당하는 느낌을 가지면서 행복감도 떨어지는 것으로 보인다.

4. 예시

한국인 20대의 행복 지수

Ⅰ. 머리말

인생에서 가장 행복해야 할 시기가 언제인지 물으면 20대, 30대라고 답하는 사람들이 많을 것이다. 특히 20대는 하고 싶은 것도 많고, 미래에 대한 가능성도 많은 시기라서 다들 인생의 황금기라고 한다. 그렇다면 한국인 20대들도 자신들이 행복하다고 느낄까? 실제로 20대들이 스스로 행복하다고 느끼는지, 만약 그렇다면 얼마나 행복하다고 느끼는지 알아보고자 한다.

한국인 20대의 행복 지수를 알아보기 위해 한국인 남녀 대학생 500명(남성 250명, 여성 250명)을 대상으로 조사했다. 설문 조사는 지난 4월 한 달간 온라인으로 이루어졌다. 설문 문항은 학업 능력, 가족 관계, 교우 관계, 성취감, 경제적인 문제 등 5개 항목에 100점 만점으로 자신이 만족하는 정도를 응답하는 형식으로 이루어졌다.

Ⅱ. 조사 결과 및 분석

한국인 20대는 얼마나 행복하다고 느낄까?

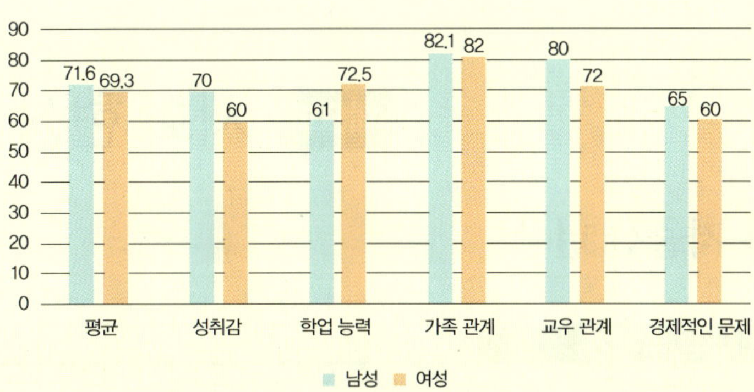

한국인 20대의 행복 지수를 조사한 결과, 평균은 남성 71.6점, 여성은 69.3점으로 남성이 여성에 비해 다소 높았다. 그러나 '성취감을 얼마나 느끼는지'에 대한 질문에 남성은 70점으로 높은 편이었으나 여성은 60점으로 남성과 차이가 많이 났다. '학업 능력에서 얼마나 만족하는지'를 묻는 질문에 대한 답은 남성은 61점이었으나 여성은 72.5점으로 나타나 남성에 비해 여성이 자신의 학업 능력에 더 만족해한다는 것을 알 수 있었다. 성취감과 학업 능력 외에 가족 관계에 대한 질문에는 남녀 두 집단의 응답 결과가 불과 0.1% 내외로 근소한 차이를 보였고 대체적으로 높은 만족도를 보였다. 그러나 교우 관계, 경제적인 문제에 얼마나 만족하는지에 대해서는 남성이 여성보다 더 만족하는 것으로 나타났다. 특히 경제적인 문제에서 여성은 낮은 만족도를 보였다.

20대 여성이 남성에 비해 학업 능력에서는 높은 만족도를 보이나 실제 성취감에서는 만족도가 떨어지는 것은 여전히 한국 사회에 남아 있는 남성 중심의 사회 분위기 때문이라고 생각되었다. 학업은 사회적 분위기와 관계없이 자신이 계획한 대로 해 나가는 것이기 때문에 성취감에 비해 사회 분위기에 크게 영향을 받지 않기 때문에 여성들의 만족도가 높은 것으로 보인다.

한국인 20대의 평균 행복 지수는 한국의 전체 평균보다 높았다. 이를 볼 때 한국의 젊은이들이 다른 세대보다 자신의 생활에 더 행복감을 느끼는 것을 알 수 있었다. 한국의 20대들은 입시 지옥을 뚫고 대학에 진학한 사람들이다. 이들은 원하는 대학에 진학했을지라도 그것이 끝이 아니라 여전히 치열한 학점 전쟁과 취업 경쟁에 시달리는 현실에서 살아가고 있다. 그러나 무거운 현실보다 앞으로 자신에게 다가올 미래에 대한 기대감이 큰 것은 매우 고무적인 일이 아닐 수 없다.

Ⅲ. 맺음말

한국인 20대의 행복 지수는 남성이 여성보다 다소 높았다. 그리고 남성은 성취감, 교우 관계, 경제적인 문제에서 행복감을 많이 느끼는 반면, 여성은 학업 능력에서 행복감을 많이 느끼는 것으로 나타났다. 본 보고서는 20대들이 지금 당장 학업과 취업, 경제적인 문제 때문에 힘들지만 미래에 대한 기대로 다른 세대보다 행복감을 더 느끼는 것을 알 수 있었다는 점에서 의미가 있다고 하겠다.

제5과 사회 현상

읽기 저출산 현상

어휘 익히기

1. (1)

	추측한 의미
① 고령화	한 사회에서 65세 이상 노인의 인구 비율이 높은 상태로 나타나는 것
② 생산 가능 인구	경제 활동을 할 수 있는 연령의 인구. 15~64세의 인구를 의미

(2)

	추측한 의미
① 출산 휴가	출산 전, 후 산모나 임산부에게 제공되는 휴가 기간
② 육아 휴직	자녀 양육을 위해 만 8세 이하 자녀가 있는 근로자가 유급으로 최대 1년 동안 휴직할 수 있는 제도

(3)

	추측한 의미
① 양육비	아이를 기르는 데 드는 비용
② 보육 시설	어린이집처럼 아이를 돌보고 기르는 시설

2. (1) ① (2) ② (3) ② (4) ① (5) ② (6) ①

문법 익히기 –(으)ㄹ뿐더러

1. 이용료가 싸다	돈도 부족하다
2. 집을 못 구했다	색깔도 예쁘다
3. 학교에서 가깝다	운동 기구도 많다
4. 음식을 가려 먹다	일 년에 두 번씩 오다
5. 매일 연락을 하다	근처에 지하철역도 있다
6. 디자인이 독특하다	좋아하는 음식도 조금밖에 안 먹다

1. 쌀뿐더러 운동 기구도 많아서
2. 못 구했을뿐더러 돈도 부족해서
3. 가까울뿐더러 근처에 지하철역도 있어서
4. 가려 먹을뿐더러 좋아하는 음식도 조금밖에 안 먹어서
5. 할뿐더러 일 년에 두 번씩 와서
6. 독특할뿐더러 색깔도 예뻐서

전략 익히기

의미상 같은 내용으로 단락 묶으며 읽기

연습

단락	단락의 주제
1, 2	인터넷 악성 댓글의 심각성
3, 4, 5	인터넷 악성 댓글에 대한 대책

읽기

저출산 현상의 원인과 대책에 대한 글 읽기

1.

단락	단락의 주제
1	저출산의 문제
2, 3, 4, 5	저출산의 원인
6, 7	저출산이 경제에 미치는 영향
8	저출산 문제의 해결 방안

2. (1) ③ (2) ③ (3) ② (4) ②

쓰기 가족의 다양한 형태

어휘 익히기

1. (1) 꾸리는 (2) 분담하는 (3) 잇기 (4) 책임져야 (5) 맺어지면 (6) 돈독했는데

문법 익히기

-(ㄴ/는)다/라기보다

1. 날씬하다기보다 2. 설렌다기보다 3. 좋아한다기보다 4. 친구라기보다 5. 맞는다기보다
6. 포기했다기보다

연습

〈원문〉

공익 광고는 음주운전 방지, 불조심, 환경 보호 등과 같이 정부나 단체가 공공의 이익을 위해 만든 광고를 말한다. 따라서 상품 판매를 위한 상업 광고와는 그 목적부터 다르다. 공익 광고는 대중들이 공공의 이익과 관련된 주제에 얼마나 무관심한지를 정중하게 일깨워 그에 대해 책임 의식을 갖도록 하려는 목적으로 만든다.

그런데 간혹 어떤 공익 광고를 보면 대중의 무관심을 점잖게 알려 주기보다는 잘못을 꾸짖는 투라서 기분이 언짢을 때가 있다. 예를 들어, 환경 보호 광고에서 "여러분이 쓴 합성 세제 때문에 자연이 죽어 갑니다."라고 하거나 과소비 방지 광고에서 "지금 여러분의 과소비가 가정과 나라 살림을 위태롭게 하고 있습니다."라는 문구를 보면 당신이 잘못했으니 당신이 책임지라는 식으로 표현해서 불쾌감을 느끼게 한다.

그러므로 공익 광고는 본래 취지에 맞게 정중한 표현을 씀으로써 대중이 위기의식을 느끼고 관심을 가져서 스스로 실천할 수 있도록 하는 것이 좋다.

⇩

〈핵심 내용〉

- 공익 광고는 정부나 단체가 공공의 이익을 위해 만든 광고
- 공익 광고는 대중들이 공공의 이익과 관련된 주제에 얼마나 무관심한지를 정중하게 일깨워 주고 그에 대해 책임 의식을 갖도록 하려는 목적으로 만든다.
- 그런데 간혹 어떤 공익 광고는 잘못을 꾸짖는 투라서 기분이 언짢을 때가 있다.
- 공익 광고는 본래 취지에 맞게 정중한 표현을 씀으로써 대중이 위기의식을 느끼고 관심을 가져서 스스로 실천할 수 있도록 하는 것이 좋다.

⇩

〈서술식 요약문〉

정부나 단체에서 공공의 이익을 위해 만든 광고를 공익 광고라고 한다. 이러한 공익 광고는 대중들이 공공의 이익과 관련된 주제에 무관심한 것을 정중하게 깨닫게 만들어 책임 의식을 갖도록 하기 위해 만든다. 그런데 가끔 어떤 공익 광고는 모든 잘못이 대중들에게 있다고 꾸짖는 식으로 말을 하는 경우가 있어 불쾌감을 준다. 그러므로 공익 광고는 본래 취지에 맞게 정중하게 표현하여 대중이 위기의식을 느끼고 관심을 가지게 해서 스스로 실천하려는 의지를 갖도록 하는 것이 좋다.

쓰기 현대 사회와 가족 형태에 대한 요약 보고서 쓰기

1.

현대 사회와 가족 형태

가족은 부부와 그들의 결혼에 의해 출생한 자녀로 이루어지는 가장 기본적인 사회 집단이다. 농경이 발달했던 전통 사회에서는 여러 세대가 함께 사는 확대가족의 형태가 보편적이었다. 그러나 산업 사회로 전환됨에 따라 부부와 그들의 미혼 자녀로만 구성된 핵가족의 형태가 일반적인 가족 형태가 되었다. 현대 사회로 발전해 오면서 가족의 형태는 독신 가족, 무자녀 가족 등으로 더욱더 다양해지게 되었다. 이처럼 가족의 형태는 시대적 배경에 따라 다양한 형태로 변화해 왔다. 그러면 현대 사회에는 어떤 가족 형태가 새롭게 나타났을까? 그러한 가족의 형태가 새롭게 나타난 배경은 무엇일까? 현대 사회의 다양한 가족의 형태와 그 형태가 나타난 배경에 대해서 살펴보고자 한다.

현대 사회에 나타난 가족 형태의 특징은 가족 규모의 축소와 다양한 형태의 가족 구성이다. 통계청에 따르면 올해 전체 약 1,910만 가구 중 혼자 사는 독신 가족은 27.2%로 10년 전에 비해 64% 이상 급증했다고 한다. 또한 자녀 없이 부부로만 이루어진 무자녀 가족도 전체 가구 수의 26.1%를 차지했다. 이는 10년 전에 비해 약 41.8% 증가한 수치이다. 반면 4인 이상 가족은 꾸준히 감소하고 있다. 이처럼 독신 가족과 무자녀 가족이 전체 가족 형태의 절반 이상을 차지하고 있다. 이뿐만 아니라 한부모 가족, 재혼 가족, 조손 가족 등 가족의 형태가 더 다양해졌다. 한부모 가족은 부모 중 아버지나 어머니 한 사람과 자녀로 구성된 가족이다. 그리고 재혼 가족은 이전의 결혼이 깨진 후 새로운 배우자와의 결혼을 통해 이루어진 가족을 말한다. 한부모 가족과 재혼 가족은 이혼이나 사별 등의 이유로 발생한다. 조손 가족은 부모 없이 손자나 손녀가 할머니, 할아버지와 사는 가족 형태이다. 조손 가족은 부모의 취업이나 자녀의 학업, 또는 부모의 이혼, 재혼, 사별 등의 이유로 형성된다.

이처럼 가족 형태가 다양해진 것은 결혼 및 부부 관계 등에 대한 가치관의 변화, 개인주의적 가치관의 확산으로 가족 환경이 바뀌면서 나타난 현상이다. 과거에는 거의 모든 사람이 결혼을 해야 한다고 생각했다. 그러나 현대 사회에 와서는 결혼이 반드시 해야 하는 필수적인 것이라기보다는 개인의 자유 의지에 따라 '선택'할 수 있는 것으로 여기는 경향이 강해졌다. 이로 인해 독신 가족이 증가하게 됐다. 개인주의적 가치관의 확산은 결혼한 부부 사이에 변화를 일으켰다. 이전에는 남성이 생계를 책임지고 여성은 집안일과 아이의 양육을 전적으로 떠맡아야 한다는 고정된 성역할이 있었다. 그러나 현대 사회에는 개인의 삶을 중요하게 생각하고 자아실현을 우선순위에 두는 사람들이 늘어나면서 기존의 고정된 성역할이 깨지게 됐다. 이를 통해 부부가 공동으로 생계를 책임지고 자녀 양육에 대한 부담을 갖는 대신 부부 중심으로 살아가는 무자녀 가족이 생겨났다. 또한 결혼한 부부 중에 서로 맞지 않으면 이혼을 선택할 수 있다고 생각하는 사람들이 많아졌다. 그 결과 이혼율이 증가하여 이혼에 의한 한부모 가족이나 재혼 가족, 조손 가족의 수가 늘고 있다.

가족 형태는 부부와 자녀로 이루어진 일반적인 모습이었다가 현대 사회로 오면서 가치관의 변화, 개인주의적 가치관의 확산으로 다양하게 변화해 왔다. 그 결과 혼자 사는 독신 가족, 자녀 없이 부부 중심으로 사는 무자녀 가족, 이혼으로 인해 발생한 한부모 가족과 재혼 가족, 조손 가족 등이 생겨나게 되었다.

2.

처음	• 가족은 부부와 그들의 결혼에 의해 출생한 자녀로 이루어지는 가장 기본적인 사회 집단이다. • 농경 사회에서는 확대 가족이 보편적이었고, 산업 사회에서는 핵가족의 형태가 일반적인 가족 형태였으나 현대 사회로 발전해 오면서 가족의 형태가 다양해졌다. • 가족의 형태는 시대적 배경에 따라 다양한 형태로 변화해 왔다. • 현대 사회의 다양한 가족의 형태와 그 형태가 나타난 배경에 대해서 살펴보고자 한다.
중간	1. 현대 사회의 가족 형태 • 현대 사회에 나타난 가족 형태의 특징은 가족 규모의 축소와 다양한 가족 구성이다. • 독신 가족과 무자녀 가족이 10년 전에 비해 크게 증가하여 전체 가족 형태의 절반 이상을 차지한다. • 한부모 가족, 재혼 가족, 조손 가족 등 가족의 형태가 더 다양해졌다. • 한부모 가족은 부모 중 아버지나 어머니 한 사람과 자녀로 구성된 가족이다. • 재혼 가족은 이전의 결혼이 깨진 후 새로운 배우자와의 결혼을 통해 이루어진 가족이다. • 조손 가족은 부모 없이 손자나 손녀가 할머니, 할아버지와 사는 가족 형태이다. 2. 현대 사회의 가족 형태가 나타난 배경 • 가족 형태가 다양해진 것은 결혼 및 부부 관계 등에 대한 가치관의 변화, 개인주의적 가치관의 확산 때문이다. • 결혼은 개인의 자유 의지에 따라 '선택'할 수 있는 것으로 여기는 경향이 강해져 독신 가구가 증가했다. • 개인주의적 가치관의 확산으로 고정된 성역할이 깨져 부부가 공동으로 생계를 책임지고 부부 중심으로 살아가는 무자녀 가족이 생겨났다. • 결혼한 부부 중에 서로 맞지 않으면 이혼을 선택할 수 있다고 생각하는 사람들이 늘어나 한부모 가족이나 재혼 가족, 조손 가족 등이 증가했다.
끝	• 일반적인 가족 형태는 가치관의 변화, 개인주의적 가치관의 확산으로 다양한 형태를 띠게 되었다. • 독신 가족, 무자녀 가족, 한부모 가족, 재혼 가족, 조손 가족 등이 생겨났다.

3. 예시

현대 사회와 가족 형태

Ⅰ. 머리말

결혼, 혈연 등으로 이루어진 가족은 사회를 구성하는 가장 기본적인 집단이다. 그러나 현대 사회에 들어서면서 가족의 수는 과거에 비해 크게 줄어들고 그 유형은 다양해졌다. 과거의 농경 사회에서는 확대 가족이 보편적이었다. 산업 사회가 되면서 핵가족의 형태가 일반적인 가족 형태가 되었고 현대 사회로 발전하면서 더 다양한 가족의 형태가 나타났다. 이처럼 가족의 형태는 시대적 배경에 따라 다양한 형태로 변한다. 본 보고서는 현대 사회의 다양한 가족의 형태가 무엇인지 그리고 가족의 다양한 형태가 나타나게 된 배경이 무엇인지에 대해서 『현대 사회와 가족 형태』를 참고하여 요약·정리하고자 한다.

Ⅱ. 현대 사회의 가족 형태

현대 사회에는 독신 가족과 무자녀 가족이 10년 전에 비해 큰 폭으로 증가하여 전체 가족 형태의 반 이상을 차지하고 있다. 통계청 발표에 따르면 독신 가족은 10년 전에 비해 64%, 무자녀 가족은 10년 전에 비해 약 41.8% 급증했다고 한다. 이처럼 가족의 크기가 과거에 비해 점점 작아지고 있다. 이뿐만 아니라 부모 중 한 명과 자녀가 함께 사는 한부모 가족, 이혼 후 재혼으로 다시 형성된 재혼 가족, 부모 없이 조부모와 함께 사는 조손 가족 등 다양한 가족 형태가 나타났다. 이처럼 현대 사회의 가족 형태는 가족 규모의 축소와 다양한 형태의 가족 구성이라는 특징을 가지고 있다.

Ⅲ. 현대 사회의 가족 형태가 나타난 배경

이처럼 가족의 형태가 다양해진 이유는 무엇일까? 그것은 과거에는 결혼을 '필수'로 해야 하는 것이라고 여겼던 데 반해 현대에는 결혼이 자유 의지에 따라 '선택'할 수 있는 것이라고 생각하는 개인의 결혼관이 변했기 때문이다. 또한 자신만 생각하는 개인주의적 가치관이 확산되어 기존에 가지고 있었던 고정된 성역할도 바뀌게 되었다. 결혼관의 변화, 개인주의적 가치관의 확산, 고정된 성역할의 변화는 혼자 사는 독신 가족, 자녀 없이 부부 중심으로 살아가는 무자녀 가족, 이혼 등으로 발생한 한부모 가족, 재혼 가족, 조손 가족 등 다양한 가족의 형태를 탄생시켰다.

Ⅳ. 맺음말

결혼관의 변화, 개인주의적 가치관의 확산 등으로 인해 부모와 자녀가 함께 사는 일반적인 가족의 형태는 독신 가족, 무자녀 가족, 한부모 가족, 재혼 가족, 조손 가족 등 다양하게 변화되었다. 이러한 가족의 형태는 사회 구조가 점점 더 복잡해짐에 따라 앞으로 더 다양해질 것이라고 생각한다.

〈참고 문헌〉

김승권(2005). 한국 사회변동과 다양한 가족의 출현, 『보건복지포럼』 103, 5-23.

정옥분 · 정순화 · 홍계옥(2005). 『결혼과 가족의 이해』, 시그마프레스.

하용출 편(2001). 『한국 가족상의 변화』, 서울대학교출판부.

한국가족문화원 편(2009). 『(새로 본) 가족과 한국 사회: 변화하는 한국 가족의 삶 읽기』, 경문사.

함인희(2010). 가족정책의 바람직한 방향, 『젠더리뷰』 17, 12~19.

제6과 종교

읽기 종교의 이해

어휘 익히기

1.

(1) 예배	신이나 부처와 같은 초월적 존재 앞에 경배하는 의식
(2) 신앙심	마호메트가 창시한 종교. 알라가 마호메트를 통해 계시한 코란을 경전으로 함
(3) 성직자	신이나 초자연적 절대자를 믿고 따르는 마음
(4) 이슬람교	종교적 직분을 맡은 사람. 신부, 목사, 승려가 여기에 속함
(5) 종교 체험	어떤 한계를 뛰어넘거나 사람들의 경험과 생각의 범위를 벗어나는 대상
(6) 초월적인 존재	신앙을 가진 사람이 어떤 문제가 생겼을 때 신의 능력을 체험하는 것

2. (1)

의미	부사
가끔, 이따금, 때때로, 어쩌다	종종
계속, 지속적으로	끊임없이

(2)

의미	부사
꼭, 틀림없이	당연히
단지, 대단한 것도 없이 다만	한낱

(3)

의미	부사
거짓 없이 참으로, 정말	진정
전부 다, 모두	온통

문법 익히기

–(으)면 몰라도

1. 파티에 나 혼자 가다
2. 직접 산 것이다
3. 민수가 안 아프다
4. 마이클 씨와 친한 친구 사이이다
5. 어머니랑 같이 가다
6. 내가 테니스 선수였다

- 어떻게 그 선수를 이길 수 있었겠어요?
- 아이까지 데리고 가는 건 실례예요.
- 아픈데 집에 혼자 두고 나가는 건 불안해요.
- 선물로 받은 것을 환불하는 건 좀 그래요.
- 아이가 혼자 가서 물건을 교환하기는 힘들어요.
- 친하지도 않은데 그 사람 집에 머무는 건 불편해요.

1. 파티에 나 혼자 가면 몰라도 아이까지 데리고 가는 건 실례예요.
2. 직접 산 것이면 몰라도 선물로 받은 것을 환불하는 것은 좀 그래요.
3. 민수가 안 아프면 몰라도 아픈데 집에 혼자 두고 나가는 건 불안해요.
4. 마이클 씨와 친한 친구 사이이면 몰라도 친하지도 않은데 그 사람 집에 머무는 건 불편해요.
5. 어머니랑 같이 가면 몰라도 아이 혼자 가서 물건을 교환하기는 힘들어요.
6. 내가 테니스 선수였으면 몰라도 어떻게 그 선수를 이길 수 있겠어요?

전략 익히기

본문에 나온 질문의 답 찾으며 읽기

연습

질문	본문에 나온 답
① 소음이 사람들을 불안하게 만들고 흥분하게 하고 때로는 공격적인 성향을 나타내게 한다는 심리학자들의 주장은 사실일까?	• 소음이 짜증을 일으키는 것은 사실이지만 공격적인 행동까지 유발하는가에 대해서는 뚜렷한 상관관계를 찾지 못했다. 공격적인 반응 여부는 이를 느끼는 사람의 제어 능력과도 연관성이 있기 때문에 하나의 결론으로 말하기는 어렵다.
② 소음이 우리 건강에도 영향을 줄까?	• 식당이나 술집에서 옆 사람과 이야기를 할 수 없을 정도의 소음 수치는 바로 옆사람이 크게 코 고는 소리를 들었을 때와 동일하다. 이 소음에 오래 노출되면 청각이 손상될 우려가 있다. • 시끄러운 음악 소리는 지하철이 통과할 때 소음을 바로 앞에서 듣는 정도이다. 이 소음은 청각에 심각한 손상을 준다.

읽기

종교의 이해에 대한 글 읽기

1.

	질문	본문에 나온 답
①	종교란 무엇인가?	• 무한하고 초인간적인 신을 믿어 선을 행하고 악을 경계해 행복을 얻고자 하는 일 • 죄로 멀어진 신과 인간이 다시 연결된다는 것
②	신을 만난 인간의 내적 상태란 무엇을 의미할까?	• 이것은 신을 경험한 상태를 말한다. 신을 경험했다는 것은 보이지 않고 들리지 않고 만지지 못하는 '신이 있다고 믿는 것'을 말한다.
③	사람들이 왜 종교를 믿는 것일까?	• 초월적인 존재인 신이 인간의 근원적인 관심인 '행복'을 가능하게 해 준다고 믿기 때문에 종교를 믿는다.

2. (1) ①　(2) ②　(3) ① ○　② ×　(4) ①

쓰기 종교의 기원

어휘 익히기

1. (1) 미신　(2) 숭배　(3) 개종　(4) 제물　(5) 신자　(6) 영혼

문법 익히기

-(으)ㄴ/는가 하면

1. 이 풍습이 한국 고유의 것이라는 말이 있다	아직 잎이 푸른 나무도 있었다
2. 경기가 회복될 것이라고 전망하는 사람이 있다	아이까지 데리고 가는 건 실례예요.
3. 산에 가 보니 어떤 나무는 벌써 단풍이 들었다	어떤 사람은 비관하고 자포자기한다
4. 일부 언론에서는 이번 일을 긍정적으로 평가하다	선물로 받은 것을 환불하는 건 좀 그래요.
5. 직업을 선택할 때 월급을 가장 중시하는 사람이 있다	일부에서는 부정적으로 평가하고 있다
6. 어떤 사람은 어려운 일이 닥쳤을 때 극복하려고 노력한다	경기 회복이 당분간 어려울 것이라고 생각하는 사람도 있다

1. 이 풍습이 한국 고유의 것이라는 말이 있는가 하면 외국에서 온 것이라는 말이 있다.
2. 경기가 회복될 것이라고 전망하는 사람이 있는가 하면 경기 회복이 당분간 어려울 것이라고 생각하는 사람도 있다.
3. 산에 가 보니 어떤 나무는 벌써 단풍이 들었는가 하면 아직 잎이 푸른 나무도 있었다.
4. 일부 언론에서는 이번 일을 긍정적으로 평가하는가 하면 일부에서는 부정적으로 평가하고 있다.
5. 직업을 선택할 때 월급을 가장 중시하는 사람이 있는가 하면 근무 조건을 중시하는 사람도 있다.
6. 어떤 사람은 어려운 일이 닥쳤을 때 극복하려고 노력하는가 하면 어떤 사람은 비관하고 자포자기한다.

전략 익히기

개조식으로 요약하기

연습

통과 의례

사람은 태어나서부터 죽을 때까지 여러 경험들을 한다. 이러한 경험 속에서 누구나 동일한 관문들을 거치게 된다. 이러한 관문은 출생, 성년, 결혼, 사망과 같은 것으로, 예로부터 이러한 관문들에 의미를 부여하는 특별한 의식이 치러졌다. 이와 같이 사람이 일생 동안 살면서 새로운 상태로 넘어갈 때 겪어야 할 필수적인 의식을 '통과 의례'라고 한다.

통과 의례라는 말은 프랑스의 인류학자 방주네프(Van Gennep, A.)가 처음 사용했으며 그는 통과 의례를 작명 의례, 입문 의례, 혼례, 장례 네 가지로 분류했다. 작명 의례는 태어나서 사람마다 자신만의 이름을 갖게 되는 것을 기념하는 의식을 말한다. 작명 의례를 통해 사람들은 아기에게 소중하고 귀한 이름을 지어 주어 훌륭하게 자라기를 기원한다. 입문 의례는 한 지위에서 다른 지위로 넘어가는 것을 기념하는 의식을 말한다. 성년이 되었음을 축하하는 성년식이 입문 의례의 대표적인 예이다. 혼례는 미혼자가 기혼자가 됨을 기념하는 결혼식을 말한다. 즉 혼례는 한 사람이 인생의 배우자를 만나 결혼을 하여 평생을 함께할 것을 약속하는 의식이다. 장례는 사람이 죽었을 때 하는 의식을 말한다. 통과 의례 중 마지막 의식으로 일정한 격식과 절차를 거치게 되는데 한국인의 의례 중에서 가장 엄숙하고 정중한 의례이다.

⇩

통과 의례

1. 정의
   - 사람이 살면서 새로운 상태로 넘어갈 때 겪는 필수적인 의식
2. 방주네프(Van Gennep, A.)에 의한 통과 의례의 분류
   (1) 작명 의례
      - 태어나서 사람마다 자신만의 이름을 갖게 되는 것을 기념하는 의식
      - 훌륭하게 자라기를 기원
   (2) 입문 의례
      - 한 지위에서 다른 지위로 넘어가는 것을 기념하는 의식
   (3) 혼례
      - 미혼자가 기혼자가 됨을 기념하는 결혼식
   (4) 장례
      - 사람이 죽었을 때 하는 의식

쓰기

종교의 기원에 대한 글 읽고 개조식으로 요약하기

1.

종교의 기원

15세기 문예부흥과 16세기 종교개혁 이후 서구에서는 종교에 대한 객관적인 연구가 체계적으로 이루어지기 시작했다. 또한 18~19세기 인류학자들은 종교의 기원을 밝히고자 했다. 대표적인 종교 기원 이론들에는 주물을 숭배하는 '페티시즘(fetishism)', 영혼을 숭배하는 '애니미즘(animism)', 토템(totem)에서 종교의 기원을 찾는 '토테미즘(totemism)', 샤먼(Shaman)을 중심으로 하는 '샤머니즘(shamanism)'이 있다.

페티시즘은 숭배의 대상이 되는 물건인 '주물'을 숭배하는 것으로 프랑스 인류학자 샤를 드 브로스

(Charles de Brosses)가 그의 저서 『주물 숭배 의식』에서 처음으로 사용했다. 그는 원시인들이 특별한 힘이 있다고 믿는 나무, 돌 같은 자연물이나 인간이 만든 물건을 숭배하는 것에서 종교가 시작되었다고 보았다. 그래서 만약 이런 물건을 가지면 질병과 악으로부터 벗어날 수 있는 주술적인 힘을 얻게 된다고 여겼다. 페티시즘에서 숭배의 대상이 되는 것들은 깃털이나 나뭇조각과 같은 사물이 될 수도 있고 어떤 특정 동물이 될 수도 있다.

애니미즘은 라틴어의 '아니마(Anima, 영혼)'에서 유래된 말로 영국 인류학자 에드워드 버넷 타일러(Edward Burnett Tylor)가 주장한 것이다. 그는 종교의 기원을 영혼 숭배에서 찾으려 했다. 영혼 숭배란 죽은 사람이나 자연에 영혼이 있다고 믿고 그 영혼을 숭배하여 제물을 바치거나 특별한 의식을 하는 것을 말한다. 즉 사람이 죽으면 몸과 영혼이 분리되어 영혼이 독립해서 활동한다고 보고, 이를 숭배하는 데에서 종교가 비롯되었다고 본 것이다. 이러한 애니미즘은 자연현상이나 자연물에까지 확대되어 생활 속 풍습에도 녹아들었다. 예를 들어 가뭄이 지속될 경우 하늘에 비를 내려 달라고 기우제를 지낸다거나 정월대보름에 뜬 둥근 달을 보면서 소원을 비는 것 등이 이에 속한다.

토테미즘이란 특정한 동물, 식물, 무생물이 자신들의 집단과 특별한 관계가 있다고 믿는 것이다. 원시인들은 어떤 자연물을 자기 집단의 상징으로 여겨 그 자연물이 자신의 집단과 특별한 관계가 있다고 믿었다. 이러한 특별한 관계 때문에 그 자연물이 자기와 집단을 잘 지킬 수 있다고 생각해 이를 숭배의 대상으로 삼았다. 이와 같이 한 집단의 숭배 대상이 된 자연물을 '토템'이라고 하며 프랑스 사회학자 에밀 뒤르켐(Émile Durkheim)은 종교의 기원을 토템에 두고 있다. 그는 어떤 공동체의 이상이 토템과 같은 집단적인 표상으로 나타나고 그것이 사회의 통합과 결속을 유지시켜 주는 것에서 종교가 시작되었다고 설명하고 있다. 흔히 마을 입구에 세워져 있는 토템폴에서 토테미즘의 흔적을 찾을 수 있으며 한국의 경우 단군신화에 나타나는 곰과 호랑이 이야기를 토테미즘으로 해석하기도 한다.

샤머니즘은 독일 사회학자 호르스트 위르겐 헬레(Horst Jürgen Helle)가 『종교사회학』에서 종교의 기원으로 규정한 것이다. 샤머니즘이란 신이나 조상신과 같은 존재와 직접적으로 소통하는 샤먼(Shaman)에 의하여 점이나 예언, 병 치료 등을 하는 종교적 현상을 말한다. 샤머니즘은 식량의 수렵 단계에서 발달했다는 학설이 지배적이다. 즉, 동물 사냥을 시작하면서부터 여러 위험에 닥치게 되자 이를 극복하기 위해 어떤 초인간적인 존재에게 빌게 되면서부터 종교가 생겨났다는 게 샤머니즘을 종교의 기원으로 여기는 사람들의 주장이다. 샤머니즘의 중심인 샤먼은 무당이자 예언자이며 죽은 영혼의 대변자 등의 역할을 한다. 그래서 원시인들은 중요한 일이 생기면 무당에게 물어봐 하늘의 뜻을 미리 알고 위기를 극복하고자 했다.

이상과 같이 어떤 학자는 종교의 기원을 특정 사물을 숭배하는 것 혹은 영혼을 믿고 따르는 것에서 찾는가 하면 어떤 학자는 한 집단의 상징이 되는 토템 혹은 하늘의 뜻을 인간에게 전해 주는 샤먼에게서 찾기도 한다. 이러한 종교 기원설은 학문적으로 설득력이 크지는 않으나 원시 문화의 종교적 요소들을 문명 세계에 알리고, 종교를 연구하는 다양한 방법론 및 종교학적인 용어들을 정립하는 계기가 됐다는 점에서 의의가 있다.

2.

종교의 기원

1. 종교 기원에 대한 연구의 역사

- 15~16세기 이후: 서구에서 종교에 대한 객관적인 연구가 체계적으로 시작됨
- 18~19세기: 이 시대 인류학자는 종교의 기원을 밝히고자 함
- 대표적인 종교 기원 이론: 페티시즘, 애니미즘, 토테미즘, 샤머니즘

2. 종교 기원설

(1) 페티시즘(fetishism)

- 숭배 대상이 되는 물건인 주물을 숭배하는 것에서 종교가 시작되었다고 보는 학설
- 샤를 드 브로스(Charles de Brosses)가 『주물 숭배 의식』에서 주장
- 원시인들이 특별한 힘이 있다고 믿는 자연물이나 물건을 숭배하는 것에서 종교의 기원을 찾음

(2) 애니미즘(animism)

- 에드워드 버넷 타일러(Edward Burnett Tylor)가 주장
- 인간과 자연에 영혼이 있다고 믿고 그 영혼을 숭배하는 것에서 종교의 기원을 찾는 학설
- 죽은 사람이나 자연에 영혼이 있다고 믿어 그 영혼에게 제물을 바치거나 특별한 의식을 함

(3) 토테미즘(totemism)

- 특정 집단과 관계가 있는 토템(totem)에서 종교의 기원을 찾는 학설
- 에밀 뒤르켕(Émile Durkheim)이 주장함
- 한 공동체의 이상이 토템으로 나타나고 토템이 사회의 통합과 결속을 유지시켜 주는 것에서 종교가 시작되었다고 봄

(4) 샤머니즘(shamanism)

- 호르스트 위르겐 헬레(Horst Jürgen Helle)가 『종교사회학』에서 주장함
- 초자연적인 존재와 소통하는 샤먼(Shaman)에서 종교의 기원을 찾는 학설
- 신이나 조상신과 같은 존재와 직접적으로 소통하는 샤먼에 의하여 점이나 예언, 병 치료 따위를 하는 종교적 현상
- 수렵 단계에서 동물 사냥 시 겪게 되는 어려움과 위험을 극복하고자 초인간적인 존재에게 빌게 된 것에서 종교가 유래했다고 봄

3. 종교 기원설의 의의

- 원시 문화를 알리고 종교 연구 방법론, 종교학적 용어를 정립하는 데 의의가 있음

제7과 건축과 문화

읽기 건축과 예술

어휘 익히기

1. (1) ① 지붕 ② 담 (2) ① 벽 ② 천장 (3) ① 통로 ② 마루

2. (1) ② (2) ① (3) ② (4) ① (5) ② (6) ①

문법 익히기 -건대

1. 당부하건대 2. 참조하건대 3. 바라건대 4. 되돌아보건대 5. 보건대 6. 짐작하건대

전략 익히기 도면 보면서 글의 내용 이해하기

연습

1. ③ 2. ① 3. ②

읽기 석굴암에 대한 글 읽기

1. (1) ① (2) ④ (3) ② (4) ③

2. (1) ③ (2) ③ (3) ② (4) ③

쓰기 문화유적지

어휘 익히기

1. (1) ① 견학할 ② 전시된 (2) ① 발굴되었다 ② 매장된 (3) ① 훼손되었다 ② 복원하는

문법 익히기

–거니와

1. 아침도 못 먹었다	열까지 나다
2. 연기력은 물론이다	성격도 싹싹하다
3. 돈도 없다	점심까지 굶었다
4. 비도 오다	놀러 갈 시간도 없다
5. 머리도 아프다	패션 감각도 뛰어나다
6. 일도 잘했다	바람까지 세차게 불다

1. 못 먹었거니와 점심까지 굶었어
2. 물론이거니와 패션 감각도 뛰어난
3. 없거니와 놀러 갈 시간도 없어서
4. 오거니와 바람까지 세차게 불어서
5. 아프거니와 열까지 나서
6. 잘했거니와 성격도 싹싹해서

전략 익히기

답사 대상 상세하게 묘사하기

연습

①

〈다보탑〉

불국사의 대웅전 앞에는 석가탑과 다보탑이 세워져 있었다. 대웅전을 바라봤을 때 석가탑은 왼쪽에, 다보탑은 오른쪽에 위치해 있었다. 단순한 형태의 석가탑과 달리 다보탑은 사각형, 팔각형의 난간과 계단이 놓여 있는 독특한 형태의 탑이었다. 다보탑은 층수를 세기 어려울 정도로 복잡한 구조로 되어 있었다. 그렇지만 다보탑은 각각의 요소가 조화롭게 어우러져 있어 매우 화려했다.

②

〈다보탑 하단〉

다보탑 하단에는 4면에 계단이 놓여 있었다. 계단의 가장 윗부분에는 돌로 만든 사자가 앞다리를 세운 채 다보탑을 지키는 듯 서 있었다. 원래는 네 개의 계단에 돌사자가 한 마리씩 놓여 있었다고 한다. 그러나 세 마리는 사라지고 현재 한 마리만 남아 있어 무척 아쉬웠다.

③ 

〈다보탑 상단〉

다보탑의 상단은 매우 복잡한 구조였다. 우선 사각형의 난간과 팔각형의 난간이 두 개의 층을 이루고 있었다. 그 위로 연꽃 모양의 돌 받침이 놓여 있었다. 그리고 그 위로 신발을 뒤집어 놓은 모양의 기둥 여덟 개가 돌 지붕을 떠받치고 있었다. 돌 지붕 위로는 오층의 둥근 탑이 올려져 있었다.

쓰기

답사 보고서 쓰기

4. 예시

역사의 땅, 강화

10월의 마지막 주, 쌀쌀한 새벽 공기가 이제 가을로 접어드는 걸 실감나게 했다. 처음으로 한국 역사를 탐구하러 떠나는 여행이라 그런지, 강화로 향하는 길은 우리에게 알 수 없는 흥분을 불러일으켰다. 이번 학기에 한국 역사에 대한 과목을 들으면서 실제로 그 현장에 가 보기를 얼마나 기다렸는지……. 자욱하게 낀 새벽 안개에 싸여 강화로 가는 길은 그야말로 아득한 옛날로의 시간 여행 같았다. 버스로 40분쯤 달렸을까? 아침 일찍 서둘러 출발해서인지 예상보다 빨리 강화에 도착할 수 있었다.

강화대교를 건너서 제일 먼저 강화역사관으로 갔다. 강화역사관에는 모두 4개의 전시실이 마련되어 있었다. 석기 시대는 물론이거니와 고려에서 조선, 근·현대에 이르는 강화의 역사가 모두 전시되어 있다시피 하다. 강화의 역사를 한눈에 훑어볼 수 있는 좋은 장소로, 강화를 찾는 사람이라면 반드시 들러 보아야 할 곳이다.

〈부근리 고인돌〉

강화역사관을 둘러본 후 넓게 펼쳐져 있는 가을 들판을 따라 하점면 부근리로 갔다. 그곳에서 거대한 고인돌이 웅장한 모습을 뽐내며 우리를 맞이했다. 부근리 고인돌은 북방식 무덤인데 한국 고인돌 중에서 가장 큰 것 중 하나라고 한다. 비스듬히 경사를 이룬 받침돌 위에 거대한 덮개돌이 올려져 있었다. 고인돌의 크기가 클수록 무덤 주인의 신분이 높다고 하던데, 그 무게만도 무려 5톤이라고 하니 과연 이 무덤의 주인은 누구인지 궁금하지 않을 수가 없었다. 책을 통해 고인돌 사진을 본 적은 있었지만 막상 눈앞에 서 있는 이 고인돌을 보니 신기함과 놀라움이 컸다. 세계적인 문화유산이니 오래도록 잘 보존되기를 마음속으로 간곡히 빌었다.

깊어 가는 가을날 강화를 찾은 만큼 빠질 수 없는 곳이 전등사이다. 단풍 구경 한 번 못 해 본 올해, 전등사를 올라가는 발걸음이 경쾌하기까지 했다. 전등사는 강화에서 가장 큰 절이다. 큰 절이라고 하지만

〈전등사〉

나만의 느낌일까? 전등사의 아름다움은 소박함과 포근함에서 오는 듯했다. 울긋불긋 단풍에 둘러싸여 자리 잡은 절은 한 폭의 그림 같았다.

전등사에서 놓치지 않고 찾아봐야 할 것 중 하나가 대웅전의 추녀이다. 재미있는 것이 추녀 밑의 나부상인데 여기에는 전해지는 이야기가 있다. 조선 중기 때 큰불이 나서 전등사를 새로 짓게 되었다. 이때 대웅전 공사를 맡았던 목수가 아랫마을 주모와 사랑하게 됐다. 그런데 공사가 끝날 무렵 주모는 목수가 벌어다 준 돈을 챙겨 들고 도망을 갔다. 목수는 원수를 갚을 좋은 방법이 없을까 하고 골똘히 생각한 끝에 주모를 닮은 나부상 네 개를 만들어 법당의 네 모서리에서 추녀를 떠받치게 했다. 이 이야기는 나쁜 사람에게는 부처의 말씀을 듣고 착해지라는, 그리고 다른 사람들에게는 나쁜 사람을 멀리하라는 경고였다. 유적지를 찾아보며 느끼는 또 다른 즐거움은 이런 이야깃거리를 발견하는 데 있다.

〈추녀의 나부상〉

전등사를 끝으로 우리의 강화 답사는 끝났다. 강화 답사를 통해 한국 민족의 오랜 역사를 배울 수 있는 귀중한 시간을 가졌다. 다음에 또 올 기회가 있다면 강화의 역사를 제대로 더 많이 공부해 와야겠다는 생각을 하면서 아쉬운 마음을 뒤로 하고 이번 여행을 마무리했다.

제8과 경영

읽기 기업의 경쟁력

어휘 익히기

1. (1) 이겨 낼 (2) 남기기 (3) 뒤처지지 (4) 세울 (5) 개방해야 (6) 떨어졌대요

2. (1)

의미	해당하는 어휘
① 대책을 세워 행하다	대처하다
② 뒤떨어지다, 뒤처지다	낙오되다

(2)

의미	해당하는 어휘
① 굳어서 뻣뻣하게 되다	경직되다
② 부드럽고 연하다	유연하다

(3)

의미	해당하는 어휘
① 다른 사람보다 먼저 차지하다	선점하다
② 속도를 더하게 되다	가속화되다

문법 익히기

-(으)ㄴ/는 법이다

1. 작은 고추가 매운 법이에요
2. 꼬리가 길면 밟히는 법이에요
3. 비 온 뒤에 땅이 굳어지는 법이에요
4. 입에 쓴 약이 병에는 좋은 법이에요
5. 하늘이 무너져도 솟아날 구멍이 있는 법이에요
6. 사공이 많으면 배가 산으로 가는 법이에요

전략 익히기

미리 훑어 읽기

연습

단락	읽은 후 알게 된 내용
1	칠레에 있는 모아이 석상은 종교적인 의미로 만든 것이며 나무를 이용해 큰 돌을 운반해 세웠다.
5	자연을 훼손하고 복구할 대책을 마련하지 않으면 결국 황폐화되어 멸망하게 된다.

연습

단락	첫 문장 읽고 예측한 내용	읽은 후 확인한 내용
2	1722년 이 섬에는 나무, 동물이 없었다.	큰 석상을 일으켜 세우고 운반할 나무도, 가축도 없었다.
3	원래 이 섬에는 자원이 풍부했다.	돌고래 뼈와 화석을 보면, 석상이 세워졌을 당시 이스터 섬은 풍부한 식량 자원을 가진, 자연의 혜택을 최대한 누리는 지상낙원이었다.

4	원주민들의 무분별한 벌목으로 섬이 황폐화되어 멸망하게 되었다.	인구 증가로 더 많은 식량이 필요해서 야자수를 잘라 배를 만들었다. 석상 운반을 위해서도 야자수를 잘랐다. 그래서 이스터 섬은 황폐화되어 버렸다.

읽기

기업 경영의 경쟁력에 대한 글 읽기

1. (1)

단락	읽은 후 알게 된 내용
1	기업은 새 시대에 맞는 경쟁력을 갖춰야 한다.
5	기업이 살아남기 위해서는 21세기의 새로운 흐름에 발맞춰 나가야 한다.

(2)

단락	첫 문장 읽고 예측한 내용	읽은 후 확인한 내용
2	기업이 정보화 사회에 적합한 인재를 양성해야 하는 것에 대한 필요성	정보를 능숙하게 활용할 수 있는 인재를 양성하고 이 인재들이 수집한 정보 중 필요한 정보를 정확하게 판단해 기업이 활용하면 이윤을 크게 남길 수 있다. 그것이 기업의 경쟁력이 된다.
3	새로운 시대 흐름에 맞는 기업 경영 전략의 수정 내용	기업의 경영 전략은 새로운 시장을 찾고 일시적으로 독점하고 다시 새 시장을 찾는 역동적인 전략으로 수정해야 한다.
4	기업이 유연한 조직으로 바뀌어야 하는 이유	기업의 조직을 유연하게 해서 권한을 분산해야 한다. 담당 업무에 따라 의사결정을 할 수 있는 권한을 하부 조직에 주어야 한다.

2. (1) ② (2) ① ○ ② × ③ × (3) ②

쓰기 청년 실업

어휘 익히기

1. (1) 취업 준비생 (2) 구직자 (3) 고용 (4) 경력직 (5) 해고 (6) 최저 임금

문법 익히기 -(으)ㄴ 끝에

1. 실험을 거치다	지원했다
2. 이야기를 나누다	드디어 만났다
3. 여러 번 설득하다	신제품을 발명했다
4. 오랫동안 망설이다	전 재산을 환원하기로 했다
5. 몇 시간을 기다리다	서로의 마음을 이해하게 됐다
6. 몇 년 동안 고민하다	유학을 가도 좋다는 허락을 받았다

1. 거친 끝에 신제품을 발명했습니다
2. 나눈 끝에 서로의 마음을 이해하게 됐어요
3. 설득한 끝에 유학을 가도 좋다는 허락을 받았어요
4. 망설인 끝에 지원했어요
5. 기다린 끝에 드디어 만났어요
6. 고민한 끝에 전 재산을 환원하기로 했대요

전략 익히기 논술형 시험 답안 쓰기

연습

과목		날짜	년 월 일	담당 교수	
학번		성명		점수	

경기 침체가 계속되면서 기업은 신규 채용을 줄이고 경력직 채용을 늘려 인건비를 줄이고 있다. 올해 기업의 경력직 채용 비율은 25% 이상이었고 특히 IT와 디자인 관련 기업의 경우는 50% 이상이었다. 기업에서 이렇게 계속 경력직 채용 비율을 늘릴 경우 청년 실업 문제는 더욱 심각해진다. 청년 실업을 줄이기 위해서는 기업의 경력직 채용 선호의 원인과 그에 따른 극복 방법을 찾아야 한다.

기업이 경력직을 선호하는 첫 번째 이유는 비용을 절감할 수 있기 때문이다. 신입 사원의 경우 일정 수준의 업무 처리 능력에 이르기까지 교육비가 드는 데 반해 경력직은 당장 업무에 투입할 수 있다. 그러므로 경력직을 채용함으로써 교육 비용과 시간을 절약할 수 있다. 두 번째 이유는 생산성을 높이기 위함이다. 신규 사원을 교육시켜 업무에 투입시킨다고 하더라도 경력직 사원보다 더 높은 생산성을 기대하기는 어렵기 때문이다.

기업의 경력직 선호 현상은 기업의 비용 절감을 위한 나름의 합리적인 선택이다. 그러나 많은 기업에서 경력직 채용을 지속적으로 확대할 경우 청년 실업의 문제는 더 심화된다. 청년 실업의 문제는 소비의 위축으로 이어져 국내 경제에도 영향을 줄 수 있다. 그러면 기업도 어려움을 겪게 되어 악순환은 계속될 수밖에 없다. 그러므로 청년 실업의 문제 해결을 위해 경력직 채용보다 신규 채용을 늘리는 방법을 찾아야 한다.

이를 위해 정부와 기업, 대학 모두의 노력이 필요하다. 먼저 정부는 경기 침체에서 벗어날 수 있도록 노력해야 하며 신입 사원을 채용하는 기업을 지원해야 한다. 그리고 기업은 비용이 더 들더라도 사회적인 책임을 가지고 신규 채용을 늘려야 한다. 또한 청년들이 인턴 제도 등을 통해 실무 교육을 익힐 수 있도록 기회를 제공해야 한다. 직업 교육 기관을 확대해 해당 업무를 익힐 기회를 제공하는 것이 필요하다. 대학에서는 기업에서 원하는 실무 능력을 갖춘 인재를 양성해야 한다.

이상의 논의를 종합하면, 기업은 신규 사원의 교육 시간과 비용 절감, 생산성을 위해 경력직을 선호한다. 경력직 선호 문제는 청년 실업의 증가의 원인 중 하나이다. 그러므로 정부, 기업, 대학 모두 이 문제를 해결하기 위해 노력해야 한다.

쓰기

청년 실업에 대한 시험 답안 쓰기

3. 예시

과목		날짜	년 월 일	담당 교수	
학번		성명		점수	

한국의 청년 실업률은 현재 9.9%로 지난 4년간 증가 추세였다. 청년 실업은 실업자 개인에게는 생존의 문제이다. 또한 사회 전체적으로는 인력의 낭비를 초래해 국가의 경제 성장력을 떨어지게 한다. 그러므로 청년 실업이 장기화되지 않도록 원인을 정확히 파악하고 그에 따른 대책을 시급히 마련해야 한다.

청년 실업의 원인은 첫째, 신규 채용의 감소에서 찾을 수 있다. 경기 침체가 계속되면서 기업은 고용 비용을 줄일 수 있는 비정규직이나 경력직 채용을 선호한다. 그 결과 정규직 신규 채용이 감소하고 청년들의 일자리가 감소하게 됐다. 둘째, 산업 구조의 변화이다. 인력이 많이 필요한 건설, 제조업보다는 인력이 상대적으로 적게 필요한 IT, 정보, 통신 부문 등 첨단 산업의 비중이 높아졌다. 셋째, 대학 졸업자의 양산으로 인한 경쟁 심화이다. 한국은 대학 진학률이 68%로 OECD 국가 중 최고이다. 대학 졸업자들이 원하는 직장과 산업 현장의 일자리는 큰 차이가 있다. 그래서 소수의 기업이나 특정 직종에 청년들이 몰리고 있다. 이런 상황에서 취업을 준비하는 청년들은 평균 1년 이상의 취업 준비 기간을 가져야 한다.

이러한 원인을 감안할 때 청년 실업을 해소하기 위해서는 정부, 기업, 학교 모두 함께 노력해야 한다.

첫째, 신규 채용을 늘리기 위한 노력이다. 정부는 공공 부문에서 새로운 일자리를 만들어 제공하고 기업의 비정규직, 경력직 선호를 줄이기 위해 관련 정책을 시행·지원해야 한다. 또한 정부는 산업 현장에서 필요로 하는 인재를 양성하기 위해 직업 교육을 강화해야 한다. 둘째, 산업 구조를 바꾸기 위한 노력이다. 정부와 기업이 문화·관광·레저와 같이 일자리를 많이 만들어 낼 수 있는 서비스 산업을 활성화하기 위해 노력해야 한다. 셋째, 수요와 공급을 맞추기 위한 노력이다. 정부와 기업은 대기업과 중소기업 간의 임금 격차를 줄여 소수의 일자리에 청년이 몰리는 것을 막아야 한다. 획일화된 대학 입시 교육에서 벗어나 다양한 직업인을 키울 수 있는 교육으로 전환해야 한다.

청년 실업 증가의 원인은 신규 채용의 감소, 산업 구조의 변화, 대졸자 양산으로 인한 경쟁 심화 등이다. 더 이상 청년 실업이 장기화되지 않도록 정부의 정책에 맞추어 기업, 학교, 청년들이 모두 노력해야 한다. 다른 나라도 여러 차례의 시행착오를 겪은 끝에 서서히 이 문제를 해결했다. 한국도 근본적인 원인을 파악하고 청년 실업을 줄이기 위해 노력해야 할 것이다.

제9과 대중매체와 사회

읽기 사진과 윤리

어휘 익히기

1. (1)

어휘	추측한 의미
① 저작권	드라마의 장면을 작가의 허락 없이 사용할 수 없는 권리
② 초상권	배우의 사진을 승낙 없이 사용할 수 없는 권리

(2)

어휘	추측한 의미
① 왜곡하다	사실을 실제와 다르게 해석하다
② 조작하다	거짓된 내용을 사실인 것처럼 꾸미다

(3)

어휘	추측한 의미
① 보도하다	뉴스에서 사건을 알리다
② 논쟁하다	서로 다른 의견을 가지고 싸우다

2. (1) 들어 (2) 띄는 (3) 두고 (4) 꿇고 (5) 끊이지 (6) 불러일으키는

문법 익히기

-고 말다

1. 잃어버리고 말았구나 2. 놓치고 말았어 3. 쏟고 말았어요. 4. 자고 말았어 5. 내고 말았어
6. 떨어지고 말았어요

전략 익히기

SQ3R 활용해 읽기

연습

(S)	〈훑어 읽으며 주제 찾기〉	인공위성
(Q)	〈질문 만들기〉	(1) 인공위성이란 무엇인가? (2) 인공위성은 언제 처음 개발되었나? (3) 인공위성은 어떤 종류가 있나? (4) 인공위성의 수명은 얼마나 되나?
(R)	〈글을 읽으며 답 찾기〉	(1) 특수한 목적을 가지고 지구 주변을 인공적으로 돌게 만든 장치 (2) 인공위성은 1957년 러시아에 의해서 처음 개발됨 (3) 기상 위성, 통신 위성, 항행 위성, 천문 위성 등 (4) 3개월에서 15년 정도
(R)	〈내용 회상하며 다시 정리하기〉	(1) 인공위성은 특수한 목적을 가지고 지구 주위를 인공적으로 돌게 만든 장치이다. (2) 인공위성은 1957년 러시아에서 처음 개발했다. (3) 인공위성의 종류는 기상 위성, 통신 위성, 항행 위성, 천문 위성 등이 있다. (4) 인공위성의 수명은 3개월에서 15년 정도이다.
(R)	〈검토하기〉	

읽기 사진과 윤리에 대한 글 읽기

1.

(S)	〈훑어 읽으며 주제 찾기〉	사진과 윤리
(Q)	〈질문 만들기〉	(1) 사실을 기록한 사진이 윤리와 어떤 관계가 있는가? (2) 사진 작가의 표현의 자유는 어느 정도까지 허용해야 하는가? (3) 진정성을 가지고 찍은 사진과 윤리는 어떤 관계가 있는가?
(R)	〈글을 읽으며 답 찾기〉	(1) 굶주린 소녀를 찍은 것임 (2) 인권 보호보다는 사실 기록에 더 중점을 둠 (3) 가톨릭교회 행사에 참여한 세 여성을 찍은 것임 (4) 표현의 자유와 사생활 존중 사이에서 어디에 더 중점을 두어야 하는지에 대한 논란이 있었음 (5) 파리의 연인 모습을 찍은 것임 (6) 사진 속 연인이 실제가 아니라 연출된 것이어서 진정성에 대한 논란이 있었음
(R)	〈내용 회상하며 다시 정리하기〉	(1) 첫 번째 사진은 굶주린 소녀를 찍은 것인데 소녀를 구하지 않고 사실 기록에 더 중점을 둔 사진작가의 윤리 문제에 대한 논란이 있었다. (2) 두 번째 사진은 행사에 참여한 세 여성을 찍은 것인데 표현의 자유를 위해 개인의 사생활을 침해한 사진작가의 윤리 문제에 대한 논란이 있었다. (3) 세 번째 사진은 파리의 연인을 찍은 것인데 실제라고 믿었던 연인이 연출된 연인이었다는 사실이 밝혀지면서 사진작가의 진정성에 대한 논란이 있었다.
(R)	〈검토하기〉	

2. (1) ③ (2) ③ (3) ①
(4) 상황이나 시대에 따라 다양하게 해석될 수 있기 때문이다.

쓰기 방송 심의

어휘 익히기

1. (1) 연령 제한 (2) 폭력성 (3) 언어 순화 (4) 공정성 (5) 규정 (6) 방송 윤리

문법 익히기 -는 한

(1) 내 눈으로 직접 보지 않는 한 그 일을 도저히 믿을 수 없다.

(2) 실수를 하지 않는 한 이번 대회에서 1등을 할 것이다.
(3) 꿈을 포기하지 않는 한 언젠가는 그 꿈이 이루어질 것이다.
(4) 그 사람이 사과하지 않는 한 절대로 그 사람을 용서하지 않을 것이다.
(5) 불황이 지속되는 한 당분간 신입 사원을 모집하지는 않을 것이다.
(6) 다른 사람이 도와주지 않는 한 혼자서는 내일까지 이일을 도저히 끝낼 수 없다.

전략 익히기

고쳐 쓰기

연습

본문	수정 내용
Ⅱ. 가짜 뉴스의 해결 방안 가짜 뉴스는 사회의 신뢰를 ~~없애고~~(무너뜨리고) 배포한 사람들에게 부당한 이득을 얻게 하기 때문에 이에 대한 해결 방안을 마련하는 것이 ~~정말로~~ 시급하다. 첫째, 우리 사회~~에게~~(에) 악영향을 미치는 가짜 뉴스 문제를 해결하기 위해서는 가짜 뉴스를 제작하거나 배포하는 자들에 대한 법적인 ~~규칙이~~(제재가) 필요하다. 가짜 뉴스는 정치적인 목적으로 상대방을 비방하거나 허위 사실을 유포할 수도 있고 경제적인 목적으로 광고 효과를 노릴 수도 있기 때문이다. 물론 법적으로 ~~언논~~(언론)을 규제할 시 언론 통제로 보일 수 있으므로 이에 대한 우려가 없는 것은 아니다. ~~그리고~~(그러나) 가짜 뉴스로 인해 발생하게∨될 여러 문제점들을 생각한다면 법적인 규제가 필요한 것이다. (둘째,) 소셜 미디어(SNS) 기업의 노력도 중요하다. 소셜 미디어는 누구나 쉽게 글을 올릴 수 있는 공간이기 때문에 가짜 뉴스가 소셜 미디어를 통해 확산되고 있다. ~~하루에도 수많은 콘텐츠들이 소셜 미디어에 올라가고 이러한 콘텐츠는 구독을 통해 널리 확산되고 있다.~~ 그러나 소셜 미디어 이용자들이 수많은 콘텐츠 중 어떤 것이 사실인지 검증하기 쉽지 않다는 게 문제이다. 실제로 몇몇 소셜 미디어 기업에서는 가짜 뉴스를 가려낼 전문 기자를 채용하거나 콘텐츠를 검증할 프로그램을 개발하는 등의 노력을 하고 있다. ~~그리고~~(그러므로) 소셜 미디어 기업은 자체적으로 가짜 뉴스를 걸러 내는 방지 정책을 마련하여 자사가 제공하는 서비스의 신뢰도를 높이는 노력을 해야 한다. 이와 같이 가짜 뉴스를 퇴치하여 올바른 미디어 환경을 조성하기 위해서는 국가와 기업이 협력하여 이 문제를 적극적으로 해결하겠다는 의지를 가지고 국가는 법적으로, 기업은 이에 대응하기 위한 방안을 마련하는 것으로 문제점들을 개선해 나가야 한다.	• 없애고→무너뜨리고(어휘 오류) • 정말로(삭제) • 에게→에(조사 오류) • 규칙→제재(어휘 오류) • 언논→언론(철자 오류) • 그리고→그러나(접속사 오류) • 발생하게될→발생하게 될(띄어쓰기 오류) • 둘째(추가) • 하루에도~있다(중복 내용 삭제) • 실제로~있다(문장 위치 부자연, 문장의 순서 변경→재구성) • 그리고→그러므로(접속사 오류) • 이와 같이~것이다(줄 바꿈)

4. 예시

방송 심의의 문제점

Ⅰ. 서론

방송 심의란 방송 내용의 공정성과 공공성을 따지기 위해 라디오나 텔레비전을 통해 널리 듣고 볼 수 있는 음성이나 영상을 심사하는 일을 말한다. 방송 심의는 방송법에 따라 방송통신심의위원회가 '방송 심의에 관한 규정'을 만들어 운용한다. 심의 규정에는 헌법상의 민주적 기본 질서 유지, 사회 윤리, 아동과 청소년 보호, 언어 순화, 방송의 공정성 및 공공성 등에 대한 내용들이 포함되어 있다. 이와 같이 방송 심의는 방송의 영향력이 점차 커짐에 따라 시청자, 특히 어린이나 청소년이 방송으로부터 큰 영향을 받고 있어 방송이 사회적으로 부적절한 내용을 제공하게 되면 그 피해가 엄청날 것이라는 문제의식에서 기인된 것이다. 그러나 방송 심의가 본래의 의도에 맞게 목적을 달성하고 있는지에 대해서는 의견이 분분하다. 이에 따라 본 보고서를 통해 방송 심의의 문제점을 살펴보고자 한다.

Ⅱ. 방송 심의의 문제점

방송 심의의 문제점으로는 심의의 기준이 애매하다는 것을 들 수 있다. 첫 번째로 음악 방송 출연자의 의상에 관한 심의에서 이러한 예를 찾아볼 수 있다. 방송사마다 가수들의 의상에 대한 심의 기준이 달라 똑같은 의상이 어떤 방송사에서는 방송 가능 판정을 받으나 다른 방송사에서는 의상 교체를 요구받기도 한다. 문제는 방송사마다 명확한 기준 없이 의상 심의가 이루어지고 있어 그 기준이 모호하다는 데 있다.

두 번째로 가요 심의를 들 수 있다. 가요를 심의할 때도 방송사별로 들쭉날쭉한 잣대로 방송 불가 판정을 내리는 일들이 비일비재하다. 실제로 한 방송사에서는 똑같은 '벙어리'라는 가사가 사용된 두 가수의 노래 중 '꿀 먹은 벙어리'라는 노래는 장애인을 비하하는 것이라고 판단해 방송 금지를 시킨 반면, '벙어리가 된 소년'이란 가사는 문제 삼지 않고 심의를 통과시켰다. 이와 같이 한 방송사의 기준마저 불명확하다는 것이 방송 심의의 문제라고 할 수 있다.

세 번째로 지상파와 케이블 방송의 심의 기준이 다르다는 것 또한 문제이다. 동일한 소재의 드라마라고 하더라도 지상파에서는 선정성과 폭력성을 문제 삼아 방송 불가 판정을 받는 경우가 많으나 케이블 방송에서는 이러한 엄격한 규제가 없어 자극적인 영상들의 방송이 가능하다. 뿐만 아니라 지상파 방송에서는 방송이 불가능한 비속어도 케이블 방송에서는 쉽게 접할 수 있다. 방송사마다 경쟁이 과열될수록 흥미 위주의 방송이 많아지면서 이런 잘못된 언어 사용은 더 심해지고 있다.

Ⅲ. 방송 심의의 해결 방안

현재의 방송 심의는 앞서 언급한 바와 같이 그 기준이 불명확하다는 문제가 있다. 이처럼 명확한 기준 없이 보는 사람의 관점에 따라 결과가 좌지우지되는 심의는 설득력이 부족하다. 그러므로 방송 심의의 본래 목적인 공정성과 공공성을 지키기 위한 심의가 이루어지기 위해서는 다음과 같은 것들이 이루어져야 할 것이다.

첫 번째로, 이러한 불명확한 방송 심의의 문제점을 해결하기 위해서는 방송 심의의 규정을 구체적으로 정할 필요가 있다. 현재 방송 심의의 기준은 방송통신심의위원회에서 제시하고 이 기준에 맞춰 각 방송사에서 자율적으로 정하고 있다. 이렇다 보니 같은 의상이나 가사임에도 불구하고 방송사마다 기준을 다르게 적용하고 있는 것이다. 따라서 방송통신심의위원회에서는 방송사들이 심의 시 일관성을 가질 수 있도록 심의 기준을 보다 명확히 제시할 필요가 있다.

두 번째로, 방송 심의의 기준을 정할 때 여러 사람들의 의견을 수렴하여 규정을 정비해야 할 것이다. 규정을 정할 때 전문가의 의견을 반영해야 하는 것은 물론 시청자들의 의견도 반영하여 다양한 시각에서 심의 규정을 바라보고 수정해야 한다. 방송은 어느 프로그램이든지 시청자를 의식하지 않고 제작된 것은 없다. 방송 심의 또한 시청자들에게 방송이 해가 되지 않게 하기 위해 실시하는 것이므로 시청자의 의견을 적극 반영하여 객관적인 잣대로 이를 판단해야 하는 것이다.

Ⅳ. 결론

방송 심의가 지금과 같이 불명확한 기준으로 계속되는 한 방송 심의로 인한 논란들이 사라지기는 쉽지 않을 것이다. 방송은 공적인 성격을 가진 공익성이 중요한 매체이며, 방송을 통해 방영되는 프로그램들은 시청자를 의식하여 제작되는 것들이다. 따라서 방송 사업자나 제작자, 심의 관계자들은 시청자의 입장에서 공감대를 형성하여 이를 제작과 심의에 반영하고자 노력하여야 한다. 이와 같이 방송 심의가 공익 증진과 기본권 보호 사이에서 적절한 조율을 추구한다면 이러한 문제점들은 차차 극복될 수 있을 것이다.

〈참고 문헌〉

김영호(2014). 『방송심의』. 커뮤니케이션북스.

방윤현(2010). 『지상파 방송 자율 심의 시스템의 타당성에 관한 연구』. 성균관대학교 대학원 박사학위논문.

방송통신심의위원회(2013). 『2012년 방송통신심의연감』. 방송통신심의위원회.

하윤금(2003). 『방송의 내용 규제와 영향력 평가』. 커뮤니케이션북스.

제10과 문학

읽기 소설의 이해

어휘 익히기

1.

(1) 독자	책을 읽는 사람
(2) 문학성	문학 작품으로서의 가치나 예술성
(3) 장편소설	구성이 복잡하고 등장인물도 다양한 긴 소설
(4) 등단하다	문학계에 작가로 처음 등장하다
(5) 소재	글의 내용을 이루는 재료
(6) 연재하다	신문이나 잡지에 글이나 만화 등을 계속 이어서 싣다

2. (1) ① (2) ② (3) ① (4) ② (5) ② (6) ①

문법 익히기 (이)니 (이)니

1. 수영복이니 모자니 2. 공부니 운동이니 3. 외모니 성격이니 4.종교니 철학이니 5. 산이니 바다니
6. 진품이니 모조품이니

전략 익히기 대명사 의미 파악하며 읽기

연습

대명사	가리키는 말
① 그것들	붙이면 붙는 색색의 메모지들
② 이런 것	메모지
③ 그렇다	의미를 모르고 왜 붙였는지 모르는 메모이다.
④ 그들	(벽에 붙은) 메모지들
⑤ 그것	기차 레일이 끊어지는 것

읽기 — 소설 「닮은 방들」 읽기

1.

대명사	가리키는 말
① 그녀	앞집 여자인 철이 엄마
② 그네	철이 엄마
③ 그것	내가 만든 음식에 메스꺼움을 느끼는 것
④ 그	남편
⑤ 자기	철이 엄마
⑥ 그것	(다른 집이 안 가진) 세탁기나 피아노

2. (1) ① (2) ② (3) ② (4) ③

쓰기 소설의 비평

어휘 익히기

1. (1) 글쓴이 (2) 표절 (3) 관점 (4) 문제의식 (5) 서평 (6) 복선

문법 익히기 — -기 짝이 없다

1. 불편하기 짝이 없어요 2. 한심하기 짝이 없구나 3. 유치하기 짝이 없네요 4. 안타깝기 짝이 없어요
5. 무례하기 짝이 없군요 6. 뻔뻔스럽기 짝이 없네요

전략 익히기 — 소설 비평하기

연습

이 글이 쓰인 1974년은 한국의 경제가 급속도로 발전하면서 도시화, 산업화가 진행된 시기이다. 소득 수준이 높아지고 핵가족화가 되면서 당시 중산층은 편리함과 독립성이 보장되는 아파트를 선호했다. 대

가족 단위의 단독주택에서 핵가족 단위의 아파트로 주거 공간이 바뀌면서 소시민의 일상생활에도 변화가 찾아온다. 그런 의미에서 단독주택은 단순히 아파트에 대립되는 공간이 아니다. 전통적 가치관이 있는 곳, 대가족의 생활 터전, 공감과 소통의 공간, 과거 부모 세대의 공간이다. 반면에 이웃과 완전히 차단되어 독립성이 보장돼 있는 아파트는 현대적 가치관이 있는 곳, 개인주의의 공간, 단절과 획일화의 공간이며 올케와 주인공으로 대표되는 젊은 세대의 공간이다.

사람들은 도시화, 산업화로 더 풍족하고 편한 것에서 오는 행복을 꿈꾸었으나 실상은 기대와 많이 달랐다. 주인공은 처음 본 앞집 철이네에 대해 동화 속에 나오는 방같다고 이야기한다. 산업화, 도시화, 경제 발전이 가져온 새로운 공간은 우리가 꿈꾸던 동화 속의 세상일 거라고 기대했다. 그러나 아파트로 상징되는 도시화, 산업화, 경제 발전은 우리에게 물질적인 풍요는 가져다 주었지만 또 다른 문제를 던져 주었다. 그것은 개성 상실, 획일화라는 문제이다. 작가는 현대 문명의 획일성이 우리를 어떻게 바꾸었는지, 그 과정에서 우리는 얼마나 피폐해 가는지를 날카롭게 보여 주고 있다.

쓰기

소설의 비평문 쓰기

4. 예시

적절한 반전의 효과

–오정희의 「소음 공해」를 읽고–

오정희의 「소음 공해」는 1993년 발표된 단편 소설로 위층의 소음 때문에 아파트에서 발생한 이웃 간의 갈등을 다루고 있다. 주인공은 이웃과의 갈등을 통해 이웃에 무관심했던 자신의 모습을 돌아보는 시간을 갖게 된다. 이 소설은 간단한 이야기 구조에서 인물과 사건의 적절한 반전을 통해 우리가 이웃에게 얼마나 무관심한지를 아주 흥미롭게 보여 주고 있다.

이 소설은 주인공인 '나'의 시점에서 서술된다. '나'는 장애인 시설에서 자원봉사하는 교양 있는 중년의 가정주부이다. 어느 날 아파트 위층에서 드르륵드르륵하는 소리가 들려오기 시작한다. '나'는 경비원에게 소음에 대해 항의했으나 소음은 계속되고 위층 여자는 주의하고 있다는 신경질적인 반응을 보인다. 이에 화가 난 '나'는 발소리를 죽이라는 의미로 슬리퍼를 들고 위층을 방문한다. 그런데 알고 보니 위층 여자는 휠체어를 타고 있는 다리가 불편한 사람이었고 그 소음은 바로 휠체어를 끄는 소리였던 것이다.

이 소설의 긴장감과 재미는 인물과 사건의 반전에서 나온다. 일반적으로 이웃 간의 소음 공해로 인한 갈등은 상대방을 이해하려고 하지 않고 자신의 입장만을 고집하는 이기적인 사람들 사이에서 일어난다고 생각한다. 그러나 이 소설에서 주인공 '나'와 위층에 사는 여자는 모두 상대방에 대한 배려에 어느 정도 익숙한 아주 평범한 사람들이다. 우리의 기대와 다른 인물의 설정은 마지막 반전을 더 효과적이게 한다. 이 소설은 장애인 시설에서 봉사 활동을 한 후 지친 몸으로 돌아와 쉬면서 뿌듯함을 느끼는 주인공의 모습에서 시작된다. 상대방을 이해할 마음의 준비를 하고 있는 인물인 것이다. 위층 여자 또한 어쩔 수 없이 소음을 내면서 '피가 마르는 것 같은' 고통을 느끼고 있는 마음 약한 인물이다. 그러나 서로의 사정을 전혀 모르는 두 인물은 서로를 무례하기 짝이 없는 사람으로 오해하게 된다.

위층 여자에게 화가 난 주인공은 '화가 날수록 침착하고 부드럽게 처신해야 한다는 것은 나이가 가르친 지혜' 라고 하면서 원만한 방법을 찾아 나선다. 예의 있는 인사말과 소음을 줄이라는 경고의 메시지가 담긴 선물 '슬리퍼'까지 준비해서 윗집 여자와 마주한다. 그러나 마지막 장면에서 우리의 예상과 전혀 다른 반전이 이어진다. 위층 여자는 '좁은 현관을 꽉 채우며 휠체어에 앉은 젊은 여자'였다. 다리가 불편한 사람이었던 것이다.

주인공은 이웃에 무관심했던 자신에게 부끄러움을 느낀다. 긴장감을 가지고 책을 읽던 독자도 생각지도 못한 결말에 당황스러움과 부끄러움을 느끼게 된다. 작가는 반전을 통해 아주 흥미롭게 독자를 반성의 시간으로 이끌어간다. 이웃에 대한 무관심, 이웃과의 단절의 결과가 어떤지를 보여 주고 있는 것이다. 소음으로 인한 이웃 간의 갈등을 통해 어느덧 주인공과 하나가 된 독자는 그동안 이웃에게 무관심했던 자신의 모습을 반성하게 된다. 작가는 반전을 통해 그 과정을 아주 흥미진진하게 이끌어 내고 있다.

찾아보기

ㅁ

ㅂ

ㅅ

ㅇ

ㅈ

집필진 소개

개정판 집필진

김현진 전 이화여자대학교 언어교육원 특임교수
이정연 이화여자대학교 언어교육원 특임교수
정누리 전 이화여자대학교 언어교육원 전임강사
구재희 이화여자대학교 언어교육원 강사

초판 집필진

김현진 전 이화여자대학교 언어교육원 특임교수
백인자 전 이화여자대학교 언어교육원 강사
박수지 전 이화여자대학교 언어교육원 강사
연남경 전 이화여자대학교 언어교육원 강사

* 이 교재는 2008년에 처음 출판된『유학생을 위한 대학한국어 2: 읽기 · 쓰기』를 기반으로 집필되었습니다.

유학생을 위한 대학한국어 2 **읽기·쓰기(개정판)**

지은이 이화여자대학교 언어교육원

펴낸날 1판 1쇄 2008년 12월 31일
2판 1쇄 2018년 8월 29일
2판 3쇄 2026년 3월 10일

펴낸이 주소현 **펴낸곳** 이화여자대학교출판문화원
주소 서울특별시 서대문구 이화여대길 52(우 03760) **등록** 1954년 7월 6일 제9-61호
전화 02) 3277-2965(편집), 02) 362-6076(마케팅)
팩스 02) 312-4312 **전자우편** press@ewha.ac.kr **홈페이지** www.ewhapress.com
책임편집 이혜지, 민지영 **디자인** 김리영, 정혜진 **일러스트** 이지영

ISBN 979-11-5890-290-2 14710
979-11-5890-257-5 (세트)
값 20,000원

* 잘못된 책은 바꾸어 드립니다.

이 도서의 국립중앙도서관 출판예정도서목록(CIP)은 서지정보유통지원시스템 홈페이지(http://seoji.nl.go.kr)와 국가자료공동목록시스템(http://www.nl.go.kr/kolisnet)에서 이용하실 수 있습니다. (CIP제어번호 : CIP2018024947)